edition suhrkamp 2402

Als Roland Barthes 1976 auf Vorschlag Michel Foucaults an das Collège de France berufen wird, ist dies der Höhepunkt seiner ungewöhnlichen akademischen Karriere. In den Mittelpunkt seiner ersten Vorlesung (1976/77) stellt Barthes die »Idiorrhythmie«. Der Begriff bezeichnet jede Gemeinschaft, in welcher der persönliche Lebensrhythmus jedes einzelnen seinen Platz findet – »einen utopischen Sozialismus der Distanz«. Diesem spürt Barthes in verschiedenen Szenarien nach, unter anderem in den Klöstern auf dem Berg Athos, in Thomas Manns *Zauberberg* und Defoes *Robinson Crusoe*. Inhaltlich knüpft Barthes dabei an sein überaus erfolgreiches Buch *Fragmente einer Sprache der Liebe* an.

Dieser Band dokumentiert die Vorlesungsnotizen, die »Partitur des Professors«. Sie geben dem Leser die Möglichkeit, »aus unmittelbarer Nähe ein lebendiges, aktives Denken zu verfolgen, eine Schreibdynamik, ein lehrreiches Spiel mit dem Wissen und mit den Zuhörern«. (Éric Marty)

Roland Barthes (1915-1980) ist einer der großen französischen Intellektuellen des 20. Jahrhunderts. Sein Werk ist im Suhrkamp Verlag erschienen, darunter auch Barthes' Vorlesung von 1977/78, *Das Neutrum* (edition suhrkamp 2377).

Roland Barthes
Wie zusammen leben

Simulationen einiger alltäglicher Räume
im Roman

Vorlesung am Collège de France
1976-1977

Herausgegeben von Éric Marty

Texterstellung, Anmerkungen und
Vorwort von Claude Coste

Übersetzt von Horst Brühmann

Suhrkamp

Titel der Originalausgabe: *Comment vivre ensemble. Simulations romanesques de quelques espaces quotidiens. Notes de cours et de séminaires au Collège de France, 1976-1977*

Veröffentlicht mit Unterstützung des Centre National du livre und der Maison des sciences de l'homme, Paris

edition suhrkamp 2402
Erste Auflage 2007

Deutsche Erstausgabe
Suhrkamp Taschenbuch Verlag

Satz: Horst Brühmann, Frankfurt am Main
Druck: Books on Demand, Norderstedt
Umschlag gestaltet nach einem Konzept
von Willy Fleckhaus: Rolf Staudt
Printed in Germany
ISBN 978-3-518-12402-4

2. Auflage 2011

Inhalt

Editorisches Vorwort 11
Vorwort 22

Wie zusammen leben
Simulationen einiger alltäglicher Räume
im Roman
Vorlesung am Collège de France 1976-1977

Sitzung vom 12. Januar 1977

Präsentation 37
  Methode? 37
  Phantasma 39
  Mein Phantasma: die Idiorrhythmie 42
  Mönchtum 48

Sitzung vom 19. Januar 1977

Präsentation (Fortsetzung) 51
  Werke 52
  Griechisches Begriffsnetz 57
  Merkmale 59

Akedia 62

Sitzung vom 26. Januar 1977

Anachoresis 67
  Historisch 67
  Metaphorisch 68

Tiere 69
  1. Robinson 69
  2. Anachoreten 72

Athos (Berg Athos) 75
Geschichte 75
Raum 76

Sitzung vom 2. Februar 1977

Athos (Fortsetzung) 79
Lebensweise 79
Eigentum 79
Macht 80

Autarkie 82

Schwarm 84

Beginenhöfe 85
Geschichte 86
Raum 86
Lebensweise 87
Sozioökonomisches 87
Macht 88

Sitzung vom 9. Februar 1977

Bürokratie 90

Sache 92
Christentum 92
Andere teloi 93
Bion 96
Homöostase 98

Zimmer 100
1. Der totale Ort 100

Sitzung vom 16. Februar 1977

Zimmer (Fortsetzung) 102
2. Das Zimmer isoliert sich im Haus 103
3. Das Zimmer löst sich vom Paar → Cella 104
La Magnificenza 106

Oberer 107

Sitzung vom 2. März 1977

Schließung 110
Funktionen 110
Grenz-Erfahrung 113

Anachoretenkolonie 119
1. Die Sekte von Qumran 120
2. Nitrioten 120
3. Kartäuser 121
4. Die Solitäre von Port-Royal 122

Sitzung vom 9. März 1977

Paarbildung 124
1. Prinzip der Paarbildung 124
2. Zwei Beispiele einer starken Paarbildung 125

Distanz 131

Bedienstete 135
1. Bedürfnis = Begehren 136
2. Bedürfnis ≠ Begehren 137

Sitzung vom 16. März 1977

Hören 140
Territorium und Hören 140
Verdrängung und Hören 141

Wischtuch 143

Ereignis 147

Blumen 150

Idyllisch 153

Sitzung vom 23. März 1977

Randexistenzen 155
Der erste Rand: das Koinobitentum 155
Der zweite Rand: die Idiorrhythmie 156

Monosis 159
Das Eine / die Zwei 160
Das Begehren der Zwei 160
Lob des Einen 161

Namen 164
Beinamen 165

Sitzung vom 30. März 1977

Namen (Fortsetzung) 168
Kosenamen 168
Namenlos 170

Nahrung 171
1. Die Rhythmen 172
2. Die Substanzen 174
3. Die Praktiken 181

Sitzung vom 20. April 1977

Proxemie 184
Der Begriff 184
Die Lampe 186
Das Bett 187

Rechter Winkel 188
Zivilisation des Rechtwinkligen 188
Der Rahmen 189
Subversionen? 191

Regel 192
Regula 192
Revier 192
Regel und Brauch 194
Regel und Gesetz 195

Sitzung vom 27. April 1977

Schmutz 198
Beachtenswert 198

Sinn . . . 200
Zartgefühl . . . 202

Xeniteia . . . 203
Semantisches Netz . . . 203
Falsches Bild . . . 206
Entwirklichung . . . 207

Sitzung vom 4. Mai 1977

Die Utopie . . . 211

Und die Methode? . . . 215
1. Merkmale, Figuren, Felder . . . 216
2. Sortierung . . . 217
3. Abschweifung . . . 217
4. Ein Dossier aufschlagen . . . 218
5. Die Textgrundlage . . . 218

Was heißt: einen Diskurs führen? Untersuchung über das besetzte Sprechen *Seminar*

Sitzung vom 12. Januar 1977

Einen Diskurs führen . . . 223
»Also, wie ich schon sagte ...« . . . 223
Einschüchterung durch Sprache . . . 224
Idiotismus . . . 226
»Diskurs« . . . 228
»Führen« . . . 230
»Diskurs führen« . . . 231
Besetzen . . . 234
Aspekte . . . 236
Schluß . . . 238

Sitzung vom 23. März 1977

Der Charlus-Diskurs 241
1. Kinetik 244
2. Auslöser 248

Sitzung vom 30. März 1977

Der Charlus-Diskurs (Fortsetzung) 251
3. Die Instanz der Anrede 251
4. Die Kräfte 258

Um mich zu verabschieden und um mich zu verabreden 262

Resümee 265

Bibliographie 269

Index nominum 279

Editorisches Vorwort

»›Die Form ist kostbar‹, sagte Valéry auf die Frage, warum er seine Vorlesungen am Collège de France nicht veröffentliche. Und doch gab es eine ganze Epoche, die Zeit, als die bürgerliche Schreibweise auf ihrem Höhepunkt war, in der die Form ungefähr soviel Wert hatte wie das Denken.« Mit diesen Zeilen beginnt »Das Stilhandwerk«, ursprünglich ein Aufsatz, der am 16. November 1950 im *Combat* erschienen war und dann in den *Nullpunkt der Literatur* einging.[1]

Barthes engagierte sich damals – Seite an Seite, Rücken an Rücken mit Sartre und Blanchot – für eine Reflexion über die Möglichkeit einer Ethik der Literatur, die weder terroristisch noch nihilistisch wäre, sondern die Form in ihre Verantwortung nähme. Auch wenn er noch nicht wußte, daß er eines Tages Professor am Collège de France werden sollte und daß sich einmal die Frage nach der Veröffentlichung seiner Vorlesungen stellen würde, macht der Rekurs auf Valéry bereits klar, daß es für ihn darum ging, eine individuelle Ethik zu entwickeln und nicht einen Traktat über Moral für die Zeitgenossen zu schreiben. Diese Ethik sollte sich nicht in einer Liste von Vorschriften oder Geboten erschöpfen und setzte viel mehr voraus als ein intellektuelles Engagement: Sie war in gewisser Weise eine *Abhandlung über den Stil.*

Bekanntlich gibt es in der Literatur – wie anderswo auch – keinen letzten Willen, und wenn es ein Schriftsteller aus Naivität oder Gewissensnöten *in extremis* für richtig hielt, Verfügungen über sein literarisches Werk zu treffen, so war der Verstoß gegen sie natürlich vorauszusehen und ließ auch nie lange auf sich warten. Als es um die Frage ging, Barthes' »Vorlesungen am Collège de France« zu veröffentlichen, hatten wir zudem nicht das Gefühl, irgendein Testament vollstrecken oder aus Pietät eine Verpflichtung gegenüber dem Toten erfüllen zu müssen. Vielmehr kam es uns darauf an,

1 [Roland Barthes, *Am Nullpunkt der Literatur*, übersetzt von Helmut Scheffel, Frankfurt am Main: Suhrkamp 1982, S. 73. Übersetzung leicht modifiziert. – Fußnoten oder Teile von Fußnoten in eckigen Klammern wurden vom Übersetzer hinzugefügt.]

diese Veröffentlichung in den logischen Zusammenhang des gesamten Werkes zu stellen, in den Kontext des Denkens, von dem es sich leiten ließ, und der Ethik, von der es handelte und der es zugleich folgte. Es war also ganz natürlich, daß wir uns zu Beginn unserer Überlegungen an jenen Satz über Valéry erinnerten, wahrlich eine abgründige Spiegelung des jungen Barthes im postumen.

Der erste Grundsatz dieser Edition, beinahe ein Axiom, lautete: Diese Vorlesungen am Collège de France konnten – und sollten – keine *Bücher* werden.

Damit waren zwei Möglichkeiten von vornherein ausgeschlossen: erstens, diese Vorlesungen umzuschreiben, was ihnen die Erscheinung einer schriftlichen Produktion verliehen hätte; zweitens, die Tonbandaufzeichnungen der mündlichen Fassung zu transkribieren, was die Vorlesungen zu Artefakten eines Werkes hätte werden lassen.

Jede dieser Möglichkeiten hat gewiß ihre Plausibilität. Weshalb wir von der ersten Abstand genommen haben, ist leicht zu sehen. Das Umschreiben der Rede des Meisters durch einen Schüler ist sinnvoll und gerechtfertigt nur in dem höchst seltenen Fall, in dem es nach dessen Tode darum geht, ein absichtlich nur sehr lückenhaft veröffentlichtes Werk zu ergänzen, eine esoterisch anmutende Doktrin einer wissenschaftlichen Behandlung zugänglich zu machen oder auch den Zusammenschluß von Schülern und Lesern durch die Verbreitung der Lehrbotschaft in einer postumen Bibliothek zu fördern. Ein solches Vorhaben hätte natürlich in unserem Falle keinen Sinn. Barthes war ein Mann des Buches, sein Unterricht eine säkulare und profane Praxis, und seine Bücher allein machten schon das Wesentliche dessen aus, worauf es ihm in der Lehre ankam. In den Fällen übrigens, in denen Barthes versucht hat, ein bestimmtes Seminar in ein Buch zu verwandeln (*S/Z*, *Fragmente einer Sprache der Liebe*), war dieses keineswegs nur ein schriftliches Anhängsel der Vorlesung, sondern ein neuer Gegenstand.[2]

2 Diesen Unterschied zwischen »Seminar« und Buch veranschaulicht Barthes in der Vorlesung über das Zusammenleben an den *Fragmenten einer Sprache der Liebe* (übersetzt von Hans-Horst Henschen, Frankfurt am Main: Suhrkamp 1984), ein Buch, das manche Teilnehmer enttäuscht haben mochte: »Das Buch über die Sprache der Liebe mag ärmer sein als das Seminar, doch ich halte es für wahrer« (vgl. unten, S. 212).

Für das Verwerfen der zweiten Möglichkeit, die einer Transkription der mündlichen Fassung der Vorlesung, gibt es andere, tiefer reichende Gründe, die Barthes selbst liefert und die das Verhältnis zwischen Wort und Schrift, also genau die Frage nach dem *Ethos* des Werkes betreffen. Anläßlich der Veröffentlichung eines Podiumsgesprächs über den Nouveau Roman schreibt Barthes in einem frühen Text (1959)[3]:

»Es mag noch angehen, daß der Schriftsteller (beispielsweise im Radio) spricht: Man kann immer etwas aus seinem Atmen, aus seiner Stimmodulation lernen. Aber wenn seine Worte [parole] *dann in Schrift rückverwandelt werden, als ob Art und Medium der Rede* [l'ordre et la nature des langages] *gleichgültig wären* [...], *dann ist die Schreibweise, die daraus entsteht, nichts anderes als ein unbedeutender Zwitter, der weder die gelassene Distanz der Schrift noch den poetischen Impetus des gesprochenen Wortes besitzt. Kurz, das Podiumsgespräch zieht aus dem Besten, über das ein Schriftsteller verfügt, das Schlechteste, das sein Sprechen enthält: den Diskurs. Wort und Schrift sind aber nicht ohne weiteres austauschbar, lassen sich nicht einfach miteinander verkoppeln, denn es steht zwischen ihnen etwas, das einer Herausforderung gleicht: Schreiben entsteht aus der Verwerfung aller anderen Redeweisen* [languages].*«*[4]

Was den mündlichen Vortrag einer Vorlesung kennzeichnet, ist zwar nicht die Hohlheit der Meinungen, die auf einem Podium vertreten werden, doch teilt er das Schicksal der mündlichen Rede als solcher, ihre Kontingenz, ihre Flüchtigkeit, ihre unumkehrbare Kontinuität: ein zäher Strom stimmlicher Laute im Gegensatz zum Schriftlichen, insofern dieses notwendig, klar, rekursiv, dauerhaft und flüssig, diskontinuierlich und gemessen verläuft. Und schließlich gibt es jenseits dieser Oppositionen, jenseits der Trivialität, zu der jedes in

3 [Barthes' Schriften, soweit sie nicht in deutscher Übersetzung erschienen sind, werden nach der Ausgabe der *Œuvres complètes* zitiert: Bd. I: *1942-1965*, Bd. II: *1966-1973*, Bd. III: *1974-1980*, Paris: Seuil 1993-1995. Die broschierte Ausgabe wurde in fünf Bände unterteilt – Bd. I: *1942-1961*; Bd. II: *1962-1967*; Bd. III: *1968-1971*; Bd. IV: *1972-1976*; Bd. V: *1977-1980*, Paris: Seuil 2002 – und enthält erstaunlicherweise keine Seitenkonkordanz. Es war daher nötig, neben der ersten (OC_1) auch die zweite Gesamtausgabe (OC_2) anzuführen.]

4 »Tables rondes«, OC_1 I, 803; OC_2 I, 961.

ein Druckwerk eingeschmolzene Sprechen erstarrt, dasjenige, was Barthes zufolge das Schreiben ausmacht: »Schreiben ist genau dieser Widerspruch, der das Scheitern einer Mitteilung in eine neue Mitteilung verwandelt, ein Sprechen für den anderen, doch ohne den anderen.«[5]

Wenn wir die Möglichkeit verworfen haben, die Barthesschen Vorlesungen entweder umzuschreiben oder »redigiert« [*rewritée*] zu transkribieren, so war das nicht nur eine Prinzipienfrage, die mit Barthes' Lehre vom »Buch« zusammenhängt. Die Gründe dafür liegen auch in der Eigentümlichkeit dieser Vorlesungen, ihrem konkreten und einzigartigen Status auf Barthes' intellektuellem Weg.

Offenkundig hatte sich der Abstand zwischen schriftlicher Produktion und Lehrpraxis mit dem Eintritt ins Collège de France 1977 radikalisiert. Denn solange Barthes an der École pratique des hautes études ein Seminar mit relativ wenigen Teilnehmern abhielt, konnte er, wie gesagt, der Versuchung nachgeben, aus dieser oder jener Vorlesung ein Buch zu machen. Diese Möglichkeit wurde hinfällig, als die Zeit am Collège begann, wo von der einstigen sokratischen Gemeinschaft nichts mehr übrigblieb, was den Wunsch nach Verewigung der magistralen Rede hätte wecken können.

Mit dem Wechsel ans Collège de France verloren die Vorlesungen für Barthes ihren explizit grundlegenden Charakter für sein Denken, ihre genealogische Rolle für sein Werk. Und das hat zweifellos auch mit dem biographischen Umbruch zu tun, den Barthes damals durchmachte.

Wir wollen diese Situation nicht nachträglich kommentieren, sondern nur daran erinnern, daß Barthes an manchen Wegbiegungen seiner Vorlesungen die Gründe erläutert, aus denen sein eigener Diskurs sich von seiner Theorielast zu befreien und eben damit die Ansprüche seiner Hörer zu enttäuschen scheint: »[...] daß wir uns gerade in einer aktiven Phase der ›heilsamen‹ Dekonstruktion der ›Mission‹ des Intellektuellen befinden: Diese Dekonstruktion kann die Form eines Rückzugs annehmen, aber auch die einer Spurenverwischung, einer Serie dezentrierter Behauptungen.« Und ein wenig später in dieser Vorlesung über das Neutrum fügt er

5 OC_1 I, 802; OC_2 I, 960.

hinzu, es sei ein »Genuß, ein friedfertiges (vielleicht zwanghaftes: verdinglichendes, inventarisierendes) Wissen an die Stelle eines Ideenkampfes zu setzen«.[6]

Was diese Vorlesungen in der Tat charakterisiert und jede Verkleidung künstlich erscheinen ließe – jede Umschrift, die den Anschein eines Werkes erwecken möchte, jede Transkription, die das Pathos eines Buches simulieren würde –, das ist, wenn man so sagen darf, ihr *understatement*, ihre fast systematisch betriebene Praxis, den Gegenstand der Vorlesung geringzuschätzen und fast den Eindruck zu vermitteln, manche Sitzung beschränke sich auf die bloße Verlesung von Arbeitsnotizen.

Denn die Vorlesungen sind nicht so aufgebaut, daß sie der Entwicklung eines Diskurses, der Bahn einer Logik oder eines Denkens folgten, sondern bestehen aus einer Reihe von »Merkmalen« oder »Zügen« [*traits*], die entweder alphabetisch oder nach einer mathematischen Zufallsfolge geordnet sind.[7] Auf diese Weise versucht Barthes, jede doktrinale Autorität seiner Aussagen radikal zu untergraben. Über Jahre hinweg läßt die Vorlesung nach dieser Ordnung, das heißt ordnungslos, »Kapitel« von unterschiedlicher Länge und Bedeutung, knappe oder ausführliche, auf Karteikarten festgehaltene »Notizen« [*fiches*] aufeinanderfolgen: mehr oder weniger enzyklopädische, mehr oder weniger persönliche Bemerkungen, inspiriert von dem Feld des Wissens, das die Vorlesung ausbreitet: »Das Zusammenleben«, »Das Neutrum«, »Die Vorbereitung des Romans«.

Es gibt bei Barthes eine doppelte Bestrebung, die widersprüchlich erscheinen könnte. Einerseits der Wille, eine *Vorlesung* zu halten, ohne Scheu davor, daß die positive Erkundung eines Wissensfeldes in einem solchen Rahmen leicht

6 Roland Barthes, *Das Neutrum*. Vorlesung am Collège de France 1977-1978, hg. von Éric Marty, übersetzt von Horst Brühmann, Frankfurt am Main: Suhrkamp 2005, S. 222, 234.

7 Für die gegenwärtige Vorlesung gilt die alphabetische Reihenfolge, für »Das Neutrum« die mathematische Ordnung. Einzig die Vorlesung über »Die Vorbereitung des Romans« scheint den Gepflogenheiten eines Diskurses zu genügen, freilich in der Form einer »simulierten« Vorbereitung eines Romans. Siehe dazu Antoine Compagnon, »Le roman de Roland Barthes«, in: *Le livre imaginaire. Actes du colloque de Cerisy. Revue des Sciences humaines*, Herbst 2002.

trocken und spröde erscheint; andererseits und gleichzeitig aber die Weigerung, dieses Wissen zur Entfaltung einer persönlichen Phänomenologie zu nutzen, wie es früher seine Gewohnheit gewesen war. Deshalb mögen sich diese Vorlesungen in mancher Hinsicht enttäuschend ausnehmen.

Diese Enttäuschung hat Barthes nicht nur vorhergesehen, er hat sie in gewisser Weise gewollt. Natürlich darf man diese Idee der Enttäuschung nicht in ihrer gewöhnlichen Bedeutung verstehen, sondern – ganz in Barthesscher Manier – im Sinne einer *Bathmologie*[8], einer Wissenschaft der Abstufungen. Barthes schrieb bekanntlich Gide jenen tiefen Gedanken zu, daß nicht einmal ein Gott sich den Satz »Ich enttäusche« zum Wahlspruch nehmen könnte. Damit soll allegorisch gesagt sein, daß Enttäuschungen durchaus etwas für sich haben und nicht banal als Scheitern verstanden werden dürfen. Zumindest gehen sie in eine Dialektik ein, die uns in einen Bereich versetzt, in dem Wirkungen bald nicht mehr meßbar sind.

Für das Auftreten dieser Enttäuschung gibt es übrigens noch andere Motive, sogar solche, die im Thema der Vorlesung selbst begründet liegen, was etwa am Problem des »Zusammenlebens« ganz deutlich wird. Denn auf die untergründige Frage dieser Vorlesung – die sich bündig so formulieren ließe: »Ist die idiorrhythmische Gruppe möglich? Kann es eine menschliche Gemeinschaft geben, die ohne Telos, ohne Ursache wäre?« – ist die Antwort natürlich verneinend. Und diese Negativität ist – da es sich um eine Aussage ohne Anfang und Ende, wie gesagt: ohne Ordnung handelt – immer schon da und macht den Gegenstand dieser Untersuchung zunichte. Als ob diese Negativität der eigentliche Gegenstand der Vorlesung wäre, ihre eigentliche Wahrheit.

Aus diesem Grund müßte man über die ganz andere Behandlung nachdenken, die diese Frage nach der Gemeinschaft in den Schriften zahlreicher Intellektueller[9] erfahren hat, denen sie seit einiger Zeit zum brennenden Problem geworden ist. Von der negativen Dekonstruktion, der Barthes

8 [Griech. *bathmós*, Tritt, Stufe, Schwelle. Vgl. Roland Barthes, »Brillat-Savarin-Lektüre«, in: ders., *Das Rauschen der Sprache. Kritische Essays IV*, übersetzt von Dieter Hornig, Frankfurt am Main: Suhrkamp 2006, S. 279.]

9 Zum Beispiel Maurice Blanchot, Giorgio Agamben, Jean-Luc Nancy.

diese Frage unterzieht, unterscheidet sich der Zugang dieser Autoren erheblich. Man könnte dann die seltsame Negativität ermessen, die bei ihm zu einer Art paradoxer Methode geworden ist. Mehr als eine Methode: eine Askese, die sich gleichsam als ein verschwiegener Zugang zu jenem *Nullpunkt*, jenem Schwebezustand, jenem schmalen Winkel des Denkens verstehen läßt, wo die Rede den spezifischen Mystifikationen (und Entfremdungsformen) des Intellektuellen offenbar entgehen kann: den Mystifikationen der Meisterschaft, Überzeugung, »Theorie«; der Selbstentfremdung in Prestigestreben, Herrschaft und Konflikt. Diese Geste, mit der sich Barthes gleichsam aus seiner eigenen Rede zurückzieht, bedeutet eine Art Flucht aus dem Feld des universitären oder intellektuellen Diskurses – aus dem Gebiet derer, die immer etwas zu sagen haben. Es ist der Versuch, schweigend den entlegenen Platz eines diskreten Subjekts einzunehmen, das sich scheinbar damit begnügt, die Orte des Wissens schlicht zu bezeichnen, zu begrenzen, zu klassifizieren, für künftige Dossiers zu inventarisieren, sich von einer philologischen Untersuchung seines Gegenstands ausgehend gleichsam abzustoßen und treiben zu lassen: und das, wie gesagt, in der planlosen Unordnung der alphabetischen oder mathematischen Willkür unverbundener Fragmente, die einer unfertigen Enzyklopädie entstammen.

Wie auch immer – wenn diese Vorlesungen am Collège de France wesentlich von Enttäuschung geprägt sind, wenn Enttäuschung ihren Gegenstand, ihre Form und ihr Vorgehen bis ins einzelne ausmacht, so darf man annehmen, daß diese Enttäuschung auch den Akt des Vorlesunghaltens selbst nicht unberührt läßt. Einen Akt, von dem Barthes offenbar nichts mehr erwartete.

Eine Vorlesung ist etwas, das keinen anderen Zweck hat als den – und das keine andere Existenzform hat als die –, gehalten zu werden. Am sichersten belegt dies ein Satz, den Barthes in der ersten Sitzung der Vorlesung über *Das Neutrum* vortrug: »Man müßte dreizehn Wochen lang ein Seminar über das Unhaltbare halten: dann verschwände es.«[10]

Uns schien es also offenkundig, daß Barthes' Vorlesungen nicht zu postumen Büchern werden konnten. Offenkundig,

10 Barthes, *Das Neutrum*, a. a. O., S. 44.

daß den Barthesschen Vorlesungen keine andere physische Existenz gegeben war als die von *Vorlesungsarchiven* – und daß jede editorische Arbeit, die nicht von diesem Axiom ausginge, in die Irre gehen würde.

Wir verfügen über zwei Arten von Archiven, die Tonspur und die Schriftspur. Einerseits die Tonbandaufnahmen und andererseits die »Vorlesungsnotizen«, die Barthes in den Sitzungen benutzte und denen man noch die vorbereitenden Notizen auf Karteikarten hinzufügen kann. Was wir dem Leser hier vorlegen, ist das schriftliche Archiv. Das akustische ist Gegenstand einer besonderen Editionsarbeit, die die Tonaufzeichnungen als CD-ROM (im MP3-Format) der Öffentlichkeit zugänglich macht.[11]

Wir waren zunächst außerordentlich froh darüber, daß wir die französische Originalausgabe in einer Form veröffentlichen konnten, die jede Verwechslung mit einem *Buch* ausschließt. Die Präsentationsweise in Gestalt eines großformatigen Heftes, die an eine Schreibmaschine erinnernde Schrifttype und der manuskriptähnliche Satzspiegel mit breitem Rand – all das macht den Charakter einer solchen Publikation als vervielfältigtes Typoskript deutlich, der dem Inhalt, den er birgt und verbreitet, gleichsam einen Rahmen gibt. Barthes machte sich gern die Mallarmésche Unterscheidung zwischen »Buch« und »Album« zu eigen. Das Verlagserzeugnis, das aus diesen Vorlesungen besteht, möchte weder Buch (ein wohlbedachter, notwendiger Gegenstand) noch Album (eine Sammlung verstreuter Blätter) sein, sondern eher ein Heft, ein geheftetes Bündel.

Was den Leser erwartet, sind »Notizen zu den Vorlesungen am Collège de France«: der »Text«, auf dessen Grundlage Barthes seine Vorlesung Woche für Woche am Collège hielt. Wir setzen das Wort »Text« in Anführungszeichen, weil diese Notizen eher als *Infratext* zu bezeichnen wären, als Diskurs in einem *vor*textuellen Stadium, dessen rudimentärer, verkürzter, verkleinerter, verminderter, verdichteter, elementarer, manchmal skizzenhafter oder virtueller Charakter damit zusammenhängt, daß seine gesamte Existenz im Hindrängen

11 [*Le Neutre*, 21 Stunden auf 2 CDs; *Comment vivre ensemble*, 14 Stunden auf 1 CD; beide im Vertrieb der Éditions du Seuil, Paris 2002.]

auf den künftigen Vortrag liegt, in der Vorwegnahme oder dem Vorhaben seiner Aktualisierung.

Das Archiv erweist sich demnach als paradox: Es ist nicht toter Buchstabe, Staubspur der Vergangenheit oder vom Zahn der Zeit verstümmelter Text. Das Archiv – dieses Archiv – verfügt über ein rhetorisches Dispositiv, das nicht zu unangemessenen Bemühungen um originalgetreue Wiederherstellung verleitet, jenen talmihaft anmutenden Restaurationen und kitschigen Renovierungen, die den Geschmack des breiten Publikums treffen wollen. Vielmehr ist dieses Archiv so reich, daß uns eine nahezu unveränderte Wiedergabe möglich schien.

Barthes arbeitete seine Vorlesungen nicht aus, aber er schrieb sie nieder. In einer besonderen Schreibweise, in welcher die Grundeinheit des Diskurses nicht mehr immer der Satz ist, sondern in der verbalsprachliche Sequenzen eine individuell schematisierte Ausdrucksweise umgreifen: Pfeile, mathematische Zeichen, Abkürzungen, Sätze im Telegrammstil, Nominalformen, Ellipsen, Listen, Gleichungen …

Um mit dieser Schreibweise vertraut zu werden, bedarf es einiger Gewöhnung, und der Leser wird vielleicht das Gefühl haben, er werde unnötig einer lästigen Situation ausgesetzt. Doch dieses Gefühl wird fast immer verschwinden und ganz ohne Zweifel dem umgekehrten Eindruck Platz machen: dem Vergnügen nämlich, aus unmittelbarer Nähe ein lebendiges, aktives Denken zu verfolgen, eine Schreibdynamik, ein lehrreiches Spiel mit dem Wissen und mit den Zuhörern. Diese Notizen sind keine Hinterlassenschaften. Der Leser findet vor seinen Augen die Partitur des Professors. Und dem Leser fällt die Aufgabe zu, mit hinreichender Aufmerksamkeit, im rechten Tempo und mit genügend Einfühlungsvermögen jede Sitzung bis zu dem Punkt zu verfolgen, an dem der Gegenstand preisgibt, was Barthes an ihm herauszuarbeiten oder zu beleuchten hoffte.

Das Organisationsprinzip jedes Vorlesungsbandes ist die wöchentliche Sitzung; ihre Zäsuren verleihen dem mündlichen Vortrag seinen eigentlichen Rhythmus. Diese Zäsuren prägte Barthes seinem Manuskript nachträglich auf, indem er mit Datumsangabe die Stelle kennzeichnete, an der er seinen Vortrag an einem bestimmten Tag zu einer bestimmten

Stunde unterbrochen hatte und wo er in der darauffolgenden Woche fortfahren mußte. Mit dem natürlichen Rhythmus der Sitzungen nimmt die Vorlesung ihren Lauf und entfernt sich dadurch vom Buch. Innerhalb dieser Gliederung kommen dann die dem Vorlesungsmanuskript eigenen Strukturen zum Zuge: der Titel des »Merkmals« oder Fragments als Grundeinheit der inhaltlichen Gliederung sowie die verschiedenen Überschriften, Unterüberschriften, Aufzählungen, Rubriken usw., die jeweils ein Fragment oder »Merkmal« untergliedern.[12]

Was den »Text« der Vorlesung selbst angeht, haben wir es uns zum Prinzip gemacht, sowenig wie möglich einzugreifen. Wir haben die Symbole beibehalten, die von Barthes benutzt wurden, um beispielsweise eine logische Konstruktion zu verdichten; dafür haben wir es uns erlaubt, Abkürzungen aufzulösen, wenn diese einem geläufigen Muster folgten (etwa Robinson Crusoe statt R. C.), oder eine manchmal allzu verwirrende Zeichensetzung zu berichtigen. Wo Barthes' Gedankengang gelegentlich zu dunkel erscheint, fühlten wir uns berechtigt, in einer Fußnote den Sinn zu paraphrasieren, um dem Leser unnötiges Rätselraten zu ersparen. Ebenso wie der Autor in seinem Manuskript haben wir den Rand dazu benutzt, an geeigneter Stelle die bibliographischen Kürzel wiederzugeben, mit denen Barthes seine Zitate belegte. Es sei noch vermerkt, daß wir die wenigen von Barthes gestrichenen Absätze beibehalten, jedoch als solche – mit Angabe von Beginn und Ende der Streichung in einer Fußnote – gekennzeichnet haben. Wenn Barthes eine Sitzung mit einem Kommentar zu einem Brief, der ihm übermittelt worden war, oder zu Themen der vergangenen Woche einleitete, werden diese Supplemente in Kursivschrift wiedergegeben. Ergänzungen oder Auslassungen in Zitaten haben wir, wenn sie von Barthes selbst vorgenommen wurden, mit spitzen Klammern

12 [Da die chronologische Abfolge der Sitzungen das übergeordnete Gliederungsprinzip darstellt, war dem Übersetzer der Vorlesungen die an sich reizvolle Möglichkeit verwehrt, die einzelnen »Merkmale« nach der *deutschen* alphabetischen Reihenfolge neu zu sortieren. Die Übersetzung von *Über mich selbst* (von Jürgen Hoch, München: Matthes & Seitz 1978) hat auf diese Möglichkeit verzichtet, die der *Fragmente einer Sprache der Liebe* (a. a. O.) hat sie hingegen genutzt.]

<…> gekennzeichnet; Zusätze des Übersetzers sind durch eckige Klammern […] markiert.

Die Fußnoten geben Hinweise zur klassischen Philologie, wie sie in einer Schrift, die sich nicht selten auf Andeutungen beschränkt, unentbehrlich sind. Ebenso werden Zitate, Eigennamen, fremdsprachliche Ausdrücke (insbesondere aus dem Altgriechischen, für deren Wiedergabe wir das lateinische Alphabet gewählt haben), Ortsnamen und historische Ereignisse nach Möglichkeit in den Fußnoten erläutert. Ein vollständiges Namenregister, das auch zitierte Autoren und literarische Gestalten umfaßt, erleichtert die bibliographische Erschließung.

Ein kurzes Vorwort stellt die Vorlesung in ihren Kontext und hebt ihre markantesten Züge hervor.

Beim Hören der mündlichen Fassung dieser Vorlesungen, wie sie von verschiedenen Teilnehmern mit Tonbandgeräten aufgezeichnet wurde, wird der Leser feststellen, wie wenig die »Vorlesungsnotizen« inhaltlich hinter dem Wortlaut des tatsächlichen Vortrags zurückbleiben. Zugleich wird er aber auch die irreduzible Einzigartigkeit dieser beiden medialen Träger – Wort und Schrift – ermessen können. Beide Fassungen ein und desselben Gegenstands bewahren getrennt voneinander jene tiefe Verletzlichkeit, die überdauern soll: die Fragilität des stimmlichen Ausdrucks und die der schriftlichen Notation.

Das Archiv eines Texts weist also, wie uns scheint, diesem Text seinen wahren Ort in der Architektur eines Werkes zu, dem stets eine Wissenschaft der Nuancen vorschwebte – als nächstliegender Horizont, als seine einzige und einzigartige Regel.

Éric Marty

Vorwort

Am 14. März 1976 wählt die Versammlung der Professoren am Collège de France – auf Vorschlag von Michel Foucault – Roland Barthes auf den Lehrstuhl für Literatursemiologie. Der neue Professor wird an dieser Institution bis zu seinem Tode im Frühjahr 1980 lehren. Man hat oft darauf hingewiesen, daß der akademische Weg dieses Hochschullehrers ohne *agrégation* kaum vorgezeichnet war und wie ungewöhnlich die Karriere dieses Forschers verlief, die im Ausland (Rumänien, Ägypten, Marokko) beziehungsweise an den Rändern der französischen Universität stattfand. Ihren Abschluß und ihre Vollendung erreicht Barthes' gewundene Laufbahn an einem prestigeträchtigen Ort, auch wenn seine Wahl – mit der Mehrheit einer einzigen Stimme – intellektuelle und instututionelle Widerstände weckt, die den Weg eines atypischen Denkers so oft gehemmt haben ...

Seine Antrittsvorlesung hält Barthes am 7. Januar 1977. Am 12. des Monats nimmt er den akademischen Unterricht vor der sehr heterogenen Hörerschaft des Collège de France auf. Seine Vorlesungsnotizen bewahren die Spur dieser zeitlichen Nähe. Die ersten Sitzungen nehmen häufig auf die Antrittsvorlesung Bezug und geben sich als direkte und unmittelbare Anwendung der dort vertretenen Thesen. Nach den Regeln des Collège besteht die Lehrverpflichtung eines Professors in 26 Stunden Unterricht pro Studienjahr, die frei zwischen Hauptvorlesung [*cours magistral*] und Seminar verteilt werden können. Die Vorlesung unter dem Titel »Wie zusammen leben. Simulationen einiger alltäglicher Räume im Roman« findet vom 12. Januar bis zum 4. Mai 1977 mittwochs (außer an Feiertagen) einstündig statt. Als Gegenpol dazu veranstaltet Barthes ein vierzehntägiges Seminar, das externen Teilnehmern für Referate offensteht[13]; unter dem Titel

13 François Flahaut, »Diskurs und Insignie« sowie »Das Verhältnis zur Fülle«; François Récanati, »Gehaltener, haltbarer, unhaltbarer Diskurs«; Lucette Mouline, »Der Proustsche Satz«; Jacques-Alain Miller, »Diskurs des einen, Diskurs des anderen«; Antoine Compagnon, »Der Enthusiasmus«; Louis Marin, »Der Rabe und der Fuchs«; Cosette Martel, »Die gesprochene Frau«.

»Was heißt: einen Diskurs führen? Untersuchung über das besetzte Sprechen« wird es um die Frage der »sprachlichen Einschüchterungen« gehen. Barthes trug zu diesem Seminar eine allgemeine Einleitung (»Einen Diskurs führen«) sowie eine Analyse des »Charlus-Diskurses« bei. Gegenüber dem anfänglichen Plan ergab sich eine kleine zeitliche Abänderung, über welche die Notizen zur letzten Sitzung Auskunft geben. Barthes hatte vor, die verfügbare Zeit auf Vorlesung und Seminar gleichmäßig zu verteilen, das heißt jeweils 13 Stunden. Tatsächlich wurden dann 14 Stunden der Vorlesung gewidmet, so daß dem Seminar nur 12 blieben.

Wie die Tonbandaufzeichnungen belegen, fand die Vorlesung unter recht widrigen äußeren Bedingungen statt. Angesichts des Zustroms der Hörer, der wohl mit intellektueller Begeisterung, mondäner Neugier oder als Modephänomen zu erklären ist, mußte das Collège einen benachbarten Hörsaal mit Lautsprechern ausstatten, um die Worte des Professors »live« dorthin zu übertragen. Gerade in der ersten Sitzung fiel dieses Übertragungssystem mehrfach aus, und der Vortrag wurde durch die amüsierte Verwirrung der Studenten, die Suche nach einem Pedell und die Ratlosigkeit des Professors angesichts so viel technischer Mißlichkeiten unterbrochen. Auch wenn die Schwierigkeiten rasch behoben waren, bestand die räumliche Enge während des ganzen Studienjahres fort.

Es ist sehr schwer zu sagen, wann sich Barthes mit den Vorbereitungen seiner Lehrveranstaltungen beschäftigte. Wann hat er seine Vorlesungen konzipiert? Waren sämtliche handschriftliche Notizen vor der ersten Sitzung niedergeschrieben? Es scheint, ohne daß wir Gewißheit darüber hätten, daß die Vorlesung Anfang Januar im wesentlichen fertig war. Barthes hatte die Gewohnheit, für solche Arbeiten die Sommerferien in seinem Landhaus in Urt (im Baskenland) zu nutzen und dort den Unterricht des folgenden Jahres vorzubereiten. Nur wenige Passagen der Notizen liefern Anhaltspunkte, aus denen sich zeitliche Zusammenhänge zwischen der Anfertigung und dem mündlichen Vortrag der Vorlesung erschließen lassen: die kleine Anekdote von der rücksichtslosen Mutter (Dezember 1976), eine Anspielung auf den Jahrhundert-*Ring* in Bayreuth (im Sommer 1976), der Eingang eines Leserbriefs nach der Veröffentlichung eines Artikels in der Zeitschrift *Photo* (im Frühjahr 1977) ... das ist schon fast alles. Mit der Ankündigung, daß sich das Studienjahr in eine Abfolge von »Merkmalen« gliedern wird, gesteht Barthes, daß deren Reihenfolge nicht endgültig festliegt, und gibt zu erkennen, daß er dem Zufall eine Rolle in der Organisation seines Unterrichts einräumt. Abgesehen von diesem Zögern, das ohne nennenswerte Folgen bleibt, tritt der Zeitrahmen der Sitzungen mit größter Deutlichkeit hervor. Barthes hatte die Gewohnheit, die Unterbrechung in seinen Notizen durch die Angabe des Datums zu kennzeichnen. Wir haben uns dafür entschieden, dieses Datum, das Barthes im Korpus seines Texts verzeichnete, als Überschrift vor den Beginn einer jeweiligen Sitzung zu stellen.

Alles, was der Leser über die erste Vorlesung am Collège de France bisher wissen konnte, beschränkte sich auf das schriftliche Resümee, das – von Barthes selbst verfaßt – im Jahrbuch des Collège erschien und in den dritten Band der *Œuvres complètes* aufgenommen wurde.[14] Diese sehr dichte Zusammenfassung bleibt die bestmögliche Einführung in die Arbeit von Barthes. Alle übrigen Dokumente sind bisher unveröffentlicht. Die im IMEC (»Institut de la mémoire de l'édition contemporaine«) archivierten Materialien der Vorlesung »Wie zusammen leben« bestehen aus dem eigentlichen Vorlesungstext einerseits und den auf Karteikarten niedergeschriebenen Arbeitsnotizen andererseits. Das Wichtigste ist der handschriftliche Text der Vorlesungsnotizen. Es handelt sich dabei um ein Bündel eng und auch rückseitig beschriebener, von 1 bis 92 numerierter Seiten mit Ergänzungen auf eingelegten, teils paginierten, teils unpaginierten Blättern. Den ersten Seiten der Notizen sind häufig Zettel beigeheftet oder angeklebt. Diese Zusatztexte tragen zur Präzisierung einzelner Punkte bei (etwa der Bachelardschen Konzeption des Imaginären) oder bieten Gelegenheit zu einem längeren Exkurs (etwa über die Benvenistesche Analyse des Wortes »Rhythmus«). Nach unserer editorischen Entscheidung wurden diese Zettel in den Haupttext integriert, in den sie sich ohne jede grammatische oder semantische Schwierigkeit einfügen lassen. Von dem Seminar »Einen Diskurs führen« exi-

14 *OC*$_1$ III, 744 f.; *OC*$_2$ V, 362 f.

stieren in den Archiven nur die beiden Beiträge von Barthes, insgesamt etwa dreißig Seiten.

Die Manuskripte, sehr leserlich mit blauer Tinte geschrieben, werfen keinerlei Entzifferungsprobleme auf. Das wörtliche Verstehen des Textes fordert hingegen größere Anstrengungen. Barthes pflegte seine Vorlesungen nicht vollständig auszuformulieren, und die für ihn selbst konzipierten Notizen sind nicht mit einem Text zu vergleichen, der mit Blick auf eine Veröffentlichung verfaßt wurde. Andererseits handelt es sich auch nicht bloß um ein Schema, um Stichworte als Gedächtnisstütze für freie Improvisation. Die Vorlesungsnotizen, die im Verlauf der Sitzungen zunehmend schriftlich ausgearbeitet wurden, weisen sehr unterschiedliche Grade der Bearbeitung auf. Auf syntaktisch ausformulierte Passagen und vollständig durchredigierte Absätze folgen reine Aufzählungen, schlichte Reihungen von Wörtern. Doch selbst wenn sich im Manuskript die Auslassungen (von Wörtern und logischen Verbindungen) häufen, selbst wenn der Text von Auge und Verstand ständige Anpassungsleistungen erfordert, mangelt es nie an Verständlichkeit.

Wir verfügen über Tonaufzeichnungen fast der Gesamtdauer der Sitzungen (es fehlt einzig die letzte halbe Stunde der Sitzung vom 4. Mai). Diese Aufnahmen, die zweifellos von großem Wert sind, konnten für die Edition der Manuskriptnotizen in zweierlei Weise genutzt werden. Erstens verdeutlicht das Tonband die schriftliche Notation, die für Barthes selbst natürlich klar war und ihm als Gedächtnisstütze diente, aber nicht an den Leser gerichtet war und diesem daher dunkel erscheinen mochte. Immer dann, wenn erst die mündliche Formulierung dem Manuskript Sinn gibt, wird man in den Fußnoten eine wörtliche Transkription von Barthes' Äußerungen finden. Diese Ergänzungen geben von den weiteren Projekten des Vortragenden (ein Seminar über Sartre oder über den Ursprung der Sprache) sowie von seinen intellektuellen Praktiken Kenntnis. Wenn das Manuskript einen gelehrten Begriff (»irenisch«) enthält oder sich auf Entlegenes bezieht, sorgt Barthes in der Vorlesung für Gemeinverständlichkeit und verdoppelt oder ersetzt das geschriebene Wort durch ein geläufigeres.

Weiterhin steht dem Forscher ein Bündel von Karteikarten

zur Verfügung, die Licht in die Kulissen und auf das tastende Vorgehen der intellektuellen Arbeit werfen. Diese ebenfalls im IMEC aufbewahrten und dort foliierten Karteikarten befinden sich in drei Umschlägen. Die ersten beiden (numeriert von 1 bis 50 und von 51 bis 100) enthalten in alphabetischer Reihenfolge je einen Packen zerschnittener Papiere, auf denen Bemerkungen, Beispiele oder Zitate festgehalten sind, thematisch oder nach Schlüsselwörtern geordnet (»Tänze«, »Dämonen«, »*Discretio*«, »Schreiben (und Lesen)« ...). Der letzte Umschlag enthält völlig ungeordnete, durcheinandergeratene Karteikarten, flüchtige Notizen sowie eine mehrseitige Bibliographie. Unter diesen Seiten befindet sich eine Liste der »Gelesenen Bücher«, deren Titel in der allgemeinen Bibliographie am Ende dieses Bandes mit einem Sternchen gekennzeichnet sind. Diese Bibliothek besteht aus über fünfzig Büchern, die – teils gelesen, teil nur konsultiert – zeigen, mit welcher Sorgfalt Barthes seine Vorlesungen mit Quellenmaterial belegte. Ebenso führen uns diese Karteikarten die Entwicklung einer lebendigen Forschung vor Augen: Manche Werke, die während der Vorbereitungen sehr präsent waren, verschwinden in der Vorlesung fast völlig (die *Ökonomik* von Xenophon) oder verlieren an Bedeutung (Zola, *Ein feines Haus*). Andere Texte hingegen gewinnen an Prominenz oder erfahren eine andere Behandlung (die Liebesgeschichte in Thomas Manns *Zauberberg* verschwindet zugunsten der Geselligkeit im Sanatorium). Der Abdruck einiger dieser Karteikartennotizen wird es dem Leser gestatten, die Anfertigung der Vorlesung im einzelnen mitzuverfolgen.

Außer dem Resümee der Vorlesung und des Seminars, das von Barthes selbst für das Jahrbuch des Collège de France verfaßt wurde, steht dem Leser ein Namenregister zur Verfügung.

Auf dem Höhepunkt seiner Berühmtheit verläßt Barthes also die »Schule« und bezieht das »Kolleg«, wie er selbst humorvoll in dem einführenden Text zu »Einen Diskurs führen« sagt. Das letzte Seminar an der École pratique des hautes études hatte von der Sprache der Liebe [*discours amoureux*] gehandelt; aus dieser zweijährigen Arbeit sollten die *Fragmente einer Sprache der Liebe* hervorgehen. Mit dem Wechsel vom Seminar zur Vorlesung ändern sich Barthes' akademischer Status und seine Hörerschaft (die jetzt stark anwächst), während seine Arbeit keinen abrupten Wandel erfährt. Die letzte Veranstaltung an der École endet mit der – Nietzsche entlehnten – Entgegensetzung von »Methode« und »Kultur«. Mit ebendieser Opposition beginnt die ausführliche »Präsentation«, welche die ersten beiden Sitzungen im Collège einnimmt. Ein weiteres Band zwischen Gegenwart und Vergangenheit: Die Erstellung einer Druckfassung der *Fragmente einer Sprache der Liebe* und die Vorbereitung der Vorlesungen fallen in dieselbe ziemlich unscharf begrenzte Periode, die sich vom Sommer 1976 bis zum Winter 1977 erstreckt.

Einem genaueren Blick geben jedoch Gegenstand und Titel der Veranstaltung (»Wie zusammen leben«) bereits zu erkennen, daß weder der Ort noch die magistrale Form der Lehre Barthes' ethischer oder moralischer Fragestellung (wie das Verhältnis des Subjekts und des anderen zu denken ist) ein Ende setzen werden – sofern man diesem Wort eine konkrete und praktische Dimension verleiht.

Untrennbar von der institutionellen und intellektuellen Ebene treten Seminar und Vorlesung in ein Spiel von Gegensatz und Komplementarität ein. Dabei repräsentiert das Seminar die Nachtseite des Zusammenlebens, die Vorlesung dagegen die lichtere Seite, den Beginn einer hoffnungsfrohen Suche nach einer sozialen Utopie.

In seinem gesamten Werk beschreibt Barthes die Sprache als den eigentlichen Ort der Vergemeinschaftung [*sociabilité*], handele es sich darum, mit Worten Macht auszuüben, oder darum, sich vermittels der Literatur vom Code der Sprache zu emanzipieren. In dem Seminar, das den sprachlichen Einschüchterungen gewidmet war, versucht Barthes diesen »Diskurs« zu umreißen, den jeder von uns sein Leben lang hält und den nur der Tod unterbricht; diesen Diskurs, der uns konstituiert und der häufig darauf zielt, unsere Gesprächspartner zu unterwerfen. »Einen Diskurs führen«, so macht Barthes deutlich, heißt, sich mit seinem Sprechen und seinem Körper zu behaupten. »Einen Diskurs führen« bedeutet, jene Hysterie zu zeigen, die Barthes sein ganzes Werk hindurch verfolgt, diese Selbstgefälligkeit des Subjekts, das sich an seinem eigenen Imaginären berauscht, diese Theatralisierung des Selbst, die Sartre »Unaufrichtigkeit« [*mauvaise foi*] nennt. Indem er als erstes Beispiel die Worte der Andromache gegenüber Hermione benutzt, also die Rhetorik des Opfers gegenüber seinem Henker analysiert, knüpft Barthes an seine Untersuchung *Sur Racine* an, mit den »Aggressionstechniken«, die ihren Höhepunkt im geschlossenen Universum der Tragödie erreichen, wo man spricht, um nicht zu sterben.

Das zweite Beispiel, das Barthes wählt, ist der »Charlus-Diskurs«, jene heftige Rede, die Charlus als enttäuschter Liebhaber gegenüber dem Erzähler in *Die Welt der Guermantes* hält. Einmal mehr achtsam auf die Taktiken der Sprache, zeichnet Barthes eine erste Skizze jener »Wissenschaft des Einzelnen«, von der *Die helle Kammer* träumen wird. Der »Charlus-Diskurs« ist nicht der Musterfall eines allgemeinen Verführungsdiskurses, sondern das einzigartige Zusammentreffen eines unerbittlichen Subjekts und einer kompromißlosen Rede, deren eigentümliche Funktionsweise es zu zeigen gilt. Um so viele Partikularitäten zu berücksichtigen (singulärer Wutausbruch eines singulären Individuums gegenüber einem singulären Individuum), macht sich Barthes das Vergnügen, eine ganze Reihe triumphaler Begriffe oder Pseudobegriffe zu schöpfen, wie »Explosem« (Figur der Wut) oder »Taktem« (Figur der List).

Als Gegenpol zu den Obsessionen des Seminars äußert sich in der Vorlesung eine positivere Forschung, die ganz von der Energie eines »Phantasmas« getragen wird. Schon in seiner Antrittsvorlesung hatte Barthes das Recht beansprucht, seinen Unterricht von einem »Phantasma« aus zu entwickeln[15], eine Forschung zu betreiben, die an den Affekt des Forschers anknüpft, ohne deshalb ins Bekenntnishafte oder Selbstbezügliche zu verfallen (insofern enthält die Vorlesung sehr wenig Biographisches). Damit das Phantasma seiner selbst bewußt werden und sich zu einer fortschreitenden Untersuchung ausweiten kann, bedarf es der Begegnung mit einem Wort. Auf dieses Wort, an dem sich ein latentes Phantasma der Vergemeinschaftung ablesen läßt, wird Barthes bei der Lektüre von Jacques Lacarrières *Griechischem Sommer* stoßen: das Wort »Idiorrhythmie«.

15 [Roland Barthes, *Leçon/Lektion*. Antrittsvorlesung am Collège de France, übers. von Helmut Scheffel, Frankfurt am Main: Suhrkamp 1980, S. 65.]

Dieses Wort, das sich aus *idios* (eigen) und *rhythmos* (Rhythmus, Maß) zusammensetzt und zum religiösen Wortschatz gehört, verweist auf jede Gemeinschaft, in welcher der persönliche Lebensrhythmus jedes einzelnen seinen Platz findet. »Idiorrhythmie« bezeichnet die Lebensweise gewisser Mönche vom Berg Athos, die – obgleich sie einem Kloster unterstehen – allein leben; zugleich autonom und integriert, Einzelgänger und Mitglieder einer Gemeinschaft, leben die idiorrhythmischen Mönche in einer Organisation, die sich auf halbem Wege zwischen der Einsamkeit der frühchristlichen Eremiten und dem institutionalisierten Gemeinschaftsleben der Mönchsklöster befindet. Der religiöse Ursprung des Wortes und der Praxis lenkt Barthes' Aufmerksamkeit auf die Formen des Gemeinschaftslebens vornehmlich der Klöster der Ostkirche, deren Regel und Organisation viel weniger erstarrt sind. Wieder einmal ist es die schwierige und komplexe Beziehung des Individuums zur Macht (oder den Mächten), die Barthes interessiert. Verblüfft über die Koinzidenz, die zwischen der Entwicklung der koinobitischen Klostergemeinschaft und der Institutionalisierung des Christentums als Staatsreligion besteht, erweitert er die Perspektive über die Grenze des abendländischen Mönchtums hinaus, läßt den Blick vom Okzident zum Orient, vom Nahen Osten zum Fernen Osten schweifen und begreift die buddhistischen Mönche von Ceylon gleichsam als Gegenbeispiel zu dem Dirigismus der christlichen Kirchen, die den idiorrhythmischen Formen immer weniger wohlgesinnt sind ... Dem Gegensatz zwischen dem Abendland und Japan, die in *Das Reich der Zeichen* entwickelt wird, entspricht nun die Opposition zwischen der Ordensregel des hl. Benedikt und dem »weichen« Buddhismus der Mönche von Ceylon.

Jenseits der religiösen Welt öffnet sich der metaphorische Gehalt des Wortes »Idiorrhythmie« weiteren Anwendungsfeldern und Untersuchungsbereichen. Ohne direkten Zusammenhang mit dem klösterlichen Leben bezeichnet Idiorrhythmie in der Barthesschen Vorlesung sämtliche Unternehmungen, die das kollektive mit dem individuellen Leben, die Unabhängigkeit des Subjekts mit der Gemeinschaftlichkeit der Gruppe versöhnen oder zu versöhnen suchen. Bei dieser Hinwendung zur profanen Welt nimmt Barthes in sein

Textkorpus fünf literarische Texte auf, die ganz oder teilweise in einem Verhältnis zur »Idiorrhythmie« im erweiterten Sinne des Wortes stehen. An diesen Werken sehr unterschiedlicher kultureller Herkunft spielt Barthes die Effekte der Betonung, des Kontrasts und der Nuancen durch, um möglichst präzise einen Gedanken zu fassen, der bei den verschiedenen Autoren niemals direkt thematisch wurde. Während die *Historia lausiaca* des Palladius mit ihrer pittoresken Beschreibung des Eremitentums im vierten Jahrhundert auf die religiöse Welt zurückführt, entfernen sich die übrigen Texte deutlich davon. Thomas Manns *Zauberberg* mit seiner eigentümlichen Geselligkeit des Sanatoriums, Émile Zolas *Ein feines Haus* mit seiner strengen Hierarchie eines bürgerlichen Mietshauses, Daniel Defoes *Robinson Crusoe* und André Gides *Eingeschlossene von Poitiers* als Gegenbeispiele des Alleinlebens: Jeder dieser Texte liefert mit kleinen Pinselstrichen seinen Beitrag zur Erforschung einer Lebensweise, die Barthes gern zu einer Lebenskunst erheben würde. Diesem Hauptkorpus wäre noch eine Vielzahl punktueller Verweise hinzuzufügen (Xenophon, Le Corbusier ...), vor allem aber die wachsende Präsenz Prousts (Tante Léonie im abgeschlossensten Teil des Hauses). Überblickt man die Vorlesungen von »Wie zusammen leben« über »Das Neutrum« bis hin zu »Die Vorbereitung des Romans I und II«, so bemerkt man, wie sich *Die Suche nach der verlorenen Zeit* allmählich als wichtigster Bezugspunkt der letzten schöpferischen Jahre Barthes' in den Vordergrund schiebt.

Die intellektuelle Methode, der diese Erforschung der Idiorrhythmie folgt, entspricht nun ganz und gar nicht der Vorstellung, die man sich gewöhnlich von einer Vorlesung am Collège de France macht. Barthes breitet eine ungeheure Gelehrsamkeit aus, zieht häufig abgelegene Wissensbestände heran, nimmt Anleihen beim Altgriechischen; doch entfaltet er seine Kenntnisse, zumeist aus zweiter Hand, niemals um ihrer selbst willen. Die umfangreiche »Präsentation« der Vorlesung bestimmt klar die Einsätze und die Mittel einer atypischen Forschung. Wenn Barthes, Nietzsche und Deleuze anführend, gleich zu Beginn »Methode« und »Kultur« einander gegenüberstellt, dann bevorzugt er eindeutig die zweite. Einer Methode, die geradlinig auf ein bestimmtes Ziel hinschreitet, die sich davor hütet, an Gabelungen auf Abwege zu geraten, zieht Barthes die Kultur oder *paideia* vor, das heißt die gekrümmte Linie, die Fragmentierung. Wie in den *Fragmenten einer Sprache der Liebe* organisiert sich die Vorlesung als Abfolge von »Merkmalen« (neue Bezeichnung für »Figuren«), die einander in alphabetischer Ordnung folgen, der einzigen, die – woran Barthes erinnert – den Argumentationszwängen einer akademischen Abhandlung und den Listen des Zufalls zu entgehen vermag.

»Wir schlagen hier nur ein Dossier auf...«: Barthes wiederholt diese Formulierung häufig, um in einen neuen Gedankengang einzuführen oder um einen solchen abzuschließen. Im Gegensatz zur Zwangsläufigkeit der dialektischen Methode entspricht das »Merkmal« auch einer Verweigerung jeder weiteren Vertiefung. Als Gedankenfragment, einfache Skizze, ja als rein deskriptiver Zugang verzichtet jedes »Merkmal«, jedes »Dossier« auf den Anspruch, erschöpfend zu sein, und stellt es statt dessen dem Hörer selbst anheim, inwieweit er sich damit beschäftigen will. Auch auf das bewußte Risiko hin, banal zu wirken, verzichtet Barthes auf allzuviel Gelehrsamkeit aus Furcht davor, sich in der Methode einzukapseln. Wenn er eine Untersuchung in Angriff nimmt, deren Fortführung Sache der anderen ist, wenn er die Einzigartigkeit seiner Forschung mit der Vielzahl ihrer möglichen Anschlüsse verknüpft, überträgt Barthes jene Idiorrhythmie, der seine Vorlesung Inhalt und Form verdankt, in den intellektuellen und pädagogischen Bereich.

Neugierig auf die Vielfalt des Wissens, ohne jemals in Gelehrsamkeit zu ertrinken, nimmt Barthes eher den Blickwinkel des Romans als den der Wissenschaft ein: den der Romane von Thomas Mann oder Daniel Defoe natürlich, die er auf seine Weise kommentiert, aber auch den des erträumten Romans, auf den er hinarbeitet und dessen »Vorbereitung« seine letzten beiden Vorlesungsjahre am Collège de France gewidmet sein sollten. Der Roman als Utopie löst bei Barthes eine »romanhafte« Erneuerung seiner intellektuellen Schreibweise und seiner Lehre aus. Indem er seine Vorlesung als »Simulationen einiger alltäglicher Räume im Roman« präsentiert, erprobt er mündlich ein Romanwerk am Rande des Romans, das heißt einen Roman ohne Erzählung. Barthes erzählt keine

Geschichte. Die Abfolge der Merkmale sagt das sehr deutlich: Die Organisation der Vorlesung gehorcht einem thematischen Aufbau (»Akedia«, »Anachorese«, »Tiere«, »Athos«, »Autarkie« ...), keinem narrativen, und jegliche Metonymie wird von der Arbitrarität der alphabetischen Ordnung aufgekündigt. Was bleibt, wenn man einen Roman ohne Erzählung schreibt oder spricht? Worin kann das Romanhafte der Vorlesung dann bestehen? Das Wort »Simulationen« nötigt uns dazu, eine erste Antwort bei der *Mimesis* zu suchen. Wie der Roman, von dem es seinen Ausgang nimmt, setzt das Romanhafte die Realität als Referenten jeder Repräsentation. »Genau so ist es«, ruft Barthes bei der Vorstellung von Thomas Manns Roman. Seine eigene Erfahrung als Tbc-Patient und Hans Castorps *Zauberberg*: es ist dieselbe Realität, in der sich Leben und Literatur einander annähern.

Das Wort »Simulationen« verweist uns darüber hinaus auf das Modell [*il modello, la maquette*], jenes imaginäre und zugleich durchaus reale Konstrukt, das ein Romancier entwirft, bevor er zu schreiben beginnt. Als Ort, den die Fiktion bewohnen kann, ist das »Modell« das Bühnenbild des Romans, das diesem vorangeht. In seiner »Präsentation« legt Barthes großes Gewicht auf die dynamische Rolle dieser räumlichen Simulation; jedem der kommentierten Texte entspricht ein besonderer Ort, der mit einer bestimmten Art des Zusammenlebens verbunden ist: Palladius' Wüste, das Zimmer von Gides Eingeschlossener, Zolas Mietshaus, Robinsons Insel, denen man natürlich die Klöster von Athos oder Ceylons hinzufügen müßte. Durch das romanhafte Prisma der Vorlesung reflexiv gebrochen, wendet sich Barthes' Forschung den Räumen zu; aus »Simulation« wird Deskription. In diesen »Modellen«, die sich in intellektuelle Bühnenbilder verwandeln, nehmen die Gegenstände und Figuren Plätze ein und öffnen sie der Zeitlichkeit. So verliert Robinson, wie Barthes in dem Abschnitt über das »Ereignis« schreibt, mit der Ankunft der Wilden, mit der Rückkehr nach Europa, das heißt mit der Entwicklung des Abenteuerromans an Interesse. Das Ereignis hat seinen Ort im »Modell«, doch als singuläres oder in der Unordnung der Fragmentierung: träge, unzusammenhängende, unbedeutende Ereignisse, die das narrative Werden stillstellen und zugleich den rechtfertigenden Sinn unterlaufen. Wie jeder Romancier liefert Barthes eher Verweise als Beweise; er schließt den Gedanken kurz, bevor er allzu abstrakt wird, ehe das »Modell« zum Symbol wird. Bei Barthes reduziert sich das phantasmatische Szenario auf die »Szene«, ein Wort, das doppeldeutig den Raum der Handlung ebenso wie die theatralische Aktion meint... Das Romanhafte des Zusammenlebens entsteht in Räumen, die mit Gegenständen (Blumen, Abfällen, Tischen, Stühlen, Mönchskutten) vollgestellt sind, die auf ganz gewöhnliche Weise von oftmals außergewöhnlichen Personen (einem Säulenheiligen, einer Eingeschlossenen, einem Schiffbrüchigen) gebraucht werden.

Als neue Suche nach einer Abtei von Thelema[16], die Einsamkeit und Geselligkeit miteinander versöhnt, entfaltet sich die Barthessche Vorlesung in Opposition zu zwei Gegenmodellen: dem Paar (dem Diskurs der Liebenden, der zum ehelichen Diskurs geworden ist) und der gleichgültigen oder aggressiven Masse, deren hyperbolische Figur die Fischschwärme sind. Zwischen diesen beiden Klippen hindurchsteuernd, begibt sich Barthes auf die Suche nach einer Moral des Zartgefühls, in welcher der geographische und der soziale Raum miteinander verschmelzen und nur noch eine einzige Topik der Distanz ausmachen. Die ganze Vorlesung läuft auf die Frage hinaus: In welchem Abstand zu den anderen muß ich mich halten, um mit ihnen eine Gemeinschaft ohne Entfremdung, eine Einsamkeit ohne Exil zu verwirklichen? Wie zu befürchten war, gibt die Vorlesung darauf keine Antwort. Obgleich er vorhatte, die letzte Sitzung einer Utopie des Zusammenlebens zu widmen, verzichtet Barthes schließlich auf diesen Plan. Die Gründe, die er dafür nennt, sind vielfältig: mangelnder Elan, die Schwierigkeit, sich ein idiorrhythmisches Leben vorzustellen, dessen Zweck in ihm selbst läge, die notwendigerweise kollektive Dimension einer jeden Utopie, das Bewußtsein, daß nur eine Schrift imstande ist, sich dieses Phantasmas anzunehmen. Das Scheitern der Utopie – das freilich nicht heißt, daß die Vorlesung gescheitert wäre – läßt sich auch an der von Sitzung zu Sitzung wachsenden Bedeutung ablesen, die *Die Eingeschlossene von Poitiers* annimmt. Während die Bezugstexte anfangs gleichwertig waren, drängt sich der Gidesche Text zunehmend in den Vorder-

16 [Siehe unten, Anm. 451.]

grund, während *Ein feines Haus* verblaßt. Der leidenschaftliche Wille zur Abgeschiedenheit, die Allgegenwart des Mülls um ein Individuum herum, das selbst Abfall geworden ist, geben der Vorlesung einen seltsamen Ton, in dem sich Staunen und Sympathie, Zärtlichkeit und Ernüchterung vermischen. Mélanie, die Eingeschlossene, aber auch Tante Léonie, die in so vielen »Merkmalen« auftritt, verraten abwechselnd und gleichzeitig etwas von der beunruhigten Faszination am Rückzug in sich selbst, der vielleicht einzig durch Imagination und Schreiben eines Romans kompensiert werden könnte. Mélanie, die als Sprachschöpferin (»Logothetin«) beschrieben wird, und Tante Léonie, die ferne Vorahnung der schöpferischen Abgeschiedenheit des Proustschen Erzählers, deuten vorsichtig an, daß die einzig gelungene Idiorrhythmie in der Literatur zu finden ist, in der künftigen Übereinstimmung zwischen der Einsamkeit eines Schriftstellers und der Gemeinschaft seiner Leser.

Claude Coste

Für ihre wertvolle sachkundige Hilfe bedanke ich mich bei Louis Bardollet, Ridha Boulaâbi, Michèle Castells, Bernard Deforge, Philippe Derule, Carole Dornier, Gilles Faucher, Brigitte Gauvin, Dominique Gournay, Azzedine und Suzanne Guellouz, Nicole Guilleux, Anne-Élisabeth Halpern, Corinne Jouanno, Michèle Lacorre, Marie-Gabrielle Lallemand, Jean-Claude Larrat, Nathalie Léger, Brono Leprêtre, Sophie Lucet, Alain Schaffner, Jürgen Siess, Andy Stafford, Gerald Stieg, Paule Thouvenin und Serge Zenkine.

Alice Guillevin von der Abteilung für Alte Sprachen an der Universität Caen hat die Transliteration der altgriechischen Begriffe übernommen. Ihrer Kompetenz und ihrer geduldigen Hilfsbereitschaft bin ich zu herzlichem Dank verpflichtet.

Wie zusammen leben

Simulationen einiger alltäglicher Räume im Roman
Vorlesung am Collège de France

Präsentation

Methode und *paideia* · Ein Phantasma:
Die Idiorrhythmie · Mönchtum · Werke · Das griechische
Begriffsnetz · Merkmale

Merkmale

Akedia · Anachoresis · Tiere · Athos · Autarkie ·
Schwarm · Beginenhöfe · Bürokratie · Sache ·
Zimmer · Oberer · Schließung · Anachoretenkolonie ·
Paarbildung · Distanz · Bedienstete · Hören · Wischtuch ·
Ereignis · Blumen · Idyllisch[17] · Randexistenzen ·
Monosis · Namen · Nahrung · Proxemie ·
Rechtwinklig · Regel · Schmutz · Xeniteia · Utopie ·
Und die Methode?

17 Dieses Merkmal, in der Vorlesung fortgelassen, ist im Manuskript durchgestrichen.

Sitzung vom 12. Januar 1977

Präsentation

Methode?

Zu Beginn dieser neuen Vorlesung möchte ich an eine begriffliche Gegenüberstellung erinnern, die von Deleuze[18] gut herausgearbeitet wurde (119-121): *Methode / Kultur.*

Methode

Setzt »einen guten Willen des Denkers voraus, ›eine vorher bedachte Entscheidung‹«. Tatsächlich stellt die Methode »ein Mittel dar, uns daran zu hindern, solche Orte aufzusuchen, oder uns die Möglichkeit offenzuhalten, ihn verlassen zu können (der Faden im Labyrinth)«. In der Tat ist die Methode in den sogenannten Humanwissenschaften – einschließlich der positiven Semiologie (ich bin selbst diesem Trugbild erlegen[19]):

1. ein zielgerichtetes Verfahren: vorgeschriebene Operationen zur Erlangung eines Resultats; zum Beispiel: Methode, um etwas zu entziffern, zu erklären, erschöpfend zu beschreiben. Deleuze

2. eine Idee des rechten Weges (der geradewegs zu einem Ziel führen will). Paradoxerweise bezeichnet der rechte Weg aber die Orte, zu denen das Subjekt in Wahrheit nicht gehen will: Er fetischisiert das Ziel als Ort und meidet auf diese

18 Die Methode »setzt immer einen guten Willen des Denkers voraus, ›eine vorher bedachte Entscheidung‹. Die Kultur demgegenüber stellt einen vom Denken erlittenen Gewaltakt dar, eine Formation des Denkens unter der Hand züchtender Kräfte, eine Dressur, die das gesamte Unbewußte des Denkers mit einbezieht.« Gilles Deleuze, *Nietzsche und die Philosophie*, übersetzt von Bernd Schwibs, München: Rogner & Bernhard 1976, S. 119.

19 Barthes bezieht sich auf seine semiologischen Arbeiten der sechziger Jahre, insbesondere auf *Die Sprache der Mode* (übersetzt von Horst Brühmann, Frankfurt am Main: Suhrkamp 1985), deren Einführung den Titel »Methode« trägt. Im mündlichen Vortrag ändert Barthes den Satz in »Ich selbst war davon besessen«.

Weise die anderen Orte; die Methode tritt in den Dienst eines Universellen, einer »Moral« (diese Gleichung stammt von Kierkegaard[20]). Das Subjekt verzichtet zum Beispiel auf das, was es von sich selbst nicht kennt, seine Unbeugsamkeit, seine Kraft (von seinem Unbewußten ganz zu schweigen).

Kultur

Nietzsche (≠ humanistischer, irenischer Sinn): »ein vom Denken erlittener Gewaltakt«, »eine Formation des Denkens unter der Hand züchtender Kräfte, eine Dressur, die das gesamte Unbewußte des Denkers mit einbezieht« = die *paideia*[21] der Griechen (sie sprachen nicht von »Methode«). »Dressur«, »Kraft«, »Gewalt«, das sind Wörter, die man nicht in einem aufgeputschten Sinne verstehen sollte. Man müßte auf Nietzsches Idee der Kraft zurückkommen (wofür hier nicht der Ort ist): Kraft ist die Schaffung einer Differenz: Man kann sanft sein, sogar zivilisiert!, und sich dennoch in der *paideia* zu Hause fühlen. Kultur als »Dressur« (≠ Methode) verweist in meinen Augen auf das Bild eines unschlüssigen, regellosen Vorgehens auf exzentrischer Bahn: zwischen Wissensbrocken herumsuchen, Wissensgrenzen mißachten, Wissensbestände abschmecken. Paradoxerweise widerstrebt Kultur in diesem Sinne, als Anerkennung von Kräften, der Idee der Macht (die in der Methode liegt). (Wille zur Kraft ≠ Wille zur Macht.)

Es geht hier, wenigstens postulativ, um Kultur, nicht um Methode. Erwarten Sie hier nichts über Methode – zumindest im Mallarméschen Sinne verstanden[22]: »Fiktion«: Sprache, die über die Sprache reflektiert. → Kultur praktizieren = auf Kräfte achten.[23]

20 Siehe *Leçon/Lektion*, a.a.O., S. 21. Indem er schweigend einwilligt, seinen Sohn Isaac zu opfern, bleibt Abraham dem Universalismus der Moral und der Sprache entzogen (Kierkegaard, *Furcht und Zittern*, 1843).

21 Griech. *paideia*, Erziehung der Kinder (von *pais*, Kind), sodann Formierung, Bildung.

22 »Jede Methode ist eine Fiktion und taugt zur Beweisführung. – Die Sprache erschien ihm als Instrument der Fiktion: Er wird der Methode der Sprache folgen (sie zu bestimmen suchen). Die sich reflektierende Sprache.« Stéphane Mallarmé, »Notes sur le langage«, in: *Œuvres complètes*, Bd. 1, Paris: Gallimard 1998, S. 104.

23 Barthes ergänzt mündlich: »auf Differenzen achten«.

Die erste Kraft, die ich befragen, die ich anrufen kann, dasjenige von mir, das mir selbst durch den Köder der Imagination vertraut ist: die Kraft des Begehrens oder, um genauer zu sein (da es um Forschung geht): die Figur des Phantasmas.

Phantasma

Vgl. Antrittsvorlesung über den phantasmatischen Unterricht. Ausgangspunkt der Lehre sei ein Phantasma (das von Jahr zu Jahr wechselt). Wissenschaft und Phantasma: Bachelard: Verschränkung von Wissenschaft und Imaginärem (achtzehntes Jahrhundert). Doch bei Bachelard Moralismus: Wissenschaft konstituiert sich, indem sie sich von den Phantasmen absetzt.[24] Ohne dies weiter zu erörtern (man könnte einwenden, daß es nicht um ein Absetzen, sondern um eine Überlagerung von Phantasma und Wissenschaft geht), räumen wir ein, daß *unser* Platz *vor* dieser Trennung liegt. → Das Phantasma als Ursprung von Kultur (als Erzeugung von Kräften, Differenzen).

Ehe ich nun mein Urphantasma verrate (nichts Unschickliches), generell ein Wort über die phantasmatische Kraft des Zusammenlebens. Ein paar Bemerkungen:

1. Ich werde nicht (oder allenfalls am Rande) über die Phalanstère sprechen, auch wenn natürlich klar ist, daß die Phalanstère = eine phantasmatische Form des Zusammenlebens. Gleichwohl ein Wort dazu. Bei Fourier geht das Phantasma der Phalanstère paradoxerweise nicht mit der Abschaffung der Einsamkeit einher, sondern mit dem Vergnügen daran: »Ich liebe es, allein zu sein.« Bei ihm ist das Phantasma nicht Negation einer Negation, nicht das Gegenbild einer Frustration: Die eudämonistischen Visionen koexistieren, ohne einander zu widersprechen. Phantasma: absolut positives Szenario, welches das Positive des Begehrens in Szene setzt, das nur Positives kennt. Mit anderen Worten, das Phantasma ist (offensichtlich!) nicht dialektisch. In der Phantasie

24 »Auch der wissenschaftliche Geist muß unablässig gegen die Bilder, die Analogien, die Metaphern ankämpfen.« Gaston Bachelard, *Die Bildung des wissenschaftlichen Geistes*, übersetzt von Michael Bischoff, Frankfurt am Main: Suhrkamp 1978, S. 80.

allein leben wollen und zugleich, ohne Widerspruch dazu, zusammenleben wollen = unsere Vorlesung.

2. Immer noch zu Fourier: Die Utopie wurzelt in gewissen Bildern des Alltags. Je weiter der Alltag des Subjekts (auf sein Denken) durchschlägt, desto stärker (ausgefeilter) ist die Utopie: Fourier ist gegenüber Platon der bessere Utopist.[25] Worin bestand der Alltag Fouriers? Zwei Fourier-Kommentatoren (Armand und Maublanc[26]) haben es deutlich gemacht – und ein dritter (Desroche) hat sich darüber mokiert (zu Unrecht natürlich): »Die Phalanstère ist das Privatparadies eines alten Mannes, der gewohnheitsmäßig Kaschemmen und Bordelle frequentiert.«[27] Kaschemmen, Bordelle (oder damit assoziierte Orte): was für ein ausgezeichneter Stoff für Utopien!

Desroche, S. 51

3. Noch ein Beweis für die phantasmatische Kraft des Zusammenlebens: »harmonisch« zusammenleben, »gut« miteinander auskommen: Was gäbe es Faszinierenderes, was wäre beneidenswerter?: Paare, Gruppen, sogar (gelungene) Familien. Das ist der Mythos (das Trugbild?) im Reinzustand, der reine Romanstoff. (Es gäbe keine Familien, wenn es nicht auch ein paar gelungene gäbe!)

4. Ich habe gesagt: das Phantasma ist nicht das Gegenteil seines rationalen, logischen Gegenteils. Wohl aber kann es innerhalb des Phantasmas Gegenbilder, negative Phantasmen geben (Opposition zwischen zwei phantasmatischen Bildern, zwei Szenarien – und nicht etwa zwischen Bild und Realität). Zum Beispiel:

a) Auf ewig mit den widerwärtigen Leuten am Nachbartisch des Restaurants zusammengesperrt sein = das infernalische Bild des Zusammenlebens: die »geschlossene Gesellschaft«.

b) Noch so ein Schreckbild des Zusammenlebens: als Waisenkind mit einem vulgären Stiefvater in einer üblen Familie leben müssen: *Sans famille*.[28] (→ Zusammenleben: mit einem

25 Barthes präzisiert mündlich: Der Weg zur Utopie führt über »das Ausmalen von Einzelheiten«.

26 Félix Armand und René Maublanc, *Fourier*, 3 Bde., Paris: Éditions Sociales 1937.

27 Armand und Maublanc, zitiert bei Henri Desroche, *La société festive. Du fouriérisme écrit aux fouriérismes pratiquées*, Paris: Seuil 1975.

28 Titel des berühmten Romans von Hector Malot (1878) [deutsch: *Heimatlos*, übersetzt von Paul Moritz, München: dtv 1980].

»guten« Vater, in einer »guten« Familie: die Familie als Guter Souverän? Aus analytischer Sicht liegt hier das wahre Phantasma, der *Familienroman*![29])

5. Als Phantasiereise noch dies: Gewiß, wir fassen das Zusammenleben als wesentlich räumliche Tatsache auf (am selben Ort leben). Doch im Grunde ist das Zusammenleben auch ein zeitliches, und auch diesen Fall dürfen wir hier nicht übergehen: »zur gleichen Zeit leben wie ...«, »in derselben Epoche leben wie ...« = Zeitgenossenschaft. Zum Beispiel kann ich zutreffend sagen, daß Marx, Mallarmé, Nietzsche und Freud siebenundzwanzig Jahre zusammenlebten. Mehr noch, man hätte sie an irgendeinem Ort in der Schweiz, meinetwegen 1876, versammeln können, und sie hätten – höchster Beweis des Zusammenlebens – »miteinander diskutieren« können. Freud war zu dieser Zeit siebenundzwanzig, Nietzsche zweiunddreißig, Mallarmé vierunddreißig und Marx achtundfünfzig Jahre alt. (Man könnte sich fragen, wer von ihnen heute der älteste ist.) Diese Phantasie der Konkomitanz, der gleichzeitigen Gegenwart, soll uns auf ein – wie mir scheint – sehr komplexes und wenig erforschtes Phänomen aufmerksam machen: die Zeitgenossenschaft. Wessen Zeitgenosse bin ich? Mit wem lebe ich? Der Kalender liefert darauf keine gute Antwort, wie unser kleines Spiel mit der Chronologie zeigt: Werden sie nicht eigentlich erst heute zu Zeitgenossen? Es bleibt die Frage, wie sich chronologische Sinnestäuschungen auswirken (vgl. die optischen). Vielleicht liefe es auf eine paradoxe, unerwartete Beziehung zwischen dem Zeitgenössischen und dem Unzeitgemäßen[30] hinaus – ähnlich der Begegnung von Marx und Mallarmé, Mallarmé und Freud auf dem Operationstisch der Zeit.[31]

Mallarmé: 1842-1898; Marx: 1818-1883; Nietzsche: 1844-1900; Freud: 1856-1939; also: 1856-1883

29 Im Original deutsch. »Von Freud geschaffener Ausdruck, der Phantasien bezeichnet, in denen das Subjekt imaginär die Bande mit seinen Eltern modifiziert (es imaginiert zum Beispiel, es sei ein Findelkind).« Jean Laplanche und Jean-Bertrand Pontalis, *Das Vokabular der Psychoanalyse*, übersetzt von Emma Moersch, Frankfurt am Main: Suhrkamp 1972, S. 152. Sowohl auf den Karteikarten als auch in der mündlichen Fassung der Vorlesung bezieht sich Barthes häufig auf dieses Werk.

30 Barthes präzisiert mündlich: »im Nietzscheschen Sinne des Wortes«. Vgl. die *Unzeitgemäßen Betrachtungen*.

31 Barthes erinnert mündlich an Max Ernsts Gemälde »Au rendez-vous des amis« (1922), ein Gruppenporträt der Surrealisten, auf dem auch Dostojewski und Raffael zu sehen sind.

Mein Phantasma: die Idiorrhythmie[32]

Ein Phantasma (wenigstens verstehe ich es so): wiederkehrendes Begehren, Bilder, die in uns herumschleichen, einander suchen, manchmal ein ganzes Leben lang, und sich erst bei der Begegnung mit einem bestimmten Wort auskristallisieren. Dieses Wort, dieser entscheidende Signifikant, macht das Phantasma seiner Erforschung zugänglich. Seine Ausbeute durch verschiedene Wissensbrocken = Forschung. So wird das Phantasma abgebaut wie ein Flöz im Tagebau.

Dieses Phantasma auf der Suche nach sich selbst stand für mich allerdings in keinem Zusammenhang mit dem Thema der letzten beiden Jahre, der »Sprache der Liebe«.[33] Dort ging es nicht um die Ausbeute eines Phantasmas (≠ das Zusammenleben), hier nicht um das Leben-zu-zweit, einen eheähnlichen Diskurs, der – wundersamerweise – auf die Sprache der Liebenden folgte.[34] Was mich hier beschäftigt, ist vielmehr eine bestimmte Lebensvorstellung, eine Lebensweise, Lebensführung, *diaita*, Diät. Weder zu zweit noch zu vielen (kollektiv). Etwas wie eine auf geregelte Weise unterbrochene Einsamkeit: die Paradoxie, der Widerspruch, die Aporie einer Vergemeinschaftung der Distanzen – ein utopischer Sozialismus der Distanz (Nietzsche spricht starken Epochen, etwa der Renaissance, ein »Pathos der Distanz« zu[35]). (All das ist noch sehr vorläufig formuliert.)

Götzendämmerung, S. 1014

Bei einer Zufallslektüre (Lacarrière, *Griechischer Sommer*[36]) ist nun dieses Phantasma dem Wort begegnet, das seinen Kristallisationsprozeß in Gang gesetzt hat. Auf dem Berg

32 Zusammengesetzt aus dem griechischen Wörtern *idios*, eigen, eigentümlich, und *rhythmos*, Rhythmus.

33 1974 bis 1976 hielt Barthes an der École pratique des hautes études ein Seminar über die »Sprache der Liebe«.

34 Etwa ein Dutzend Karteikarten mit Notizen sind dem »Verliebtsein« (hauptsächlich im *Zauberberg*) gewidmet.

35 »[...] die Kluft zwischen Mensch und Mensch, Stand und Stand, die Vielheit der Typen, der Wille, selbst zu sein, sich abzuheben –, das, was ich *Pathos der Distanz* nenne, ist jeder *starken* Zeit zu eigen.« Friedrich Nietzsche, *Götzendämmerung*, in: ders., *Werke*, hg. von Karl Schlechta, Bd. 2, München: Hanser 1969, S. 1014.

36 Jacques Lacarrière, *Griechischer Sommer. Wanderungen in Hellas*, übersetzt von Monique Retterspitz, Wiesbaden/München: Limes 1977.

Athos: koinobitische Klöster[37] + Mönche, die einsiedlerisch leben und zugleich über eine gewisse Struktur innerlich miteinander verbunden sind (die Elemente dieser Struktur werden zu gegebener Zeit noch beschrieben) = idiorrhythmische Siedlungen. Jedes Subjekt folgt seinem eigenen Rhythmus.[38]

1. Wichtig ist nun zu verstehen, daß es ein Phantasma nur geben kann, wenn es einen Schauplatz (ein Szenario), das heißt einen Ort gibt. Athos (wo ich niemals gewesen bin) liefert eine Mixtur von Bildern: Mittelmeer, Terrassen, Berg (jedes Phantasma filtert; hier wird ausgeblendet: der Schmutz, der Glaube). Im Grunde ist es eine Landschaft. Ich sehe mich dort am Rande einer Terrasse, das Meer in der Ferne, den weißen Mauerputz; ich verfüge über zwei eigene Räume, zwei weitere in der Nähe für ein paar Freunde + eine *synax*[39] (Bibliothek). Ein ganz reines Phantasma, das von den Schwierigkeiten absieht, die sich sogleich gespenstisch erheben werden (auch dies ein Thema der Vorlesung). »Idiorrhythmie«, »idiorrhythmisch«: das war das Zauberwort, mit dem sich das Phantasma in ein Feld des Wissens verwandelte. Mit diesem Wort bin ich zu Dingen gelangt, die man sich als Wissen aneignen kann. Das heißt nicht, daß ich sie mir hätte aneignen können, denn bibliographisch sind meine Forschungen oft enttäuschend geblieben. Zum Beispiel haben die klösterlichen Formen der Idiorrhythmie, die Beginen, die Einsiedler von Port-Royal, die Kleingruppen, für mein Thema kaum

37 [Das erste koinobitisch organisierte Kloster wurde um 320 vom hl. Pachomius in Tabennä (Ägypten) gegründet.]

38 »Der Heilige Berg hat eine besondere Lebensweise hervorgebracht, die man hier *Idiorrhythmie* nennt. Die Athosklöster gehören zwei verschiedenen Typen an. Den einen nennt man den koinobitischen oder gemeinschaftlichen, hier wird alles, Essen, Liturgie und Arbeit, in der Gemeinschaft vollzogen. Den anderen Typ nennt man den idiorrhythmischen, hier lebt jeder im buchstäblichen Sinn nach seinem eigenen Rhythmus. Diese Mönche haben Einzelzellen, sie nehmen ihr Essen alleine ein (außer an bestimmten Jahresfesten) und dürfen die Dinge behalten, die sie beim Ablegen ihrer Gelübde besaßen. [...] Sogar die Teilnahme an den Gottesdiensten bleibt mit Ausnahme der Nachtmesse in diesen eigenartigen Gemeinschaften dem Belieben des einzelnen überlassen.« Ebd., S. 37f. Zur Schreibung des Wortes Idiorrhythmie vgl. unten, S. 66.

39 Karteikarte 169: »*Synax*: allgemeine Versammlung zum Gebet.« In Barthes' phantasmatischem Raum wird die Bibliothek als Ort der Versammlung die gleiche Rolle spielen wie die Synax der Klöster auf Athos.

etwas erbracht (darüber später) – und auf die Dominanz der religiösen Modelle werde ich noch zurückkommen.

2. *Exkursus*: Erinnerung an den wichtigen Aufsatz von Benveniste über den Begriff des »Rhythmus« (*Probleme der allgemeinen Sprachwissenschaft*, 27. Kapitel[40]). *Rhythmos* wird gewöhnlich auf das Verb *rhein*[41] zurückgeführt (was morphologisch zutrifft, aber semantisch eine unzulässige Verkürzung bedeutet, die Benveniste entzaubert): »regelmäßige Bewegung der Wellen«! Die Wortgeschichte dagegen: eine ganz andere. Ursprung in der ionischen Naturphilosophie[42], Leukipp, Demokrit, Begründer des Atomismus: *terminus technicus* der Atomlehre. Bis zur attischen Periode bedeutete *rhythmos* niemals Rhythmus und wurde niemals für die regelmäßige Bewegung der Wellen verwendet, sondern im Sinne von: distinktive Form, proportionierte Figur, Veranlagung; sehr nahe und sehr verschieden von *schema*. *Schema* = feste, verwirklichte, vergegenständlichte Form (Statue, Redner, choreographische Figur). Schema ≠ Form, sobald sie als das verstanden wird, was sich bewegt, beweglich, fließend ist, die Form dessen, was keine organische Konsistenz besitzt. *Rhythmos* = Muster eines flüssigen Elements (Schriftzeichen, *peplos*[43], Laune), improvisierte, wandelbare Form.[44] In der Atomlehre die eigentümliche Bewegungsform der Atome; Konfiguration ohne Festigkeit oder Naturnotwendigkeit: ein »Fließen« (im musikalischen, das heißt modernen Sinne: Platon, *Philebos*[45]).

40 Émile Benveniste, »Der Begriff des ›Rhythmus‹ und sein sprachlicher Ausdruck«, in: ders., *Probleme der allgemeinen Sprachwissenschaft*, übersetzt von Wilhelm Bolle, München: List 1974, S. 363-374.

41 Griech. *rhein*, fließen.

42 Seit Aristoteles bezeichnet man als »Ionier« die vorsokratischen Philosophen, die (im sechsten Jahrhundert) in den großen Küstenstädten Kleinasiens wirkten.

43 Griech. *peplos*, Tunika: ärmelloses Frauengewand, das auf der Schulter zusammengeheftet wird.

44 Der *rhythmos* verweist auf jedes Objekt, das eine Bewegung impliziert: Faltenwurf des Gewands, Zug der Schriftzeichen (vgl. Benveniste, *Probleme der allgemeinen Sprachwissenschaft*, a. a. O., S. 366), Veränderlichkeit einer Laune.

45 Siehe ebd., S. 370. Mit Bezug auf die Musik erinnert Sokrates an »ähnliche Verhältnisse, die sich in den Bewegungen des Leibes finden, welche man in Zahlen gemessen, wie sie [die älteren Philosophen] sagen, wiederum Takte [*rhythmous*] und Maße nennen muß« (*Philebos*, 17 b, in: Platon, *Sämtliche*

Diese etymologische Erinnerung ist für uns wichtig:

1. Idiorrythmie, fast ein Pleonasmus, denn der *rhythmos* ist per definitionem individuell: Zwischenräume, Flüchtigkeit des Code, der Art und Weise, wie sich das Subjekt in den sozialen (oder natürlichen) Code einfügt.

2. Verweis auf subtile Formen der Lebensweise: Stimmungen, instabile Konfigurationen, Schwankungen zwischen Depression und Erregtheit; kurz, das Gegenteil eines starren, unerbittlich-gleichförmigen Takts. Da der Rhythmus eine repressive Bedeutung angenommen hat (vgl. den Lebensrhythmus eines Koinobiten oder des Mitglieds einer Phalanstère, der bis auf die Viertelstunde genau vorgeschrieben ist), war es nötig, ihm das *idios*[46] voranzustellen:

idios ≠ Rhythmus,
idios = *rhythmos*.[47]

An ihrem Ursprungsort (Berg Athos) verweist die Idiorrhythmie genau auf das Ausmaß der phantasierten Gemeinschaft – und das ist ihr Vorzug, ihre Attraktivität (für mich). Proportion = eine Ontologie des Objekts. Architektur. Vergrößerung: Cézanne / de Staël.[48]

Das Phantasma = in der Tat ein klarer, mächtiger, verläßlicher Scheinwerfer, der den erleuchteten Schauplatz teilt in den Abschnitt, in dem das Begehren sich festsetzt, und die beiden Ränder der Szene, die im Dunkeln bleiben:

1. Das Paar. Kann es idiorrhythmische Paare geben? Die Frage ist falsch gestellt. Der Ort des Paares wird nicht vom Phantasma durchflutet, das gerade nicht das unvermeidliche

Werke. Griechisch und deutsch. Nach der Übersetzung Friedrich Schleiermachers, Frankfurt am Main/Leipzig: Insel 1991, Bd. 8, S. 35-37).

46 Griech. *idios*, eigen, eigentümlich.

47 Barthes erläutert sein Schema mündlich: »*Idios* steht in Opposition zu Rhythmus, ist aber in gewisser Weise das gleiche wie *rhythmos*.«

48 Barthes bezieht sich mündlich auf die Definition der Architektur als Kunst der Proportion. Er fährt fort: »Wenn Sie ein Detail eines Bildes, eines Gemäldes vergrößern, erzeugen Sie ein anderes Gemälde. [...] Man hat gesagt (ich habe es mehrfach wiederholt), daß der ganze Nicolas de Staël in fünf Quadratzentimetern Cézanne steckt.« Vgl. dazu »Réquichot und sein Körper«, in: Roland Barthes, *Der entgegenkommende und der stumpfe Sinn. Kritische Essays III*, übersetzt von Dieter Hornig, Frankfurt am Main: Suhrkamp 1990, S. 240 [hier genügen schon drei Quadratzentimeter Cézanne], und *Die Lust am Text*, übersetzt von Traugott König, Frankfurt am Main: Suhrkamp 1974, S. 31 [hier sogar zwei].

Schlafzimmer sehen will, die Abgeschlossenheit und Legalität, die Legitimität des Begehrens. Die Wohnung im Mittelpunkt kann nicht idiorrhythmisch sein. Man könnte beschließen, vom Paar nicht zu sprechen (es sei denn von Paaren innerhalb größerer Gesamtheiten, Umgebungen), so wie die Pariser *Sprachwissenschaftliche Gesellschaft* bei ihrer Gründung den Beschluß gefaßt und in ihre Statuten aufgenommen hatte, niemals einen Vortrag über den Ursprung der Sprache zuzulassen.[49] Fügen wir hinzu: Das Familiensystem blockiert jede Erfahrung von Anachorese oder Idiorrhythmie. Innerhalb der modernen »Kommunen«[50] bilden sich erneut Familien, und die Kommune gerät durch den Zusammenstoß von Sexualität und Gesetz aus dem Gleis.

2. Auf der anderen Seite der Bühne, ebenso im Schatten: die Makrogruppierungen, Großgemeinschaften, Phalanstères, Klöster, Mönchsgemeinschaften. Warum? Ich möchte sagen: weil das Phantasma bei solch großen Formationen nicht anzutreffen ist. Weil sie in ihrem Aufbau einer Architektur der Macht entsprechen (ich werde darauf zurückkommen) und weil sie der Idiorrhythmie ausdrücklich feindselig gegenüberstehen (genau dafür, dagegen werden und wurden sie historisch geschaffen). Vgl. die tiefe Unmenschlichkeit der Fourierschen Phalanstère: mit ihrem *timing* von einer Viertelstunde zur nächsten der reinste Gegensatz zur Idiorrhythmie: Kasernen, Internate.

Wir sind also auf der Suche nach einem Bereich zwischen zwei Extremformen:

- zwischen einem negativen Extrem: Einsamkeit, Eremitentum
- und einem integrativen Extrem, dem (weltlichen oder religiösen) *coenobium*[51]

49 [Die anfangs katholisch-monarchistisch orientierte *Société de Linguistique de Paris* wurde 1863 gegründet. §2 ihrer Satzung von 1866 – »Die Gesellschaft läßt keinen Vortrag zu, der sich mit dem Ursprung der Sprache oder mit der Schaffung einer Universalsprache befaßt« – richtete sich gegen positivistisch-republikanische Kreise.]

50 In seinem Buch *Die sexuelle Revolution. Zur charakterlichen Selbststeuerung des Menschen*, Frankfurt am Main: Europäische Verlagsanstalt 1966, beschreibt Wilhelm Reich das Funktionieren von »Jugendkommunen« in der Sowjetunion. Vgl. den Abschnitt »Der unlösbare Widerspruch zwischen Familie und Kommune«, S. 280-286. Siehe unten, S. 91.

51 Lat. *coenobium*, Kloster.

– nach einer mittleren, utopischen, paradiesischen, idyllischen Form: der Idiorrhythmie.

Man beachte, daß diese Form sehr exzentrisch ist: von der Kirche niemals wohlgelitten (auf dem Berg Athos im Verfall[52]), in der Tat stets bekämpft (der hl. Benedikt und die Sarabaiten[53]: Mönche, die zu zweit oder dritt zusammenleben; Befriedigung ihres Verlangens). Andererseits hat auch die Psychoanalyse keinen Geschmack an »Kleingruppen« gefunden. Sie versieht das Thema entweder mit dem Etikett »Familie« oder »Masse« (eine Ausnahme bietet nur das Buch von Wilfred Ruprecht Bion, *Erfahrungen in Gruppen*[54]; speziell über Gruppen im Krankenhausmilieu; ziemlich undurchsichtiges Buch). Kurz: Diese Form, weder Kloster noch Familie, entzieht sich den großen repressiven Formen.

Zum Abschluß dieser ersten Präsentation der Idee der Idiorrhythmie möchte ich Ihnen eine Anekdote erzählen, die mir für die Topik des Problems kennzeichnend scheint. Von meinem Fenster aus sehe ich (1. Dezember 1976), wie eine Mutter ihren Jungen an der Hand hält und den leeren Kinderwagen vor sich her schiebt. Sie marschiert unerschütterlich in ihrem Tritt; der Junge wird gezogen, gezerrt, stolpert, muß die ganze Zeit über rennen, wie ein Tier oder ein ausgepeitschtes Sadesches Opfer. Sie geht in ihrem Rhythmus, ohne zu merken, daß der Junge einen anderen hat. Obwohl sie seine Mutter ist! → Die Wirkung der Macht – die Subtilität der Macht – verläuft über Dysrhythmie, Heterorhythmie.[55]

52 [1975, als Lacarrières Buch erschien, wurde die idiorrhythmische Regel noch von neun der zwanzig Athosklöster befolgt (*Griechischer Sommer*, a.a.O., S. 38). Im Jahr 1990 wurde die Idiorrhythmie auf Athos abgeschafft.]

53 Der hl. Benedikt bezeichnet im ersten Kapitel seiner Ordensregel die Sarabaiten als »eine ganz widerliche Art von Mönchen« und wirft ihnen eine ausschweifende Lebensweise vor.

54 Wilfred R. Bion [nicht Walter, wie Barthes schreibt, und nicht Winfried, wie es im Klappentext der deutschen Ausgabe heißt], *Erfahrungen in Gruppen und andere Schriften*, übersetzt von H. O. Rieble, Stuttgart: Ernst Klett 1971.

55 Barthes erläutert mündlich: »Wenn man zwei unterschiedliche Rhythmen überlagert, entstehen schwerwiegende Störungen.«

Kräfte, die dem Phantasma den Weg in den Bereich des Wissens, zum Bildungsgut bahnen: wirken nicht geradlinig, unterliegen unvorhersehbaren Schwankungen. Beispiel: Phantasma des freien Lebens zu mehreren → Idiorrhythmie Athos. → In dieser Form Themen, Merkmale, Strukturen wiederfinden, die es erlauben, Licht auf aktuelle Probleme zu werfen. Keine allgemeinen, kulturellen, soziologischen Probleme (zum Beispiel die Gemeinschaften oder Kommunen), sondern idiolektale Probleme: was ich um mich herum erlebe, bei meinen Freunden, was mich bewegt. Also könnte man denken: Richtung einer Psychologie der Affekte, Beziehungen zu den anderen, zum anderen.

Tatsächlich tritt hier eine plötzliche Wendung ein: Der Kristallisator, Athos, hat Lektüren zur Folge. Herumstöbern in Romanen (denn es gibt viele über Paare, aber nur wenige über kleine Gruppen) + systematischere Lektüre: das mönchische Leben (im Sinne von *díaita*). Es sind, wie sich zeigt, erregende, leidenschaftliche Lektüren, ohne daß man wüßte, an welches Phantasma sie rühren (ohne Zweifel rühren sie an ein Phantasma, kein Signifikat: Sie erwecken mich nicht zu mönchischer Spiritualität). → Irritierend schon die Beschäftigung mit dem Stoff (Mönchtum).

Und noch eine weitere Spannung: Koinobitische Klostergemeinschaften widerstreben dem Phantasma eindeutig. Die Forschungslektüre wendet sich vom abendländischen Kloster, vom benediktinischen Modell (sechstes Jahrhundert), ab und interessiert sich für die präkoinobitischen Formen – Eremiten oder Halbanachoreten (Idiorrhythmie) –, das heißt für das orientalische Mönchtum (Ägypten, Konstantinopel). Auf diesem Wege gelangt man übrigens zum Berg Athos zurück.

Ich möchte zu diesem Thema, nur dieses eine Mal, ein paar Daten mitteilen (siehe Tabelle):

Wie man sieht, hat sich alles im vierten Jahrhundert abgespielt. Zumindest haben die Ereignisse dieser Zeit Folgen von eindrucksvoller Wirkung. Die Einführung der koinobitischen Klostergemeinschaft zur Liquidierung des Anachoretentums (Einsiedelei, Halbanachoretentum und Idiorrhythmie gelten als gefährliche Randphänomene, die sich der Integration in

Diokletian	275-305	Ende 3. Jahrhundert	Hl. Antonius in der Wüste[a]	Eremitentum
Bekehrung Konstantins	313	Anfang 4. Jahrhundert	Anachoreten um Antonius (Sinai)	Halb-Anachoretentum, Idiorrhythmie
	314	Anfang 4. Jahrhundert	Hl. Pachomius führt die koinobitische Klostergemeinschaft ein[b]	
Christentum wird Staatsreligion: Edikt des Theodosius	380	Ende 4., Anfang 5. Jahrhundert	Hl. Augustinus: Bekehrung; Styliten	Augustinusregel
Teilung Orient/Okzident (Tod des Theodosius)	395			
	534	6. Jahrhundert	Hl. Benedikt auf dem Monte Cassino	Koinobitentum im Abendland
		10. Jahrhundert[c]	Gründung der Laura[d] auf dem Berg Athos	

a Karteikarte 173: »Draguet xviii. *Väter der Wüste*. Die einen: leben allein, als Einsiedler: System des Antonius. Die anderen, seltenere Fälle: zu Kolonien von Anachoreten gruppiert: Vorteile eines Mindestmaßes an gemeinschaftlichem Leben. (Koinobitisches) System des Pachomius.« – Barthes zitiert nach der Ausgabe René Draguet, *Les Pères du désert*, Paris: Plon 1949; leichter zugänglich ist die von Jean-Claude Guy herausgegebene Ausgabe Paris: Éd. du Cerf 1965.

b Karteikarte 145: »*Pachomius*: Ladeuze 273.
Mönchskleidung: ärmellose Leinentunika; Gürtel; gegerbte Ziegenhaut; über die Schulter sehr kurze Pelerine und Kapuze; Reisemantel; nackte Füße, außer Sandalen im Freien. – Jeder Mönch: zwei Kapuzen, zwei Tuniken + eine gebrauchte zum Arbeiten und Schlafen. – Kleidung zum Wechseln: wird in einer gemeinsamen Kleiderkammer aufbewahrt. – Pflege: Aufgabe eines jeden: Waschen und Trocknen zu gemeinsamer Stunde. – Ursprung? ägyptische Priester? – Geschnittene Haare (Serapiskult bei Pachomius?)«

c Barthes ergänzt mündlich: »Das gehört eigentlich nicht in diese Tabelle.«

d Lat. *laura*, Laura, mittelalterliches Kloster (der Ostkirche).

eine Machtstruktur widersetzen) fällt genau mit jener Umwälzung zusammen, die das Christentum aus der bislang verfolgten Märtyrerreligion zur Staatsreligion werden läßt, das heißt Nicht-Macht (Ohnmacht) in Macht verwandelt. Das Jahr 380 (Edikt des Theodosius) ist vielleicht das wichtigste (und verborgenste: denn wer kennt es?) Datum der Geschichte unserer heutigen Welt: Zusammenfall von Religion und Macht, Schaffung neuer Randzonen, Trennung von Morgenland und Abendland → Okzidentalozentrismus (Triumph der koinobitischen Klostergemeinschaft).

Sitzung vom 19. Januar 1977

Präsentation (Fortsetzung)

Vom Mönchtum (in seiner halbanachoretischen und ägyptischen, byzantinischen Form) wird also häufig die Rede sein. Ich hoffe, daß ich Sie damit nicht allzusehr langweilen werde – denn Sie sind natürlich nicht verpflichtet, dieses sekundäre Bildungsphantasma mit mir zu teilen. Dazu wäre noch zu sagen: Denkbar ist eine Theorie der Lektüre (in dem genannten neuen Sinne von Theorie), die – als antiphilologische Lektüre – vom Signifikat abstrahiert: die Mystiker ohne Gott, Gott als Signifikanten lesen[56] (während Gott = absolutes Signifikat, da er in jeder echten Theologie der Signifikant von nichts anderem als sich selbst sein kann: »Ich bin, der ich bin«[57]). Man muß sich vorstellen, was geschähe, wenn man die Methode der Lektüre, die sich vom Signifikat, jedem Signifikat, löst, verallgemeinern würde. Zum Beispiel (unter anderem): Man könnte darangehen, Sartre zu lesen ohne das Signifikat »Engagement«.[58] Was dabei herauskäme, wäre eine souveräne Lektüre – in souveräner Freiheit: jedes Lektüre-Überich würde hinfällig –, denn das Gesetz kommt immer vom Signifikat, insofern es als letztes Signifikat gegeben und empfangen wird. Die Wirkungen, die ein Dispens vom Glauben hätte – wo immer dieser Glaube seinen Ort hat; in der gesamten Intellektuellenkaste hat heute der politische Glaube die religiöse Überzeugung abgelöst –, sind einstweilen unberechenbar, ja fast unerträglich. Denn was es aufzuheben, zu überwinden, zu trivialisieren gilt, sind die Apparaturen der

56 In der Vorlesung entfaltet Barthes seinen Gedanken. Er unterscheidet zwischen Werken, bei deren Lektüre man sich vom Signifikat lösen kann, und solchen, bei denen eine solche Befreiung nicht möglich ist: Bei der Lektüre des Werkes von Bossuet kommt man zum Beispiel sehr gut ohne das Signifikat Gott aus ...

57 2. Mos 3, 14.

58 Barthes äußert mündlich den Plan, das nächste Seminar Sartre zu widmen. Tatsächlich wird jedoch 1978 kein Seminar stattfinden. 1979 wird es im Seminar um »Das Labyrinth« gehen und 1980 um »Proust und die Photographie«.

Schulderzeugung. Die Arbeit dient also einer Un-verdrängung: Es ist weniger verdrängend, von Mönchen zu sprechen, ohne den Glauben zu teilen, als nicht davon zu sprechen.

Werke

Abgesehen vom Mönchswesen entstammt das Material unserer Überlegungen einem literarischen Korpus.

Romane sind Simulationen, das heißt fiktionale Experimente an einem Modell, dessen klassischstes der *modello* [*maquette*] ist. Der Roman enthält eine Struktur, ein Argument (das Modell), anhand dessen man Themen, Subjekte und Situationen entfaltet. Nach meiner Erinnerung gibt es kein Modell für Idiorrhythmie im Roman (wenn Sie eines kennen, lassen Sie's mich wissen). Doch in beinahe allen Romanen gibt es verstreutes Material zum Thema Zusammenleben (oder Alleinleben): Bruchstücke einer Simulation, wie auf einem wirren Gemälde, auf dem plötzlich ein sehr klares, vollendetes, verblüffendes Detail erscheint (ebendies ist die Anlage, die Topologie des *Unbekannten Meisterwerks*[59]).

Ich habe also einige Werke zusammengestellt und ihnen Materialien entnommen, die für das Zusammenleben interessant sind. Meine Auswahl ist völlig subjektiv oder vielmehr völlig kontingent, abhängig von meinen Lektüren, meinen Erinnerungen. Was diesen Anarchismus der Quellen rechtfertigt, ist der Versuch, die Methode zugunsten der *paideia* zu meiden. Und überdies werden diese Werke nicht »als solche« behandelt (vgl. *Werther*[60]). Es wird Enjambements, Übersprünge von einem Werk in ein anderes, geben.

Mit ein wenig Übertreibung könnten wir der leichteren Einprägung halber sagen, daß *grosso modo* jedes der ausgewählten Werke einem Problemtopos des Zusammenlebens

59 Novelle von Balzac, 1831 verfaßt (übersetzt von Herma Goeppert-Frank, Frankfurt am Main: Insel 1987). Der alte Maler Frenhofer arbeitet seit Jahren an dem Porträt seiner einstigen Geliebten Catherine Lascault, die den Beinamen »Die schöne Nörglerin« trägt. Was er hervorbringt, ist jedoch nichts als ein Chaos dick aufgetragener Farbschichten. Nur an einer Stelle wird unter ihnen ein außerordentlich lebensecht wirkender Fuß sichtbar.

60 In den *Fragmenten einer Sprache der Liebe*, a.a.O., benutzt Barthes Goethes *Werther* als Figurenrepertoire des »Diskurses der Liebenden«.

und seines paradigmatischen Terms, des Alleinlebens, entspricht (das Modell in einem Roman: ein zentraler Ort. Balzac entwickelt immer ein Modell). Das bedeutet jedoch nicht, daß die Werke nun thematisch, diesem topischen Thema entlang, abgehandelt würden: Das Werk bricht auf in »Merkmale« (ich komme gleich darauf zurück):

Werk	*Ort (Modell)*	*Bemerkungen*
Gide, *Die Eingeschlossene von Poitiers*, übersetzt von Johanna Borek, in: ders., *Schwurgericht*, Frankfurt am Main: Eichborn 1997, S. 197-304.	Das Zimmer (einsam, nicht bequem): *cella*[a], *kellion*[b] (es gibt sogar ein Photo davon).	Eine »vermischte Nachricht« aus dem Jahre 1901: Gide beschränkt sich darauf, die Dokumente zusammenzustellen (sehr eindrucksvoller Bericht). In einem Zimmer eines Hauses in einem gutbürgerlichen Viertel von Poitiers findet man Mélanie, zu dieser Zeit 51 Jahre alt, in einem Zustand unbeschreiblicher, gleichwohl sorgfältig beschriebener Verwahrlosung. Seit etwa 25 Jahren wird sie in einem Zimmer mit geschlossenen Läden und Vorhängen auf ihrem Bett von ihrer Mutter, Mme. Bastian de Chartreux, 75 Jahre alt, Witwe eines Dekans der Philosophischen Fakultät, gefangengehalten. Der Bruder, Pierre Bastian, ehemaliger Unterpräfekt von Puget-Théniers, und die Dienstmädchen sind Mitwisser. Der Liebhaber einer neuen Dienstmagd schreibt der Polizei einen anonymen Brief. Einlieferung Mélanies ins Krankenhaus, Festnahme der Mutter, Verhör des Bruders. Die Mutter stirbt im Gefängnis, der Bruder wird freigesprochen. Denn es bleibt die Ungewißheit: ob nicht Mélanie – nach normalen Maßstäben »verrückt« – die Einschließung selbst wollte. → »Richtet nicht«, sagt Gide im Vorwort zu der Sammlung [ebd., S. 9]. Mélanie = die bedingungslose Anachoretin, jedoch ohne Glauben (an dessen Stelle der Wahnsinn?).

a Lat. *cella*, Zelle.
b Griech. *kellion*, Vorratsraum, Speisekammer.

Werk	*Ort (Modell)*	*Bemerkungen*
Defoe, *Robinson Crusoe*, übersetzt von Hans Reisiger, Zürich: Manesse 2002.	Die Höhle, der »Bau«.	Roman von 1719 nach der wahren Geschichte des Seemanns Alexander Selkirk, der von seinem Kapitän wegen eines Konflikts auf einer Insel des Juan-Fernandez-Archipels (im Südpazifik) ausgesetzt wurde; 1709 Rettung und Rückkehr nach Europa. Robinson, geboren 1632, verläßt England 1651. Historisch sehr vielschichtiger Roman. Robinson ist Kapitalist, Kolonist, Sklavenhändler.[c] Nachdem er Schiffbruch erlitten (sozusagen Bankrott gemacht) und, außer einem Messer, alle Besitztümer verloren hat, kommt er wieder auf die Beine, kolonisiert und bevölkert seine Insel, wird deren Gouverneur usw. Erster Teil (nur dieser beschäftigt uns, vor den Reisen in Europa): Robinson allein (am Ende mit Freitag). Einsamkeit interessant für das Zusammenleben, nicht nur als Gegenbegriff, sondern auch, weil Robinson ein Anpassungsproblem bewältigen muß, das der Anpassung im Zusammenleben durchaus entspricht: Gegenstände, Natur = menschliche Subjekte. Natur = man muß sich auf andere Kräfte einstellen, ein Spiel von Widerständen und Komplizenschaften. Zum Beispiel: Wegen der Blitzschlaggefahr teilt er seine Pulvervorräte und bewahrt sie an verschiedenen Orten auf: vgl. die umsichtige Verteilung der affektiven Ladungen (Selkirk tanzt mit seinen Ziegen[d]). Generell im Verhältnis zu

c Barthes ergänzt mündlich, der Roman Defoes verlange nach einer »Lukácsschen« oder »Goldmannschen« Analyse.

d In seinem Buch *Cruising Voyage round the World: First to the South Seas, thence to the East-Indies, and homewards by the Cape of Good Hope*, London: Andrew Bell 1712, berichtet Kapitän Woodes Rogers, wie er den Seemann Alexander Selcraig (oder Selkirk), der vier Jahre und vier Monate auf einer Insel des Juan-Fernandez-Archipels ausgesetzt war, nach England zurückbrachte. Ein Auszug aus diesem Bericht in französischer Sprache ist in der Pléiade-Ausgabe des *Robinson Crusoe* enthalten (Daniel Defoe, *Vie et aventure de Robinson Crusoé*, Bd. 1, übersetzt von Pétrus Borel, Vorwort von François Ledoux, Paris: Gallimard 1959, Einführung, Anhang 1).

Werk	Ort (Modell)	Bemerkungen
		Gegenständen oder Tieren: Intelligenz, Berechnung, Umsicht, Voraussicht, auf Sentimentalität folgt Grausamkeit (er tötet und verspeist die Ziege, die er zähmen wollte, S. 112). Schließlich[e]: merkwürdige Tautologie: Dieses Epos der Einsamkeit wird mythisch als derjenige Roman designiert, der sich wie kein zweiter dazu eignet, in der Einsamkeit Zerstreuung zu finden: »das Buch, das man auf eine einsame Insel mitnehmen würde«! Malraux[f]: neben *Don Quixote* und *Der Idiot*. Philarète Chasles, an den Ufern des Ohio[g], [Ledoux] S. xiv.
Palladios, *Historia lausiaca*, dt. Des Palladius von Helenopolis *Leben der Heiligen Väter*, übersetzt von Dr. St. Krottenthaler, Kempten/München: Verlag der Jos. Köselschen Buchhandlung 1912.	Die Wüste.	Auf griechisch verfaßt: Dem Kämmerer Theodosius' II., Lausus, gewidmet. Begegnungen mit Mönchen in Ägypten, Palästina und Syrien. Palladios, 363-425, Bischof von Helenopolis in Bythinien (über dem Pontus Euxinus, nordöstliches Kleinasien). Reisen durch Ägypten – nach Alexandria und in die Wüste von Nitrien (388-399). Mit großem Charme, oft unfreiwillige Komik. Reich an »Merkmalen« (= Signifikanten).
Thomas Mann, *Der Zauberberg*, Frankfurt am Main: S. Fischer 1978.	Das Hotel.	Es handelt sich natürlich um ein Hotelsanatorium. Das verweist auf einen ganz bestimmten, begrenzten Raum des Zusammenlebens (vgl. Kreuzfahrtschiff, vielleicht Club Méditerranée!) =

Barthes spielt auf folgende Passage an: »Er zähmte auch Ziegen, und um sich zu belustigen, tanzte er hin und wieder mit ihnen und seinen Katzen« (ebd., S. xxi).

e Dieser Absatz ist im Manuskript gestrichen.

f Vgl. das Vorwort von François Ledoux: »Und in unseren Tagen läßt André Malraux eine seiner Figuren äußern, für den, der die Gefängnisse und Konzentrationslager gesehen habe, gebe es nur noch drei Bücher, die ihre Wahrheit behalten: *Robinson Crusoe*, *Don Quixote* und *Der Idiot*.« Anspielung auf André Malraux, *Les Noyers de l'Altenburg*, in: ders., *Œuvres complètes*, Bd. 2, Paris: Gallimard 1996, S. 677.

g Siehe dazu François Ledoux in seinem Vorwort zu der zitierten *Robinson-Crusoe*-Ausgabe: Philarète Chasles zufolge fand ein Siedler an den Ufern des Ohio tiefen Trost in der Lektüre des Romans von Defoe.

Werk	*Ort (Modell)*	*Bemerkungen*
		hotelartiges Zusammenleben. Sehr eindrucksvolle Struktur: getrennte Zimmer + Ort von Geselligkeit, intensive und flüchtige Beziehungen usw. Aufenthalt Thomas Manns in Davos 1911 (Behandlung seiner Frau). Geschrieben 1912/13, erschienen 1924. Handlung 1907-1914. Gegenstück zum *Tod in Venedig*: Verführung durch Tod und Krankheit. Ich habe in der Antrittsvorlesung[h] von meinem Verhältnis zu diesem Buch gesprochen: *a)* projektiv (denn: »Genauso ist es«); *b)* unheimlich (Fremdheit zweiten Grades[i]): 1907/1942/heute, weil mein Körper dem Jahr 1907 nähersteht als der Gegenwart. Ich bin der historische Zeuge einer Fiktion. Ein Buch, das mich sehr berührt, deprimiert, mir fast unerträglich ist: sehr empfindliche Besetzung von menschlichen Beziehungen + Tod. Kategorie des Herzzerreißenden. → Es ging mir nicht gut, als ich es las – oder wieder las (ich hatte es vor meiner Erkrankung gelesen und hatte eine schwache Erinnerung daran).
Zola, *Ein feines Haus*, übersetzt von Gerhard Krüger, Berlin: Rütten & Loening 1963.	Das (bürgerliche) Mietshaus.	1882: Octave Mouret: Sohn des Mouret aus Plassans, Bruder von Serge, *Die Sünde des Abbé Mouret*, künftiger Held von *Das Paradies der Damen* [alle in Zolas Romanzyklus *Die Rougon-Macquart*]. = die dunkle Kehrseite des bürgerlichen Zusammenlebens.

Natürlich wird es auch Merkmale in anderen Werken geben, und vielleicht werden diese Werke nur wenige Merkmale hergeben = die Zufälle der Forschung. Das Systematische (»die systematische Lektüre«) reibt sich auf, wird enttäuscht – das Unsystematische treibt Knospen, wuchert. Doch bedarf es einer gewissen Geradlinigkeit im Vorgehen, damit Indirektes, Unvorhersehbares auftreten kann. Dies ist das Verfahren einer *paideia*, nicht der Methode.

h *Leçon/Lektion*, a.a.O., S.69.
i Gegenüber der heutigen Zeit.

Also ein doppelter Materialfundus: das (orientalische) Mönchtum + einige Werke. Noch ein dritter Materialfundus ist zu berücksichtigen, der letztlich dem ersten entstammt, aber auf einer anderen, nämlich terminologischen, »glottischen« (≠ sachlichen) Ebene angesiedelt ist: ein Netz von griechischen Ausdrücken, die dazu dienlich waren, die Probleme des Zusammenlebens im orientalischen Mönchtum zuzuspitzen (auskristallisieren zu lassen).

Zahlreiche Wörter (über dreißig). Wir werden ihnen nach und nach begegnen.[61] Als Beispiel dafür, was ich mit diesem griechischen Begriffsnetz meine, hier ein Stück vorab: Es gibt drei Grundregeln, nach denen sich der Status des Zusammenlebens bestimmen läßt (artikuliert = in paradigmatische Oppositionen, also sinnhaft gliedert):

- *Monosis*[62]: Leben in Einsamkeit (und Ehelosigkeit: *monachos*[63]) = System des hl. Antonius.
- *Anachoresis*[64]: Leben fern der Welt = Embryonalform der Idiorrhythmie.
- *Koinobiosis*[65]: Zusammenleben nach dem Muster der Klostergemeinschaft: Modell des hl. Pachomius.

Diese drei Statuten werden jeweils von zwei Energieströmen, zwei Kräften, zwei Anordnungen durchquert:

- *Askesis*[66]: die Zurichtung des Raumes
  der Zeit
  der Gegenstände
- *Pathos*[67]: der vom Imaginären[68] ausgemalte Affekt.

Warum einem griechischen Begriffsnetz so viel Gewicht geben? Warum nicht französisch reden wie jedermann? War-

61 Barthes bemerkt mündlich, die Vorlesung bekomme nun »den Anschein einer falschen Gelehrsamkeit«.

62 Griech. *monosis*, Alleinsein.

63 Griech. *monachos*, jemand, der allein (einsam, einsiedlerisch, ehelos) lebt.

64 Griech. *anachoresis*, Zurückgezogenheit, Zufluchtsort.

65 Von Barthes geschaffener Neologismus aus den griechischen Wörtern *koinos*, gemeinschaftlich, und *bios*, Leben.

66 Griech. *askesis*, Lebensweise der Athleten; Übung, Praxis.

67 Griech. *pathos*, Gemütsbewegung, Affekt, Leidenschaft.

68 Barthes erläutert mündlich, daß er das Wort »imaginär« »im großen und ganzen in einem lacanianischen Sinne« verwendet.

um die Dinge kompliziert machen, warum diese Sophisterei, dieses gelehrte Mäntelchen? (Immer der gleiche Vorwurf: noch heute, 6. Januar, auf einen Artikel in der Zeitschrift *Photo* hin[69]: Warum nicht die Sprache sprechen, die »alle Welt« spricht?)

Vgl. Antrittsvorlesung[70]: Es ist gut, daß uns innerhalb und vermittels unseres Idioms mehrere Sprachen zur Verfügung stehen:

1. Zunächst einmal ist es einfach so: Ein Idiom ist nicht monolithisch, homogen, rein. Ein Idiom = ein *patchwork*, eine Rhapsodie (nichts ist abwegiger als der Feldzug gegen das Franglais[71]: Die Existenz eines Idioms besteht – zu seinem Vorteil wie zu seinem Nachteil – nicht in seinem Vokabular, sondern in seiner Syntax).

2. Dann: Mehrere Sprachen, weil es mehrere Begierden gibt. Das Begehren sucht nach Wörtern. Es nimmt sie, wo es sie findet; außerdem erzeugen die Wörter auch wieder Begehren; und dann hemmen die Wörter wiederum das Begehren. Ich habe im Französischen kein treffendes Wort dafür, den Komplex eines Lebens in absoluter Einsamkeit oder in den Formen einer Klostergemeinschaft zu bezeichnen. Die plurale Sprache (innerhalb des Idioms) ist ein Luxus, doch wie stets ist dieser Luxus nur das Bedürfnis des Begehrens: also zu fordern und zu verteidigen, wie jedes Wuchern der Sprache.

Natürlich gibt es außer diesen Prinzipien und unterhalb davon noch (bedeutungs-)technische Gründe:

1. Die Verschiebung der Konnotationen: »einsames Leben« konnotiert keine Struktur von Regeln, ist keine semantische »Entität« (≠ *monosis*: konnotiert die Regel des *monachos*).

2. Das griechische Wort verweist auf einen Begriff, mit dem man zugleich Ursprung, Bild und Fremdheit verbindet.

3. Das griechische Wort ist umfassend und prägnant. Es faßt zusammen, verdichtet, verknappt – und sorgt damit für

69 In *Photo*, Nr. 112, Januar 1977, kommentierte »Roland Barthes, vom Collège de France« einen neu erschienenen Porträtband des Photographen Richard Avedon. In den *OC* unter dem Titel »Tels« (OC_1 III, 691-693; OC_2 V, 299-302). Barthes spielt in seiner Vorlesung auf einen ironischen und aggressiven Leserbrief an.

70 *Leçon/Lektion*, a.a.O., S. 35-37.

71 Das Buch *Parlez-vous franglais?* von René Étiemble erschien 1964.

eine fruchtbare Ausbreitung von Sinn (= etymologische Entdeckung). Generell wäre ein Dossier der Begriffswörter anzulegen, die in ein anderes Idiom eingehen. In der Psychoanalyse führen die von Freud stammenden deutschen Ausdrücke zu einer Art barocker Sophistik, Übersetzungsspitzfindigkeiten (»Trieb«[72]), das heißt zu einer Arbeit am Signifikanten selbst – die der Arbeit am Signifikat immer vorzuziehen ist.

4. Schließlich: Die (Pseudo-)Philologie ist langsam. Auf die griechischen Wörter zurückkommen = nicht in Eile sein, und manchmal ist diese Langsamkeit notwendig, damit sich der Signifikant wie ein Duft entfalten kann. In der heutigen Welt hat jede Technik der Verlangsamung etwas Fortschrittliches.

Merkmale

Soviel zum Material. Nun zur Darstellung. Ausgangspunkt (auf den wir immer wieder zurückkommen, zur Kontrolle): das idiorrhythmische Phantasma. Nun ist ein Phantasma = ein Szenario, doch ein geborstenes, immer sehr kurzes = narratives Aufleuchten des Begehrens. Was man nur flüchtig sieht, gleichsam aufblitzend, hell erleuchtet, aber gleich wieder verschwunden: Schatten eines Körpers, den ich in einem Auto sehe, das um die Ecke biegt. Das Phantasma = ein unzuverlässiger Projektor, der ruckweise Fragmente der Welt, der Wissenschaft, der Geschichte abtastet – Erfahrungen.[73] Das Diskursive gehört also nicht in die Ordnung des Beweises, der Überzeugung (es geht nicht darum, eine Behauptung zu beweisen, jemanden von einem Glauben, von einer Posi-

72 [Im Original deutsch.] Barthes erläutert die Anspielung mündlich: »So wurde unter terminologischem Gesichtspunkt der Ausdruck *pulsion* für das deutsche Wort *Trieb* in die französischen Freud-Übersetzungen eingeführt, um die Konnotationen früher gebräuchlicher Termini wie *instinct* oder *tendance* zu vermeiden.« Siehe Laplanche und Pontalis, *Das Vokabular der Psychoanalyse*, a.a.O., S. 526. Barthes erinnert daran, daß Lacan das Wort *Trieb* mit *dérive* wiedergegeben hat.

73 Barthes spricht davon, ein Seminar der »Einschätzung dieser phantasmatischen Projektionen« zu widmen, »die man mit einem von Joyce stammenden Namen als Epiphanien bezeichnen könnte«. In seiner dritten Vorlesung am Collège de France, »Die Vorbereitung des Romans I: Vom Leben zum Werk« (1979), beschäftigt sich Barthes in einem längeren Abschnitt mit dem Begriff der Epiphanie bei Joyce.

tion zu überzeugen), sondern in die Ordnung des »Dramatischen«, wie bei Nietzsche: *Wer* statt *was*.[74]

Nietzsche[75] wiederum – vermittelt über Klossowski, 72: »Die *wahre Welt* abzuschaffen bedeutete auch, die *Welt der Erscheinungen* abzuschaffen – und mit dieser wiederum die Begriffe *Bewußtsein* und *Bewußtlosigkeit* (*Innen* und *Außen*) abzuschaffen. Wir sind nur eine Folge von Zuständen, die in bezug auf den *Code der Alltagszeichen diskontinuierlich* sind, worüber uns die *Festigkeit der Sprache* täuscht: soweit wir von diesem Code abhängen, begreifen wir uns als Kontinuität, obwohl wir ausschließlich diskontinuierlich leben: aber diese diskontinuierlichen Zustände betreffen nur die Art und Weise, in der wir die Festigkeit der Sprache gebrauchen oder nicht: *bewußt* sein heißt, sie zu gebrauchen. Aber wie können wir jemals erfahren, was wir sind, wenn wir schweigen?«[76]

Sehr schöne Passage, sehr bedeutsam. Er sagt (zumindest entnehme ich dem Text): Wir müssen die Festigkeit der Sprache zerbrechen und dürfen vor unserer fundamentalen Diskontinuität die Augen nicht verschließen (»wir leben ausschließlich diskontinuierlich«). Das Fragmentarische des Diskurses (das auf das Pulsieren des Phantasmas zurückgeht) ist zweifellos sprachlicher Natur und insofern ein falsches Diskontinuum – oder ein unreines, geschwächtes Diskontinuum. Doch immerhin ist es das geringste Zugeständnis, das wir der Festigkeit der Sprache schulden.[77]

Die Vorlesung wird demnach als eine Folge diskontinuierlicher Einheiten – Merkmale, Züge [*traits*] – verlaufen müssen. Ich hatte nicht die Absicht (konnte mich nicht davon abhalten?), diese Merkmale zu Themen zu gruppieren. Wie mir scheint, werden in zunehmendem Maße (zumal die soziale, universitäre Praxis es unablässig verlangt) die (Kartei-)Kar-

74 »Das ›was ist das?‹ ist eine Sinn-Setzung von etwas anderem aus gesehen. Die ›Essenz‹, die ›Wesenheit‹, ist etwas Perspektivisches und setzt eine Vielheit schon voraus. Zugrunde liegt immer ›was ist das für mich?‹« Nietzsche, »Aus dem Nachlaß der Achtzigerjahre«, in: *Werke*, a.a.O., Bd. 3, S. 487. Barthes hatte sich bereits früher auf diese Nietzschesche Frage bezogen: *Die Lust am Text*, a.a.O., S. 91; »Les sorties du texte«, OC_1 II, 1620 f. (OC_2 IV, 374).

75 Die folgenden beiden Absätze sind im Manuskript gestrichen.

76 Pierre Klossowski, *Nietzsche und der Circulus vitiousus deus*, übersetzt von Ronald Vouillé, München: Matthes & Seitz 1986, S. 72.

77 Hier endet die Streichung im Manuskript.

ten gewissermaßen heuchlerisch gezinkt, damit jeder einzelne Fall rhetorisch zu einem »Streitfall«, einer *quaestio*[78], wird. Es ist wie beim Kartenspiel. Man beachte: Das Spiel *(game)* ist normativ, es versucht die Unordnung des Gegebenen zu bekämpfen, rückgängig zu machen, es betrachtet den Zufall als Unordnung. Dasselbe bei den Karteikarten: Wie bei jedem Kartenspiel – *game* – versucht man (von jeher und stets), Familien wiederherzustellen: Herz, Pik usw., Vierer und Dreier, Straßen, Reihen. Wir hingegen mischen die Karten und geben sie aus, wie sie kommen. Jedesmal, wenn ich mich um eine thematische Gruppierung von Merkmalen (Karteikarten) bemühe, drängt sich mir heute unweigerlich die Frage von Bouvard und Pécuchet auf: Warum dies, warum das? Warum hier, warum dort? = mißtrauischer Reflex gegen die Ideologie der Assoziation (die ja ebenfalls eine Ideologie der kontinuierlichen Entwicklung ist). Devise des Kartenspielers: »Ich hebe ab«, ich handle der Festigkeit der Sprache zuwider.

Allerdings, diskontinuierlich schreiben (in Fragmenten), zugegeben, das ist möglich, das gibt es. Doch fragmentarisch sprechen? Da wehrt sich der (kulturelle) Körper, er braucht Übergänge, Verkettungen. *Oratio* = *flumen*: wir sind darauf abgerichtet (zumindest waren wir es) durch die lateinische Rede, die *contio.*[79] Diesem Problem sind wir schon bei den Figuren der Sprache der Liebe begegnet. Damals gelöst durch künstliche Verkettung (die das Diskontinuum aufgedeckt läßt) nach einer Ordnung, die keine bloß provisorische ist: das Alphabet[80]; einzige Zuflucht (außer dem reinen Zufall, aber wie gesagt: Gefahren des reinen Zufalls, der ebensogut logische Abfolgen produziert). Ich werde das Alphabet dieses Jahr wieder für meine »Merkmale« verwenden. Doch es bestehen Chancen, daß das Diskontinuierliche noch mehr ins Auge springt (und offensiver wirkt), weil die angeordneten Merkmale viel unscheinbarer, kürzer sind als die Figuren der Sprache der Liebe.

78 Lat. *quaestio*, Thema, Frage.

79 Lat. *oratio*, Rede; lat. *flumen*, Fluß; lat. *contio*, Ansprache, öffentliche Rede.

80 Vgl. *Fragmente einer Sprache der Liebe*, »Wie dieses Buch aufgebaut ist«, »2. Ordnung« (a. a. O., S. 9-11). Barthes rechtfertigt dort die alphabetische Reihenfolge, die es vermeidet, dem Buch eine Richtung und damit einen allgemeinen Sinn aufzudrängen.

Diese Behandlung der Merkmale verfolgt natürlich eine bestimmte Politik (vgl. Antrittsvorlesung): diejenige, welche die Metasprache dekonstruieren möchte.[81]

Diese Merkmale, oft winzig, oft diskontinuierlich. Ich werde sie abermals in alphabetischer Reihenfolge präsentieren, dem Umstand entsprechend, daß ich sie, wenigstens vorläufig, nicht einer Geamtidee unterstelle. Ich gebe zu, daß dadurch der Eindruck eines ermüdenden Flimmerns, der Verzettelung entstehen kann – zumal manche Merkmale in ihrer Unvermitteltheit nur wenig mit dem Zusammenleben zu tun zu haben scheinen: zwar es umkreisen, doch oft nur entfernt.

Hoffentlich ist es mir gelungen, meine Darstellungsweise vielleicht nicht zu rechtfertigen, aber doch deutlich zu machen, warum ich sie für gerechtfertigt halte. Eine Darstellungsweise, die sozusagen oberhalb des Themas (»Zusammenleben«) kreist, oft in großer Höhe, ohne zu wissen, ob ich sie jemals werde erreichen können. Denn dies ist eine Forschung, die noch unterwegs ist. Damit es eine funktionierende Unterrichtsbeziehung gibt, darf meiner Auffassung nach derjenige, der spricht, tatsächlich nur wenig mehr wissen als derjenige, der zuhört (manchmal, in manchen Punkten, weniger: das schwankt). Forschung, nicht Lektion.

Akedia

Gefühlszustand des Mönchs, der der Askese überdrüssig wird, dem es nicht mehr gelingt, sie zu besetzen (≠ der den Glauben verliert). Nicht der Glaube geht dabei verloren, sondern das innere Interesse [*investissement*]. Depressiver Zustand: seelische Leere, Niedergeschlagenheit, Traurigkeit, Langeweile, Mutlosigkeit, Lustlosigkeit. Das (spirituelle)

81 »Das Paradima, das ich hier vorschlage, folgt nicht der Aufteilung von Funktionen; es beabsichtigt nicht, Gelehrte und Forscher auf die eine, Schriftsteller und Essayisten auf die andere Seite zu stellen; es verweist im Gegenteil darauf, daß Schreibweise sich überall da findet, wo die Wörter Reiz besitzen (*saveur* und *savoir* haben im Lateinischen dieselbe Etymologie).« *Leçon/Lektion*, a.a.O., S. 31.

Leben erscheint eintönig, ziellos, beschwerlich und nutzlos: das asketische Ideal verblaßt, verliert seine Anziehungskraft. Draguet,
Cassianus (*Institutiones*, X[82]): »[...] was die Griechen *akedia*[83] S. XXXVI
nannten und was wir als Überdruß oder Beklommenheit des Herzens bezeichnen können (*taedium sive anxietas cordis*)«. Phänomen, das in den Geschichtswerken über das orientalische Eremitentum häufig erwähnt wird. (Cassianus: Italiener, 360-435. Lebte in Ägypten. Zwei Klöster in Marseille.)

Akedia: Niedergeschlagenheit < *kedeuo*[84]: sorgen, sich kümmern um, sich interessieren für. Daher die Gegenbegriffe: *akedeo*[85]: unbesorgt, unbeteiligt sein (genau das macht den Verlust des Interesses aus); *akedestos*[86]: aufgegeben; *akedes*[87]: nachlässig, vernachlässigt. Man beachte die Permutation von Aktiv und Passiv. Das besetzte Objekt verloren geben = des besetzten Objekts verlustig gehen (Aktiv = Passiv; Spur der Logik des Affekts: »Ein Kind wird geschlagen«.[88]) Bei der *akedia* bin ich Subjekt und Objekt des Verlusts; daher das Gefühl einer Ausweglosigkeit, Falle, Sackgasse.

Es ist ein (Schwund-)Zustand (wegen Ausweglosigkeit), welcher dem Jonesschen Begriff der Aphanisis[89] (dem Zustand

82 Zitiert nach Draguet, *Les Pères du désert*, Paris: Plon 1949. [Die deutsche Übersetzung der *Institutiones* in: *Frühes Mönchtum im Abendland*, Bd. 1: *Lebensformen*, eingeleitet, übersetzt und erklärt von Karl Suso Frank, Zürich: Artemis 1975, S. 114-193, umfaßt nur die ersten vier Bücher.]

83 Griech. *akedia*, Sorglosigkeit, Nachlässigkeit, Gleichgültigkeit.

84 Griech. *kedeuo*, sich kümmern um.

85 Griech. *akedeo*, unbekümmert sein, vernachlässigen.

86 Griech. *akedestos*, ungepflegt, vernachlässigt; unbestattet.

87 Griech. *akedes*, nachlässig, vernachlässigt.

88 Barthes präzisiert mündlich: »Zu beobachten ist hier die Permutation von Aktiv und Passiv; denn das besetzte Objekt fallenlassen, zum Beispiel die Askese aufgeben, heißt soviel wie fallengelassen werden. Sobald Aktiv und Passiv austauschbar sind, kann man sicher sein, daß hier eine Logik des Affekts ihre Spur hinterlassen hat. An dieser Stelle wäre auf die ganze Freudsche Analyse der Phantasie ›Ein Kind wird geschlagen‹ zu verweisen.« Siehe Sigmund Freud, »›Ein Kind wird geschlagen‹. Beitrag zur Kenntnis der Entstehung sexueller Perversionen«, in: ders., *Gesammelte Werke (GW)*, hg. von Anna Freud u.a., Frankfurt am Main: S. Fischer 1958 ff., Bd. 12, S. 197-226.

89 Griech. *aphanisis*, Verschwindenlassen. »Von E. Jones eingeführter Ausdruck: Verschwinden des sexuellen Begehrens. Nach diesem Autor ist die Aphanisis bei beiden Geschlechtern Objekt einer tieferen Angst als der Kastrationsangst.« Laplanche und Pontalis, *Das Vokabular der Psychoanalyse*, a.a.O., S. 72. [Übersetzung leicht modifiziert.]

der Begehrenslosigkeit, der Angst vor dem Nichtbegehren) nähersteht als dem der Kastration(-sangst). = Wortkomplex: Aphanisis, *taedium*[90], *fading*[91] (Erlöschen des Begehrens und also des Subjekts), »toter Punkt«[92] (Hans Castorp ist nach Jahren im Sanatorium an den toten Punkt gelangt: die Krankheit ist ihm gleichgültig geworden, selbst der Tod), am Rande des »Suicidiums« (großer Unterschied zu der Figur »Selbstmord« in den *Fragmenten einer Sprache der Liebe*[93]). Das kann von einem heftigen Begehren herrühren, das durch seine Unbefriedigung ermattet, jedoch, statt sich in »Weisheit« aufzulösen, eine Art Schmutzfleck hinterläßt: nämlich trübselige Verzweiflung. Ein Prozeß, der von Robinson oder vielmehr von dem Seemann Selkirk gut beschrieben wurde: »Doch selbst wenn dieser Appetit <die körperlichen Bedürfnisse> gestillt war, peinigte ihn nicht minder der Wunsch nach Gesellschaft, und es schien ihm, als bedürfte er ihrer am wenigsten, wenn es ihm an allem anderen mangelte; denn was für die Erhaltung des Körpers notwendig war, konnte er leicht erwerben, während er den glühenden Wunsch, wieder ein menschliches Gesicht zu sehen, kaum zu ertragen vermochte; dieser Wunsch zeigte sich immer dann, wenn der verzehrende körperliche Appetit gestillt war. Er wurde schwermütig, schleppte sich mühsam dahin und konnte sich nur schwer davon abhalten, sich Gewalt anzutun <…>.«

Der Zauberberg, S. 763

Ledoux, S. XXIV

Mit dem Verweis auf Hans Castorp und Robinson wollte ich deutlich machen, daß die *akedia* nicht unbedingt an die mönchische Existenzform gebunden ist. Wir sind keine Mönche, und trotzdem interessiert uns die *akedia*. Und zwar, weil sie typischerweise mit einer »Askese« verbunden ist, das heißt einem Exerzitium (im etymologischen Sinne), der »Ausübung«

90 Lat. *taedium*, Ekel, Überdruß.

91 Engl. *fading*, von *to fade*, schwinden, erlöschen. Barthes hatte sich diesen Lacanschen Begriff bereits in den *Fragmenten einer Sprache der Liebe* zu eigen gemacht: »*Fading*. Schmerzliche Prüfung, bei der das geliebte Wesen sich von jedem Kontakt zurückzuziehen scheint, ohne daß diese rätselhafte Gleichgültigkeit gegen das liebende Subjekt gerichtet oder zugunsten dessen geltend gemacht würde, was sonst im Spiel ist, Welt oder Rivale.« *Fragmente einer Sprache der Liebe*, a. a. O., S. 106.

92 Hofrat Behrens hilft Hans Castorp, »den toten Punkt zu überwinden, auf den dieser […] sich seit kurzem gelangt fand«.

93 A. a. O., S. 198.

einer Lebensart.[94] Bei der *akedia* geht es nicht um den Glauben, die Idee oder die Wahl eines Glaubens (*akedia* ist kein »Zweifel«), sondern um den Verlust des Interesses an einer Lebensweise. *Akedia*: der beharrlich wiederkehrende, andauernde Moment des Überdrusses, des Gefühls, von unsererer Lebensweise, unserem Verhältnis zur Welt (zum »Mondänen«) genug zu haben. Ich kann eines Morgens erwachen und und das Programm meiner ganzen Woche vor mir ablaufen sehen: hoffnungslos. Alles wiederholt sich, alles dreht sich im Kreis: die gleichen Aufgaben, die gleichen Begegnungen, aber ohne innere Beteiligung, selbst wenn jedes einzelne Stück dieses Programms erträglich oder gar angenehm ist.

Die Liebeserfahrung der *akedia* ≠ die Verzweiflung an der Liebe (nicht geliebt werden, fallengelassen werden, brechen usw.) ist etwas anderes. Die *akedia* ist topisch der Verlust einer Besetzung. *Akedia* ist die Trauer um die Besetzung, nicht um das besetzte Objekt. In der Tat kann die Rücknahme der Besetzung des geliebten Objekts eine Befreiung bedeuten (endlich frei, endlich nicht mehr entfremdet!), aber auch Schmerz: die Trauer, nicht geliebt zu werden. *Akedia*: Trauer nicht um die Imago, sondern um das Imaginäre. Ebendas tut am meisten weh: Man behält den ganzen Schmerz, hat aber nicht mehr den sekundären Gewinn, ihn zu dramatisieren.

Bezug der *akedia* zum Zusammenleben? Historisch ist der Begriff vor allem mit der Askese der Eremiten verbunden: Schmerzhafter Verlust des Interesses an der einsamen Lebensführung → Rückkehr des Einsiedlers in die Welt. Koino bitentum: zum Teil wahrscheinlich konzipiert, um die *akedia* zu bekämpfen, indem sich der Mönch in eine starke Gemeinschaftsstruktur einfügt. (Moderne) *akedia*: wenn man (im Zusammenleben-mit-ein-paar-anderen) die anderen nicht mehr affektiv besetzen kann, ohne jedoch auf die Einsamkeit setzen zu können. → Der ganze Müll, ohne daß es einen Platz dafür gäbe: Müll ohne Mülleimer.

94 Karteikarte 220: »*Askesis*: man sollte besser *ethos* sagen, Gewohnheit, aber auch gewohnter Ort, Wohnung, Aufenthalt (siehe Karteikarte). Weil sich das mit *pathos* reimt. Wegen der Nietzscheschen Opposition zwischen *ethos* und *pathos* (über Wagner. Wo? Bayreuther Programm und Manuskriptfassung der *Sprache der Liebe*).«

Sitzung vom 26. Januar 1977

Am Ende der Vorlesungen von manchen Hörern → Anmerkungen, Informationen, Ergänzungen über das Gesagte erhalten.

Ich schätze das: eine produktive Praxis, insofern sie nicht be- oder verurteilt, sondern kooperiert. Die Vorlesung (vor allem wegen ihrer Merkmale): ein Schachbrett mit Feldern, eine Topik. Ich beginne damit, die Felder zu markieren und sie mehr oder weniger auszufüllen. Doch natürlich können sie auch von anderen gefüllt werden. → Ich werde versuchen, in jeder Vorlesungssitzung über solche Anmerkungen zu berichten, soweit sie Ergänzungen darstellen, also weder (redundantes) Lob noch Zensuren austeilen. Eine Art Hörerpost.

Über den idiorrhythmischen Roman?

1. Die Wahlverwandtschaften *von Goethe*

2. Ein Roman von Simone Jacquemard[95]

Idiorrhythmie: wegen des aspirierten rho[96]

Über akedia*:*

1. Auf der Suche nach der verlorenen Zeit*: toter Punkt, vor der wiedergefundenen Zeit. Im Zug =* akedia*, weil der Erzähler das Interesse am Schreiben verloren hat. → Umschwung, nicht durch die mondäne Welt und nicht Rückkehr zu ihr, sondern durch die wiedergefundene Zeit (Ankunft bei der Matinee der Guermantes).*

2. kedeia[97]*: Begräbnis →* akedeia[98]*: Trauer ohne Objekt (ich habe gesagt: Trauer mehr um das Gefühl als um das Objekt). Die tiefste Verzweiflung: Tod ohne Grab.*

95 Siehe unten, S. 78.

96 Barthes erläutert mündlich: »Ich hatte mich gefragt, warum das Wort Idiorrhythmie mit zwei *r* geschrieben wird, und angenommen – zu Unrecht, wie ich im Grunde selbst wußte –, daß die Verdopplung des *r* von der Assimilation des *s* von *idios* herrühre. Man hat mich jedoch mit Recht darauf hingewiesen, daß dieses *s*, das sich in ein zweites *r* verwandelt, ganz einfach mit der Aspiration des Anfangs-*rho* von *rhythmos* zu erklären ist.« – Lacarrière schreibt das Wort mit einem *r* [seine Übersetzerin verwendet in der deutschen Ausgabe hingegen zwei].

97 Griech. *kedeia*, Sorge, die man einem Toten angedeihen läßt.

98 Griech. *akedeia*, Sorglosigkeit, Gleichgültigkeit.

ana[99]: Erhebung (von unten nach oben); *chorein*[100]: weit fortgehen, hinaufsteigen.

= Handlung, Zustand oder vielmehr Begriff (Wort auf -*sis*[101]) der Absonderung von der Welt durch die Erhebung zu einem fernen, bedeutungsvollen, vertrauten, geheimen Ort.

Historisch

Neigung zum Rückzug (≠ Städte): schon bei den Heiden.

Anachoret: bekennt sich zum Rückzug von der Welt. Wird Bewohner einer Hütte oder Zelle *(kellion)*, in der er – abhängig von einer Laura (Athos) oder auch nicht – allein oder mit zwei oder drei Brüdern wohnt. Festugière, I, S. 41

Anachorese bedeutet nicht absolute Einsamkeit, sondern eher: Verknappung der Kontakte mit der Welt + Individualismus (individualistische Askese): Décarreaux, S. 20

1. Entfernung von der Welt. Aufschwung der Anachorese Ende drittes, Anfang viertes Jahrhundert (Antonius: Pharaonengräber, dann Oasen, ägyptische Gebirge). Flucht vor dem Staat, dem Fiskus, dem Militärdienst + sorgsam bedacht auf Unabhängigkeit jeder Art, Verknappung der sozialen Kontakte und Schutz davor. Amand, S. 40

2. Jeder führt sein Leben, wie es ihm gut dünkt: privates Gebet + Handarbeit (Flecht- und Webarbeiten: Körbe, Matten) mit Psalmodie.

3. ≠ Einsiedelei: Zusammenwohnen zu zweit oder zu dritt möglich. Bindung an eine Laura (Orient und Berg Athos). Gegenseitige Besuche der Anachoreten. Einige Ratschläge der Altväter, exzentrisches Verhalten zu mäßigen. Samstags Versammlung zur Synax (gemeinsamen Liturgie).

99 Griech. *ana*, hinauf.
100 Griech. *chorein*, sich zurückziehen, sich entfernen.
101 Das griech. Suffix -*sis* dient der Bildung abstrakter Substantive.

Anachorese: gegründet auf einen aktiven Bruch, eine Erschütterung als Ausgangspunkt. Das Fortgehen muß symbolisiert werden. Anachorese = eine Handlung, eine Markierung, das Überschreiten einer Schwelle.

Robinson Crusoe, S. 85, 105

Zum Beispiel Robinson, symbolisch: Abschied von der Welt durch den Schiffbruch. Hat plötzlich keinen Gefährten mehr (außer »drei Hüten, einer Mütze und zwei ungleichen Schuhen«, die auf dem Wasser schwimmen). Nach dreizehn Tagen versinkt das Schiff. = Alle Brücken zur Welt abgebrochen (später kehrt die Welt in Gestalt von Kannibalen zurück).

»Vie de Spinoza« von Jean Colerus, Pléiade, S. 1318

Anachorese eines Laien: Spinoza zieht sich gegen Ende seines Lebens nach Voorburg, bei Den Haag, zurück. Zunächst in eine Pension; bemerkt jedoch, daß er zuviel ausgibt; mietet ein privates Zimmer (um essen zu können, wie es ihm beliebt). Echte Anachorese, denn manchmal kommt er herunter, um mit seinen Gästen zu diskutieren. Er »lebt nach eigenen Vorstellungen, sehr zurückgezogen«.[102]

Dieser Begriff der Anachorese müßte aus drei Gründen genauer gefaßt werden:

1. Historisch: Matrix der Idiorrhythmie, durch Repräsentation einer kollektiv-individualistischen Struktur.

2. Anachorese = jedes Phantasma eines gemäßigten Rückzugs. Beruhigendes Bild Spinozas. Anachorese: individualistische Lösung für die Krise der Macht. Ich flüchte, ich verneine die Macht, die Welt, die Apparate; ich will meinem Leben eine Struktur geben, keinem Apparat unterwerfen. Daher der symbolische Akt des Bruchs: *anachorein*[103] = die Macht ablehnen, der Macht widerstehen (sei es auch nur der Macht der anderen).

3. Eine mögliche Aktualität der (Laien-)Anachorese. Heutige Welt: Herdenverhalten, Entfremdung, verschärfte Formen der Macht. → Aussteigerträume, -phantasmen, -hand-

102 Karteikarte 121: »Außerhalb des Netzes. *Ein feines Haus*. Alle Wohnungen ordnen sich einem sozialen Raster ein. Doch an einer Stelle klafft ein Loch, ein Ungesagtes (Kontrastterm, Paradigma): die Wohnung in der zweiten Etage, die des Schriftstellers.«

103 Griech. *anachorein*, zurückgehen, zurückweichen.

lungen. Oft ließe sich hier eine Symbolik des Losreißens von der Welt finden (Robinson): sein Hab und Gut zu Geld machen und einen Bauernhof in der Ardèche kaufen, um Schafe zu züchten. Oder etwas unbestimmter: auf dem Lande leben (Thema der Massenkultur; Gervais-Werbung – wegen der Kühe), sich abschotten, nur ein paar Steppunkte[104] mit der Welt erhalten: ausgeglichene, »vernünftige« Anachorese (es gibt auch verrückte).

Tiere

Zufällig: alphabetische Nachbarschaft [*animaux*] + thematische Beziehung von Anachorese und Animalität. Ordnen wir zwei gegenläufige Bewegungen einander zu: 1. vom Tier zum Menschen: Robinson; 2. vom Menschen zum Tier: übersteigerte Formen der religiösen Anachorese. Festugière, I, S. 46

1. Robinson

Robinson Crusoe geht von einem Naturzustand aus, jedenfalls beinahe: ein Messer, eine Tabakspfeife und ein bißchen Tabak. Von dort aus durchläuft er alle Stufen der Kultur: schläft auf einem Baum → Floß → Gegenstände → Hütte usw., wird Gouverneur der Insel, bevölkert sie. *Robinson Crusoe*, S. 85

Diese Erhebung vom Tier zum Menschen geht mit einer symmetrischen Bewegung einher: der Domestikation des Tieres:

1. Mensch und Tier von Gleich zu Gleich. Die Begegnung mit der Wildkatze: »sie saß ganz ruhig und ohne Furcht und sah mir voll ins Gesicht, als ob sie Lust hätte, meine Bekanntschaft zu machen.« Eine so vollkommene Gleichheit,

104 Barthes verwendet hier frei einen Lacanschen Begriff. Für Lacan sind »Steppunkte« (Polsterknöpfe) diejenigen Stellen, an denen Signifikat und Signifikant sich vorübergehend aneinanderheften und damit die notwendige Illusion einer festen Bedeutung erzeugen [vgl. Dylan Evans, *Wörterbuch der Lacanschen Psychoanalyse*, übersetzt von Gabriella Burkhart, Wien: Turia+Kant 2002, S. 286 f.]. Mündlich benutzt Barthes den Ausdruck »Anknüpfungsstelle«.

daß Robinson Crusoe das Gewehr auf sie anlegt, als wäre sie *Robinson Crusoe,* S. 99 f. ein menschlicher Feind. Angesichts der Gleichgültigkeit der Katze wirft Robinson Crusoe ihr ein Stück Zwieback zu.

2. Zähmung einer Ziege, nachdem er sie angeschossen hat. Domestizierungsprozeß: Die Ziege wird zahm, und Robinson Crusoe beginnt eine systematische Domestikation, damit sie ihm Nahrung liefert, wenn er nicht mehr jagen kann (weil S. 136 ihm Pulver und Blei ausgehen). Erstes Stadium der Domestikation.

3. Zweites Stadium der Domestikation: Anthropophilie. Das Tier soll zum Hausgenossen des Menschen werden = als Ersatz für einen Menschen (≠ Nahrungsvorrat):

a) Sprachersatz: der Papagei. Robinson Crusoe fängt ei- S. 197 nen, »um ihn zu zähmen und sprechen zu lehren«. Mehrere Jahre Dressur → der Papagei ruft ihn beim Namen. = Sich ein *Du* schaffen? Jemanden dazu bringen, daß er zu einem *du* sagt. Man kann einen Gegenstand zur Person, zum Gott, zum Adressaten einer Anrede erheben: der Papagei von *Ein schlichtes Herz.*[105] Doch unmöglich, sich von einem Gegenstand mit *Du* anreden zu lassen. Deshalb ist der Papagei für Robinson Crusoe unersetzlich: indem er mit seinem Namen angesprochen wird, bewahrt er sich als menschliche Person.

b) Affektersatz: ein Ziegenlamm (»durch Hunger zahm ge- S. 203 worden«): »Ich fütterte es fleißig weiter, und das kleine Ding wurde so zutraulich, zahm und zärtlich, daß mir von Stund an auch ein Hausgenoß wurde und mich nie wieder verlassen wollte.« Hausgenosse: demütige, nicht aggressive Anwesenheit. = Heutige Funktion der Domestikation in der Stadt.

Robinson Crusoe = die wichtigsten Formen des Verhältnisses des Menschen zum Tier. Weg zum Menschsein: über den Prozeß der Bemächtigung der Dinge (Werkzeuge), der Tiere (Domestikation). Das letzte Stadium dieser »Hominisierung« ist das interessanteste: mit Hilfe von Macht einen Affekt schaffen, eine Affektmacht erzeugen, sich der Macht bedienen, um einen Affekt zu empfangen. Erst mit dem Ziegenlamm wird Robinson Crusoe wirklich zum Menschen.

Dies gibt Anlaß zu einer Abschweifung über das anthro-

105 In Flauberts Novelle [in: *Drei Geschichten*, übersetzt von Ernst Wilhelm Fischer, Zürich: Diogenes 1979] läßt die Dienerin Félicité ihren Papagei Lulu ausstopfen und verwechselt ihn schließlich mit dem Heiligen Geist.

pologische Phänomen der Domestikation von Tieren (es gibt auch Domestikation von Pflanzen). Diderot: »[...] Sie wissen, wie gern man von dem spricht, was man gerade erlernt« *(Brief über die Taubstummen)*.[106]

Mensch: im strengen Sinne Substitut der natürlichen Zuchtwahl wilder Rassen; beschleunigte und zielgerichtete Selektion nach Maßgabe einiger nützlicher Merkmale.

Ruffié, S. 108 f., *De la biologie à la culture*

Bei einer wilden Rasse bedarf es einer Prädisposition zur Anthropophilie (zum Leben als Hausgenosse des Menschen):

1. Fähigkeit zur Prägung *(imprinting)*: Das noch sehr junge wilde Tier bindet sich im Zuge einer einzigartigen Erfahrung an den Menschen: sehr rasch fixierte Beziehung von Unterwerfung und Herrschaft. Ein gleich nach der Geburt gefangener und vom Menschen aufgezogener junger Wolf folgt diesem wie ein Hund. Prägung: abhängig von den ersten Stunden des Lebens, vom ersten Blick (≠ Welpe, der die ersten drei Monate frei lebt: bleibt definitiv wild). Prägung: Robinson Crusoe und das Ziegenlamm. (*Imprinting*: leitender Affekt der Prägung?)
2. Eignung zur Dressur (schnelle bedingte Reflexe).
3. Fähigkeit zu Affekten.
4. Biologische Fähigkeit, in Gefangenschaft zu überleben.

Phasen

1. Jäger im Paläolithikum: fangen Tiere lebend ein und halten sie als Frischfleischvorrat. = Zähmung (Zusammenwohnen von Mensch und Tier) → Domestikation, wenn fähig zur Reproduktion in der Gefangenschaft → Höchstmaß an Prägung.
2. Selektion durch den Menschen: Zuchtwahl → Rassen zu einem bestimmten Zweck züchten (Schlachttiere, Milchlieferanten, Zugtiere usw.). Abnahme der Polymorphie.

106 »Stellen Sie sich bei diesem Vergleich nicht etwa vor, daß Ihnen dies ein großer Musiker schriebe. Es gibt in der Woche nur zwei Tage, an denen ich ein Musiker zu werden beginne; aber Sie wissen, wie gern man von dem spricht, was man gerade erlernt.« Denis Diderot, »Brief über die Taubstummen«, in: ders., *Ästhetische Schriften*, hg. von Friedrich Bassenge, Bd. 1, Frankfurt am Main: Europäische Verlagsanstalt 1968, S. 52.

Erstes domestiziertes Tier: der Hund, Herkunft aus zwei Stämmen: europäischer und asiatischer Wolf. 10000 Jahre (Sammler und Jäger): Wölfe folgen dem Menschen wegen der Reste, die von Wildbretmahlzeiten übrigbleiben (vgl. Ratten in Großstädten). Mit den Hunden ändert sich die Jagdstrategie. Sie fördern das Erscheinen der Viehzucht.

Schaf, Ziege	6700 Jahre
Schwein	6500
Ochse	6000 → Bauern (Futtervorräte)
Pferd	3000
Federvieh	Bronzezeitalter (2000 Jahre), Voraussetzung: Seßhaftigkeit des Menschen
Kaninchen	9. Jahrhundert n. Chr. Von Nordafrika, über Spanien. Sportjagd. Mittelalter = Fisch für die Fastenzeit.[107]

Ökologisches Risiko: bei zu starker Selektion, wenn man zu sehr auf einige Arten setzt, sterben Arten aus (Frankreich 1939: 21 Rinderarten ≠ 1972: sieben: gegenwärtig Aussterben des Esels). Wenn bei diesen Arten irgendeine Katastrophe eintritt, besteht keine Möglichkeit zu genetischem Ersatz → eventuelle Hungersnot. Welt der Haustiere = außerordentlich fragil.[108]

2. *Anachoreten*

Anachorese und Animalität ≠ *Robinson Crusoe* (das vom Menschen angezogene Tier) = der vom Tierischen angezogene, versuchte, faszinierte Mensch. In drei Formen:

1. Tiere = Natur. Tiere ≠ Welt. Anachorese = buchstäbliche Rückkehr zur Natur = zur Tierheit. Brahmanisches Indien = Waldeinsiedler, *hylobioi*[109] = bewohnen die Wälder wie Tiere.

107 Wie Barthes mündlich erläutert, wurde das Kaninchen als Fisch klassifiziert.

108 Barthes erläutert mündlich: »Wenn es in der Welt nur noch Haustiere gäbe, was sich abzuzeichnen scheint, nun, dann würde diese Welt für Störungen außerordentlich anfällig. [...] Deshalb muß es wilde Tiere geben.«

109 Griech. *hylobioi*, »die in den Wäldern leben«, Name eines Garmanenstammes in Indien.

Christliche Anachoreten, vor allem in Syrien, viertes Jahrhundert (extreme und ursprüngliche Formen): Rohkostesser (Kräuter, Wurzeln, Salate, keine gekochten Nahrungsmittel); Dendriten[110]: nisten in den Bäumen wie Vögel (vgl. *Robinson Crusoe* und *Der schweizerische Robinson*[111]). Übergang von *leben wie* zu *sein wie* (psychotischer Übergang vom Vergleich zur Metapher): Der Anachoret ist ein Tier. Akepsimos läuft auf allen vieren (er hat sich Eisenketten anlegen lassen); ein Schäfer hält ihn für einen Wolf und hätte ihn fast »mit seiner Schleuder getötet«. Weiter: Thaleles hat sich einen Käfig mit Laufrad bauen lassen; man findet ihn »im Rad in seinem Käfig, die Knie am Kinn«, in die Lektüre der Evangelien vertieft. Er macht sich zum Hamster.

Draguet, S. XLIII f.

2. Tiere = das Böse. Unermeßliches Thema der Dämonen, die Tiergestalt annehmen. Antonitisches Thema: Dämonen dringen in die Zelle des hl. Antonius ein: Schlangen, Löwen, Bären, Leoparden, Stiere, Wölfe, Vipern, Skorpione: sämtliche »wilden Tiere«. Überfülle von Figuren in der Malerei. Tierheit = niedere Natur: Aggressivität, Furcht, Begierde, Fleisch: Der Mensch ohne Gesetz. Lascault.[112] Baltrusaitis.[113]

3. Tiere = »verkehrte Welt«, besänftigte Natur. Wundersame Wege (Umsturz ihrer Tiernatur): Löwen begraben Paulus von Theben, ein Löwe bringt Simeon seine Dattelmahlzeit (vgl. Elias, vom Raben ernährt). Das Tier in der »verkehrten Welt«: Thema der mittelalterlichen *impossibilia (adynata)*.[114]

Draguet, S. LVIII

Curtius, S. 105

110 Griech. *Dendriten*, von *dendron*, Baum: die Bäume betreffend.

111 Johann David Wyss, *Der schweizerische Robinson* (1812), Zürich: Orell-Fussli 1976.

112 In der Vorlesung verweist Barthes auf die Arbeiten des Kunstkritikers Gilbert Lascault (siehe *Le Monstre dans l'art occidental*, Paris: Klincksieck 1973).

113 Der französische Kunstkritiker (litauischer Herkunft) Jurgis Baltrusaitis (1903-1988) beschäftigte sich mit vergleichender Teratologie: *Das phantastische Mittelalter*, übersetzt von Peter Hahlbrock, Frankfurt am Main/Berlin/Wien: Propyläen 1985; ders., *Reveils et prodigues*, Paris: Flammarion 1988.

114 Lat. *impossibilia*, griech. *adynata*, ungewöhnliche Dinge, außerordentliche Phänomene. »Die alte Rhetorik, vor allem die des Mittelalters, enthielt eine besondere Topik, die der *impossibilia* (griechisch: *adynata*); das *adynaton* ist ein Gemeinplatz, ein *Topos*, aufgebaut auf der Vorstellung des *Extrems*: zwei natürlich entgegengesetzte, feindliche Elemente (der Geier und die Taube) wurden friedlich nebeneinander lebend dargestellt«: Roland Barthes, *Sade Fourier Loyola*, übersetzt von Maren Sell und Jürgen

Die extreme, die »verkehrte Welt«: Verknüpfung unvereinbarer Dinge, Metapher für eine epochale Umwälzung. Vergil: Der Wolf flieht vor den Schafen[115]; der Esel schlägt die Laute[116]; usw.

Eine abgeschwächte Form des »guten Tieres«: das affektiv vermenschlichte Tier. Eine oft bezeugte Gewohnheit: Der Einsiedler lebt mit einem vertrauten Tier. Minderung der Einsamkeit ohne Gefahr der Sünde? Mitnichten! Hl. Gregor: Ein Eremit liebte seine Katze zu sehr; erhielt eine übernatürliche Anweisung, davon abzulassen – nicht aber, sich von ihr zu trennen.[117] Typische Aporie der Liebe: Wie soll man ein bißchen lieben?

Le Millénaire du mont Athos, S. 173

Animalität/Humanität: zirkuläres Thema. Das Tier kann sämtliche Felder des Paradigmas besetzen[118]:

gut	*böse*	*weder – noch*	*sowohl – als auch*
Das Ziegenlamm. Die Katze. Das Haustier als Nahrungsvorrat und Nutztier	Die Dämonen.	Die Natur.	»Umgedrehte« Tiere, deren wilde Tiernatur besiegt ist.

Hoch, Frankfurt am Main: Suhrkamp 1974, S. 135. [Übersetzung leicht modifiziert.]

115 Vergil, *Bukolika*, VIII, 53.

116 Der Esel, der die Laute schlägt, ist ein mittelalterlicher Topos, ausgehend von dem griechischen Sprichwort: »Der Esel ist taub für die Laute.« Vgl. Ernst Robert Curtius, *Europäische Literatur und lateinisches Mittelalter*, Bern: Francke [3]1961.

117 Barthes bezieht sich auf den Artikel von Jean Leclercq, »L'érémitisme en Occident jusquà l'an mil«, in: *Le Millénaire du mont Athos (963, 1963). Études et mélanges*, Bd. 1, Chevetogne: Éd. du Chevetogne 1963. Siehe »Gregor der Große«, in: Jacobus de Voragine, *Legenda aurea. Heiligenlegenden*, ausgewählt und übersetzt von Jacques Laager, Zürich: Manesse [4]1994, S. 115-131, hier S. 123. Ein Eremit, der für Gott alles aufgegeben hatte, erhält in einer Offenbarung den Trost, er werde dereinst mit Papst Gregor im Paradies ewige Wohnung nehmen. Der Eremit beklagt sich bei Gott; seine freiwillige Armut habe ihm wenig genützt, wenn er mit *dem* zusammen belohnt werden solle, der an weltlichen Reichtümern Überfluß habe. Gott tadelt ihn, weil er seine Katze, die er »wie eine Gefährtin auf dem Schoß« streichele, offenbar mehr liebe als Gregor all den weltlichen Reichtum, den der Eremit verachtet.

118 Barthes kommentiert die folgende Tabelle mündlich: es handele sich um einen »primitiven Strukturalismus, wie er vor zehn Jahren gang und gäbe war – oder jedenfalls bei mir«.

Athos (Berg Athos)

Ich fasse unter diesen Merkmal alles Wesentliche der religiösen Idiorrhythmie zusammen – weil sie hier ihren historischen Ort hatte.

Geschichte

Musterhafte Episode, Entstehungsmodell der idiorrhythmischen Struktur: Antonius (der aber zeitweise, mythisch, auch absoluter Eremit war) bildet auf dem Berge Pispir (Wüste südlich von Alexandria) Asketen aus, die sich um ihn sammeln → Entwurf einer idiorrhythmischen Organisation.

Décarreaux, S. 23

Jeder: fünf Tage in der Woche allein – notfalls zu zweit oder zu dritt in einer Hütte, doch im allgemeinen ohne einander zu begegnen: völlig individuelle Praktiken. Samstagnachmittag und Sonntag finden sie sich in einem Zentrum zusammen: Kirche, Synax, verkaufen Flechtwaren (Körbe und Matten) an das Magazin und versorgen sich mit Palmfasern, Salz und Fladen. Kein Oberer; nur ein »Altvater«, Vorbild, »Guru«: Antonius.

Athos: anfangs verstreute Einsiedeleien = »natürliche«, »wilde« Idiorrhythmie; selbstverständlich wird darüber geschwiegen: außerhalb der Historiographie. Wie stets: Eremitentum ist sozial unerträglich, wie jede Marginalität. → 963 (zehntes Jahrhundert) gründet der hl. Athanasius die große Laura, das erste koinobitische Kloster = Gründung von Athos. Seitdem Gleichgewicht auf dem Berg zwischen den *coenobia*[119] (im Norden) und dem idiorrhythmischen Halbanachoretentum (im Süden).

Encyclopædia Universalis

1430: Fall von Thessaloniki → Türkenherrschaft → Erschlaffen der Disziplin, allgemeine Ausbreitung der Idiorrhythmie → siebzehntes Jahrhundert: Die wichtigsten Klöster übernehmen die Idiorrhythmie.

Décarreaux, S. 45

Heute Athos im Niedergang (7000 Mönche 1912 → 1500 heute). Neun idiorrhythmische Klöster (acht griechische + ein serbisches). Die wichtigsten und reichsten: idiorrhythmisch. (Athos: selbstverwaltete Theokratische Republik, re-

Encyclopædia Universalis

119 Lat. *coenobia*, Pl. von *coenobium*, Kloster.

giert von einem Rat, der Heiligen Gemeinschaft, aus jeweils einem Vertreter jedes Klosters bestehend. Schutzmacht ist der Staat Griechenland, seit 1912.)

FAZIT. *a)* Ambivalenz der Idiorrhythmie: harte Askese, rein, arm ≠ bequeme Askese, frei, locker. *b)* Idiorrhythmie ist nicht eine Frage der Anspannung, sondern der Marginalität (vgl. unten, »Macht«). Athos = mystische Strömung (Hesychasten[120]: die »Stillschweigenden«: Gebet im Rhythmus des Atmens und des Herzschlags; byzantinische Pneumatologie).

Raum

Encyclopædia Universalis

Athos Nord: große Klöster. Mediterraner Wald, weil keine weiblichen Ziegen.[121]

Décarreaux, S. 51

Athos Süd: felsige Wüste: Einsiedeleien und Skiten[122] (männlich oder weiblich, je nachdem, ob russisch oder griechisch < *asketerion*[123]: Asketerium, bei Huysmans[124]). Skiten = einige Schüler um einen frei gewählten Meister, *skite* = Oberbegriff für die idiorrhythmische Askese.

Die Formen im einzelnen:

Décarreaux, S. 53

1. *Kelliotes*[125] < *kellion* = Schutzhütte für vier oder fünf Brüder, unter der Leitung eines Älteren + Kapelle. Leben hauptsächlich von Feldarbeit.

2. *Lauriotes* < *laura*, Laura, Lawra. Gattungsbezeichnung

120 Griech. *hesychazein*, still sein, schweigen.

121 Barthes bezieht sich auf den Artikel »Athos (Berg)« der *Encyclopædia Universalis*: »[...] der ursprüngliche mediterrane Wald hat sich erhalten, zum Teil wegen des Verbots, das für Ziegen, weibliche Tiere, gilt [...].« Insofern es das Wachstum der Herden bremst, trägt das Verbot dazu bei, die Vegetation zu bewahren.

122 »Dazu kommen noch die Skiten, ursprünglich *askitika* – kleine Ansiedlungen der Askese. Es sind Bauwerke von geringerer Bedeutung, die hier und dort um die Hauptklöster verstreut liegen; eigentlich sind es nur deren im Wald liegende Nebengebäude.« Lacarrière, *Griechischer Sommer*, a.a.O., S. 35.

123 Griech. *asketerion*, Ort des Exerzitiums oder der Meditation.

124 »Ich glaube die Zurückhaltung aufgeben zu können, die ich stets gegenüber dem Asketentum gewahrt habe, in dem Durtal lebte [...].« Joris-Karl Huysmans, *En route*, Paris: Tresse & Stock 1895, Vorwort.

125 *Kelliotes*, wörtl. »Bewohner eines *kellion*«. Die *kellia* sind die über den ganzen Süden der Insel verstreuten Zellen der Eremiten.

für die Klöster der Insel. Umfaßt jedoch unterschiedliche Formen:

Le Millénaire du mont Athos, S. 112, 170

a) Zeitweiliges *coenobium*, in dem sich die Mönche auf die Einsamkeit vorbereiten (drei oder vier Jahre[126]).

b) Gruppe von etwa zwölf Personen. Wir stoßen hier wieder auf die Größenordnung als Definition der Sache.[127] Mehr als Eremitentum im strengen Sinne, weniger als ein Kloster. Gemäßigtes Eremitentum des Zönibitismus: *ordo eremiticus, ordo eremiticae vitae*[128]: Chartreux[129] (Sadesches Kloster; Sainte-Marie-des-Bois[130]).

Décarreaux, S. 19

3. Eine Art Mönchsdorf. Nachbarschaft von Idiorrhythmien. Heute: Kleine Wohnungen mit Privatkapelle (vgl. Chartreux[131]: zwei Zimmer + Oratorium). Die Mönche behalten ihre Güter. Wie Wohnanlagen, bürgerliche Wohnungen ehemaliger Prälaten: *kathismata*.[132] Rest von Luxus → bescheidener Komfort.

Encyclopædia Universalis

FAZIT. Auch hier wieder (vgl. »Geschichte«): Unbeständigkeit der Formen (liegt bereits im Prinzip der Idiorrhythmie). Schwankungen betreffen *a)* die Popuationsdichte, *b)* die Anzahl der Teilnehmer, *c)* den »Lebensstandard« (Armut → Wohlstand).

126 Jean Leroy, »La conversion de saint Athanase l'athonite et l'idéal cénobithique et l'influence studite«, in: *Le Millénaire du mont Athos (963, 1963)*. Bd. 1: *Études et mélanges*, a. a. O.

127 Siehe oben, S. 45 f.

128 Lat.: eremitische Ordnung, Regel des Lebens als Eremit.

129 Barthes ergänzt mündlich: »Die einzige Klosterordnung der Westkirche, die etwas mit der Idiorrhythmie zu tun hat.«

130 Siehe Donatien-Alphonse-François de Sade, *Justine oder die Leiden der Tugend*, übersetzt von Raoul Haller, Frankfurt am Main/Leipzig: Insel 1995.

131 Artikel »Chartreux«.

132 Vom griech. *kathisma*, Anlage, Einrichtung. Vgl. Jean Décarreaux, »Du monachisme primitif au monachisme athonite«, in: *Le Millénaire du mont Athos (963, 1963)*. Bd. 1: *Études et mélanges*, a. a. O., S. 53.

Sitzung vom 2. Februar 1977

Erinnerung: ab 9. Februar: Vorlesung in Hörsaal 8.

Idiorrhythmischer Roman: Simone Jacquemard, L'Éruption du Krakatoa ou Des chambres inconnues dans la maison, *Seuil 1967.*

Robinson → die erste Sprache (das Du*). Riesiges Dossier und deshalb aussichtslos. Wir werden ihm eines Tages den Platz einräumen, der ihm gebührt. Mythen vom Ursprung der Sprache.*[133]

Über Athos. Ich habe gesagt: im Verfall; 7000 im Jahr 1912 → 1500 Mönche im Jahr 1972. Seitdem aber offenbar neue Blüte: 300 neue Mönche – durch Transfers zwischen Klöstern. Spirituelle Erneuerung – vor allem jedoch in den coenobia. *Was bekämpft, vernachlässigt, abgelehnt, geschwächt und marginalisiert wird, ist offenkundig die Idiorrhythmie. Ich war dabei, das Funktionieren der Idiorrhythmie auf dem Berg Athos kurz zu beschreiben. Ein wenig Diachronie: Seit 963 bis heute ständige Oszillation zwischen der koinobitischen und der stets ambivalenten idiorrhythmischen Struktur. Wie wir sehen werden, bald sehr asketisch, bald sehr locker, mal sehr arm, dann wieder wohlhabend, komfortabel, arbeitsam oder müßig, usw. → ethisch nicht einzuordnendes Phänomen, vielleicht weil immer mit einer latenten Form mystischer Erfahrung verbunden. Die Mystik aber hat nun in der Kirche als Gesellschaft keinen Ort (ist atopisch).*

133 Barthes' mündlicher Kommentar: »Das ist eine Idee, die ich schon vor langer Zeit hatte, aber die ich nicht in Angriff zu nehmen gewagt habe: Vielleicht werden wir eines Tages die Mythen vom Ursprung der Sprache behandeln.«

Lebensweise

Diaita: der eigentliche Ansatz der Idiorrhythmie.

Prinzip: Jeder Mönch hat die Erlaubnis, seinem persönlichen Lebensrhythmus zu folgen. Décarreaux, S. 50

Arbeit: ungleich. Manche müßig.[134]

Intellektuelles Niveau: bessere Unterweisung als bei den Koinobiten. Wie eine Reminiszenz der Philosophenschulen des alten Griechenland. Décarreaux; Lacarrière, S. 38

Beschränkungen:

a) Liturgie: kein Zwang zur Teilnahme an Gottesdiensten (fakultativ), mit Ausnahme der Nachtmesse und an bestimmten hohen Feiertagen.

b) Fasten und Abstinenzen: Spielräume.

c) Einmal im Jahr kommen alle Idiorrhythmiker zu einer gemeinsamen Mahlzeit zusammen (sehr alter Brauch schon der vorchristlichen Anachorese: Therapeuten, Essener[135]).

FAZIT. Flexible Auffassung von Beschränkungen. Keine Ordensregel; nur »Hinweise«. → Mobilität (vgl. die übrigen Schlußfolgerungen) und Anpassungsfähigkeit: Übergang zum Gemeinschaftsleben oder zur völligen Einsamkeit stets möglich. *Encyclopædia Universalis*

Eigentum

Hier das gleiche Schwanken, die gleiche Ambiguität, die gleichen Umschwünge, die gleiche Im-pertinenz (obgleich für die Lebensstrukturen nichts so pertinent ist wie das Eigentum).

1. Ursprung: Idiorrhythmie = Eremitentum oder Halbanachoretentum; absolute Armut. Ägyptische Anachoreten: sehr bescheidenes Korbflechthandwerk; um davon das Brot zu kaufen. Décarreaux, S. 24

134 Jean Décarreaux, »Du monachisme primitif au monachisme athonite«, in: *Le Millénaire du mont Athos (963, 1963). Études et mélanges*, Bd. 1, a. a. O.

135 Wie Barthes mündlich erläutert, waren die Essener und die Therapeuten »hebräische religiöse Gemeinschaften«.

2. Athos, Ende vierzehntes Jahrhundert: Erlahmung → Idiorrhythmie aus Prinzipienlosigkeit. → Duldung bestimmter Praktiken: Manche Koinobiten, die ein Stück Land erworben haben, eignen sich dessen Ertrag an und leben nach eigenem Gutdünken fast als Privateigentümer.

3. Neuerlicher Umschwung: Um die kollektiven Abgaben zu erleichtern, werden die Mönche ermächtigt, sich entsprechend ihren Mitteln einzurichten, indem sie entweder von eigenen Einkünften leben oder auf Kosten eines wohlhabenden Mönchs.

Décarreaux, S. 50

4. Daher zwei idiorrhythmische Gruppen:
- die Besitzenden: haben ein persönliches Einkommen;
- diejenigen, die kein Eigentum haben: die *paramikri*; stellen sich oft in den Dienst der Reichen. Automatische Wiederherstellung einer sozialen Teilung.

Der Zauberberg

FAZIT. Offensichtlich in der Frage des Eigentums prinzipienlos: wunder Punkt des gesamten Mönchtums; unterstreicht die marginale Stellung der Idiorrhythmie in Fragen der Doktrin. Ambivalenz: beweist, daß darin nicht per se ein Privileg liegt (vgl. Ancien régime), kein Mißbrauch – sondern Gleichgültigkeit gegenüber dem antimonetären Gesetz, Indifferenz gegenüber dem Überich der Armut (vgl. Fourier und das Geld versus Marx, Freud, Christen[136]).

Macht

Idiorrhythmie = allgemeine Unbeständigkeit ≠ ein stabiler Punkt: das Verhältnis zur Macht.[137] → Sämtliche idiorrhythmischen Konstellationen, vom einsamen Eremiten bis zu den Familien der Laurioten[138]: außerhalb der Kontrolle der Oberen. Mehr noch als die Lebensweise ist die Unabhängigkeit von einer Macht (vom Abt) das Abgrenzungsmerkmal vom Koinobitentum. Koinobitentum = Macht.

Décarreaux

136 »[...] Christen, Marxisten, Freudianer, für die das Geld immer noch ein verteufelter Stoff, Fetisch oder Exkrement ist: wer darf es schon wagen, das Geld in Schutz zu nehmen? Geld ist mit *keinem Diskurs* vereinbar.« Barthes, *Sade Fourier Loyola*, a. a. O., S. 101.

137 Trotz ihrer Unterschiede sind alle Formen der Idiorrhythmie von der gleichen Autonomie gegenüber der religiösen Macht gekennzeichnet.

138 Barthes erläutert diesen Begriff mündlich: »die Bewohner einer Laura«.

Erste Strukturen: wenn es eine »polarisierende« Gestalt gibt: Altvater; Vorbild, nicht Oberer.[139] Décarreaux, S. 19

Moderne Strukturen: *coenobium*: monarchische Macht ≠ Idiorrhythmiker: Kollegialverfassung[140]: Versammlung + Kollegium (sechs Mitglieder), ergänzt durch Kooptation, etwa nach dem Tod eines Mitglieds (vgl. Projekt der Solitäre von Port-Royal und buddhistische Mönche). → Kommissare für die Verwaltung (beauftragt für ein Jahr): die Epitropen.[141]

FAZIT. Einziges stabiles Prinzip: das negative Verhältnis zur Macht. Erneut stoßen wir auf die Überlegung: konsubstantielles Band zwischen Macht und Rhythmus. Was die Macht in erster Linie auferlegt, ist ein Rhythmus (von allem möglichen: des Lebens, der Zeit, des Denkens, des Diskurses). Die Forderung nach einem eigenen Rhythmus richtet sich immer gegen die Macht. Erinnern wir uns an die Mutter mit ihrem Kind[142]: Sie zwingt ihm den Rhythmus ihrer Schritte auf, stört seinen Rhythmus. Erinnern wir uns auch an unsere Unterscheidung: Rhythmus ≠ *rhythmos*. Idiorrhythmie = Schutz des *rhythmos*, das heißt eines geschmeidigen, anpassungsfähigen, beweglichen Rhythmus; flüchtige Form, aber doch Form. Vgl. in der Musik: metronomischer Rhythmus ≠ *rhythmos*. *Rhythmos* = *swing* (der Rhythmus ist seiner Qualität nach nicht musikalisch). Daher die Musik = antinomisch zur Macht, sofern man Musik durch den *rhythmos* (und nicht den »Rhythmus«) definiert. *Rhythmos* ist der Rhythmus, der ein Mehr oder Weniger zuläßt, eine Unvollkommenheit, ein Supplement, einen Mangel, ein *idios*: das, was sich der Struktur nicht fügt oder nur mit Gewalt fügen würde. Rhythmus[143], das ist Verzögerung[144]: denken Sie

139 In den frühen, präkoinobitischen Strukturen gilt der »Altvater« als Vorbild, nicht als Oberer.

140 Diese Kollegialorganisation charakterisiert eine idiorrhythmische Struktur, im Gegensatz zum *coenobium*, das der Macht des Abts unterstellt ist.

141 Von griech. *epitropos*, jemand, der mit der Verwaltung von etwas beauftragt ist.

142 Siehe oben, S. 47.

143 Hier natürlich im Sinne von *rhythmos*, wie Barthes mündlich präzisiert.

144 Diese Definition taucht schon in *Über mich selbst* auf (a. a. O., S. 171). Es scheint sich nicht um ein wörtliches Zitat zu handeln (keine Anführungsstriche im Manuskript). Barthes bezieht sich frei auf Stellungnahmen von Casals: »Alles ist eine Frage des Gleichgewichts, das der gute Geschmack

an das Wort von Casals. Doch nur ein Subjekt *(idios)* vermag den Rhythmus zu »verzögern« – das heißt zu vollenden.[145]

Autarkie

(Häufig werden »Merkmale« hier nur kurz genannt; das Dossier ist mager. Aber man erinnere sich: Ich stecke Felder ab, die später und/oder von jedem von uns auszufüllen sind. Ich habe sehr stark das Gefühl, daß ein Feld, selbst wenn wir es einstweilen nur wenig oder schlecht ausfüllen, zumindest genannt werden muß. Daher: die Intuition, daß es ein Feld <ein Merkmal> »Autarkie der Gruppe« gibt, die Art, wie das Leben der Gruppe auf sie selbst zurückwirkt und von ihr selbst erlebt wird.)

Der Zauberberg, S. 524

Der Zauberberg: Hans Castorp besucht seinen Vetter Joachim: er kommt für ein paar Tage als Besucher, als Tourist, und bleibt sieben Jahre. Ebenso ist der Onkel, der sich nach Hansens Befinden erkundigen will, entsetzt – und zugleich fasziniert von der Krankheit: Der Sog ist groß, sich als krank zu entdecken und zu bleiben. Der Onkel reist Hals über Kopf ab. → Es gibt eine Faszination der Gruppe auf jeden Besucher. Man kann das an seinen privaten Beziehungen überprüfen: Alles, was als Gruppe wahrgenommen wird, wirkt anziehend, wie ein Strudel.

Doch was ist das Faszinierende an der »Kleingruppe« (der Bande, dem Sanatorium)? Der Zustand der Autarkie (*autarkeia*[146]: Selbstgenügsamkeit, Selbstzufriedenheit) = Fülle. Nicht das Leere wirkt anziehend, sondern das Volle oder, wenn man so will, die Ahnung der schwindelerregenden

zu beherrschen wissen muß. Doch das Rubato ist an sich ein so natürliches Verfahren, daß man sagen könnte, die Musik sei in gewissem Sinne ein beständiges Rubato.« *Conversations avec Pablo Casals*, Paris: Albin Michel 1955 und 1992, S. 260.

145 Barthes erläutert seinen Gedanken mündlich: »Musizieren heißt nicht, dem Gang des Metronoms zu folgen; durchaus, wenn Sie so wollen, auf regelmäßige, rhythmische Weise voranschreiten, aber mit einem Supplement oder einem Mangel, einer Verzögerung, wenn Sie so wollen, oder einer leichten Hast: das ist es, was den *rhythmos* ausmacht.«

146 Griech. *autarkeia*, die Lage dessen, der sich selbst genügt.

Leere in der Fülle der Gruppe. Ebendas ist der Sog, den Hansens Onkel empfindet und der ihn überstürzt fliehen läßt: eine Krankheit, die einen vollen Tagesablauf in Anspruch nimmt; Kranke, die im Sanatoriumsleben restlos aufgehen.

Der Zauberberg, S. 525

Autarkie: eine Struktur von Subjekten, eine kleine »Kolonie«, die kein anderes Bedürfnis hat als das Binnenleben ihrer konstitutiven Bestandteile.

Autarkie: starke Intradependenz + keinerlei Extradependenz. Die Unabhängigkeit markiert die Grenze, also die Definition, also das Sein der Gruppe. Gruppe in der Situation autarken Zusammenlebens → eine Art Hochmut, Selbstgenügsamkeit (im Sinne des griechischen Wortes), die den Blick von außen fasziniert.

Materielle Autarkie → Gefühl un-bedingter Existenz. Zum Beispiel Nemo und der *Nautilus*. Nemo nimmt das Meer als autarkes Milieu, demnach als etwas, dessen Grenzen er nicht zu überschreiten braucht; keine Rückkehr zur Erde, zu den Menschen. Das Meer liefert alles: Kleidung, Nahrung, Beleuchtung, Heizung, Energie – sogar Zigarren (S. 147[147]). → Hochmut Nemos (= Niemand[148] – er ist auf niemand anderen angewiesen). Die ersten Eremiten verminderten ihre Bedürfnisse (Nahrung) so sehr, daß sie tendenziell autark wurden (gewiß: Matten ↔ Brot[149]; bei den Extremisten der Asketen jedoch nur: rohe Kräuter). Übrigens wurde das Eremitentum der drohenden Hoffart wegen bekämpft. Und doch: Attraktion, Faszination. Diese materielle und spirituelle Autarkie strahlte aus, zog an.

Sanatorium: absolut autarkes Milieu; beinhaltet Intradependenz der Affekte; affektive Fülle. Im Sanatorium findet man alle Affekte, die das Herz beliebt; kein Bedarf nach einem Draußen. Ist die Struktur (das Zusammenleben) einmal etabliert, erhält sie sich wie ein beständiger Homöostat. (Nur der Erste Weltkrieg beendet sie für Hans.) Für den Besucher: abstoßend und anziehend. Faszination: der Tod; nicht weil man dort stirbt, sondern wegen der Ewigkeit dort.[150]

147 Jules Verne, *Zwanzigtausend Meilen unter Meer*, übersetzt von Peter Laneus, Zürich: Diogenes 1976, Erster Teil, 11. Kapitel, »Der Nautilus«.

148 Lat. *nemo*, niemand.

149 Die ersten Eremiten tauschten selbstgeflochtene Matten gegen Brot.

150 Barthes erinnert mündlich an seinen eigenen Sanatoriumsaufenthalt in Saint-Hilaire-de-Touvet [1942 und 1943-1945] während der deutschen

Und nun die Vision eines scheinbar perfekten Zusammenlebens: als ob die vollkommene Symbiose gleichwohl voneinander getrennter Individuen hier Wirklichkeit würde. Es geht um den Schwarm: »zusammenhängende, massive, gleichförmige Ansammlung von Individuen derselben Größe, derselben Farbe und oft desselben Geschlechts, gleich ausgerichtet, in gleichem Abstand voneinander, mit synchronisierten Bewegungen«.[151]

Encyclopædia Universalis, »Territoire«

Selbstverständlich: niemals ernstlich Merkmale der Tierethologie und Merkmale der menschlichen Soziologie vergleichen, niemals von einer Ordnung auf die andere schließen (denn zwischen ihnen steht zumindest eines: die Sprache). Gewiß gibt es Parallelen, zumal zwischen zwei Serien: den Wirbellosen und den Wirbeltieren. Jede Serie gipfelt (auf der Achse der Intelligenz) in einer »gelungeneren« Ordnung, markiert durch die Fähigkeit zum Zusammenleben: Insekten (Insektenstaaten) und Hominiden (menschliche Gesellschaften). Dennoch nicht vergleichbar: menschliche Gesellschaft ≠ Insektenstaat. Insektenstaat: gegründet auf eine Reihe angeborener Verhaltensweisen. ≠ Menschen: individuelle, nicht gattungsspezifische[152] Intelligenz; Verbindungen häufig erlernt: das ist »Kultur«.[153] Ethologie: liefert visionäre Bilder, nicht Argumente.

Vision des Schwarms ≠ der sehr banale Mythos des Ameisenstaats. Dieser: umfassende bürokratische Dressur (unabhängig vom jeweiligen Regime: Massenkultur der kapitalistischen Gesellschaften = Skizze eines Ameisenstaats; Fernsehen

Okkupation. Die Bewohner lebten dort in einer »Situation vollständiger Autarkie«, einem »Zustand der Abstraktion von der Welt«.

151 Vgl. den Artikel »Territoire (éthologie)« in der *Encyclopædia Universalis*, den Barthes hier frei paraphrasiert.

152 Barthes erläutert mündlich: »Sie ist dem Menschen nicht als Mitglied der Gattung Mensch angeboren.«

153 Barthes präzisiert seine Überlegung mit einer Lehrfabel. Angenommen, die Bienenkönigin und die Drohne hätten eine allgemeine Katastrophe überlebt; dann würde es ihnen gelingen, den Bienenstock wiederherzustellen. Ein Paar menschlicher Babys müßte dagegen sämtlichen Etappen der Menschheitsgeschichte erneut durchlaufen, »bis es zu den Vorlesungen am Collège de France gelangen würde; aber das würde sehr, sehr lange dauern«.

= evolutionsgeschichtlicher Überrest der Ameise). ≠ Schwarm: kollektive, synchrone und unmittelbare Übertragungen von Vorlieben, Lüsten, Moden, Ängsten. Schwarm: schrecklichere Vision als der Ameisenhaufen. Ameisenhaufen: Gleichschaltung der Individuen, Mechanisierung der sozialen Funktionen. ≠ Schwarm: Vernichtung der Subjekte, Dressur der Affekte, völlig gleichgeschaltet.[154]

Schwarm: Wie sich Schwärme reproduzieren. Zum Laichen schieben sich Schwärme männlicher Tiere über die Schwärme von Weibchen. Die Eier steigen zusammen auf und durchqueren den Schwarm der Männchen, die ihre Milch ausstoßen → Vermehrung ohne Kontakt, reine Gattung, ohne Subjekte. Erotisches Paradoxon: Die Körper sind eng beieinander, jedoch ohne zu lieben. Mit der Verwerfung der Idiorrhythmie wird zugleich der Eros ausgetrieben. Idiorrhythmie: konstitutive Dimension des Eros. → Die Veränderbarkeit besonderer Rhythmen, die Auflockerungen, Entfernungen und Unterschiede im Zusammenleben stehen in direkt proportionalem Verhältnis zur Fülle und zum Reichtum des Eros. → Auf dem Weg zu einer Erotik der Distanz – ein Gedanke, der dem Tao nicht fremd ist. Idiorrhythmie: Schutz des Körpers, insofern er sich auf Distanz hält, um den Wert des Körpers zu bewahren: sein Begehren.

Beginenhöfe[155]

Encyclopædia Universalis; Encyclopedia italiana; Dictionnaire de spiritualité

Für uns interessant, weil = ein gewisser Versuch, im Raum des katholischen Abendlands einen idiorrhythmischen Bereich einzuführen – wo doch der Katholizismus der Idiorrhythmie im allgemeinen feindselig gegenüberstand und das rein koinobitische Mönchtum bevorzugte. → Unterschiede zur Idiorrhythmie der Ostkirche, der Athosklöster.

154 Barthes erinnert mündlich an »das große Problem, über das heute auf mehreren Ebenen debattiert wird«: »wie das Subjekt vom Individuum zu lösen ist. [...] Die Aufgabe der Politik« ist es, »das Subjekt zu bewahren, ohne das Individuum um jeden Preis zu verteidigen«.

155 Bei der Überleitung kündigt Barthes an, was er zu diesem neuen Merkmal liefern werde, seien »teils Hirngespinste, teils Informationen«. Vgl. den Artikel »Béguins, Béguines, béguinages« im *Dictionnaire de spiritualité*.

Geschichte

In ihrer Blütezeit (dreizehntes, vierzehntes Jahrhundert) sowie in der normativen und normalen Bedeutung des Wortes (ursprünglich schwingen in dem Ausdruck, wie wir sehen werden, suspekte Bedeutungen von Ketzerei und Marginalität mit) sind Beginengemeinschaften = städtische religiöse Vereinigungen; Menschen, die sich mit Eifer um ein frommes Leben bemühen, sich vom gewöhnlichen fernhalten und ein besonderes Gewand tragen. Im wesentlichen: Frauen, aber auch *Beghini*, vor allem anfangs.

Dreizehntes, vierzehntes Jahrhundert: Blütezeit in den Niederlanden – aber auch in Frankreich, Deutschland, Spanien ...

Fünfzehntes, sechzehntes Jahrhundert: Niedergang in Holland und teils in Frankreich (die letzten Beginenhöfe von der Revolution aufgehoben). ≠ Stärkung in Flandern (mit strenger Disziplin).

Heute: in Belgien zwölf Beginenhöfe (Grand Béguinage von Gent), vierhundert Beginen.

Raum

Idiorrhythmie: wie stets Bedeutung der Organisation des Wohnraums. Prinzip fast das gleiche wie bei den Lauren von Athos. Das eigentliche Prinzip des idiorrhythmischen Raumes (≠ Phalanstères, Klöster, Kommunen): kleine Gebäude, Einsiedeleien von zwei oder drei Personen: *curtes*[156]; um eine Kirche herum + nahe einem Hospital und einem fließenden Wasser. Ein solcher Beginenhof (= eine eigene Pfarrei): von hohen Mauern umgeben, tagsüber Tore offen. Mit eigenem Friedhof (= städtische Erscheinung).

156 *Curtes*, Pl. von *curtis*, (Kloster-)Hof, Innenhof. »Mittelalterliches Latein«, wie Barthes mündlich erläutert.

Prinzip: zwischen mönchischem und weltlichem Leben. Aber strengere Regeln als die orientalische Idiorrhythmie:

1. Klösterliche Einflüsse: drei große Prinzipien aus dem Koinobitentum: *a)* Seßhaftigkeit (fester Wohnort); *b)* Keuschheit, aber nicht lebenslang, sondern nur für die Dauer des Aufenthalts; Beginen: *continentes*[157] (vgl. die Albigenser[158]); *c)* Gehorsam (gegenüber einer Oberin: *Magistrae*, *Marthae*[159]; an der Spitze eine übergeordnete »grand' dame« + die Tracht armer Frauen: schwarzes Gewand und weiße Haube).

2. Säkulare Einflüsse: kein Ordensgelübde; Besuche und Ausgänge möglich (jedoch stark reglementiert und überwacht; keine weltlichen Zusammenkünfte); keine Pflichtstunden für Gebet und Liturgie (Bedeutung des Zeithaushalts in der Idiorrhythmie), doch sieben Vaterunser.

3. Insgesamt ein fast mönchisches Leben (strenge Regel). Die Idiorrhythmie liegt im flexiblen Zeithaushalt + der (freilich eingeschränkten) Berechtigung, die Mauern zu verlassen, + dem Fehlen einer Bindung auf Lebenszeit (kein Gelübde). Es ist eine sehr steife Idiorrhythmie, stark vom Gesetz geprägt, eine (nach unserem Maßstab) paradoxe Idiorrhythmie, die sich unter der Aufsicht einer Macht *(magistrae)* zu behaupten sucht.

Sozioökonomisches

Wir stoßen hier erneut auf die Ambivalenz der idiorrhythmischen Gruppen, ihr historisches Schwanken zwischen Wohlstand und Armut.

Zwei historische Umstände führen dazu, daß sich die Beginenhöfe im Mittelalter bevölkern:

1. Die Kreuzzüge, die durch den Tod von Ehemännern zu einem Frauen- und Witwenüberschuß führen. → Vermögende

157 Lat. *continens*, enthaltsam.

158 Barthes erläutert mündlich: Die Enthaltsamkeit war »eines der großen Prinzipien, eines der Hauptkennzeichen der Albigenser«.

159 Lat. *magistra*, Meisterin. *Martha*, Schwester von Maria und Lazarus. Nach üblicher Deutung repräsentiert Martha das tätige und Maria das kontemplative Leben.

Damen, die sich zurückziehen → Zusammenleben: Schutz der Gruppe für benachteiligte Subjekte (vgl. Altersheime).

2. Prekäre Lage der städtischen Arbeiterklasse, die bei Klöstern Schutz sucht und sich um Aufnahme in eine Schutzorganisation religiösen Charakters bemüht. Daher drei Gemeinschaftsformen:

1. Sehr reiche Frauen (die über eigene Einkünfte verfügen). Betteln natürlich ausgeschlossen.

2. Arme Frauen, die von Stiftungen leben (vergleichbar mit Universitätsstipendien unter bürgerlicher Herrschaft). Betteln ebenfalls verboten.

3. Arme Frauen, ohne Stiftungen: Betteln + entweder Dienst bei einer Begine (vgl. Athos) oder manuelle Arbeit: Waschen, Bleichen, Spitzenklöppeln (als die Einfuhr englischer Wollstoffe gestoppt wurde).

Macht

Immer das gleiche Problem mit der Idiorrhythmie: Spannung zwischen Macht und Marginalität.

Ursprung der *Beghini*: ziemlich dunkel (ebenso wie das Wort selbst: mehrere Etymologien). Es scheint, daß anfangs (zwölftes Jahrhundert) *Beghini* der Name der Kölner Albigenser war, mit der Bedeutung eines Schimpfworts = Ketzer. Beginen oder Begarden = viele Züge der Albigenser; Verklärung der Enthaltsamkeit, Abscheu vor dem Eid, öffentliches Schuldbekenntnis + Verbot, ohne Hemd zu schlafen! (Sehr bedeutsamer Artikel in den frommen Regeln. Hinweis für die vielen, die heutzutage ohne Pyjama schlafen!)

Daher die weibliche Form der Beginen: *continentes*, keusche Frauen. (Erinnern wir uns: historisch war Keuschheit das älteste christliche Gelübde, nicht Gehorsam, Armut.) Jungfrauen schaffen. Erste Kirchen.[160]

Dann verblaßt dieser verruchte (häretische) Ursprung, Normalisierung → fromme Frauenvereinigungen, wie wir sahen. Zugriff der Kirche auf die Marginalität: 1. durch Unterordnung unter eine Oberin, 2. durch den Pfarrverweser, zuerst

160 Barthes erläutert seine Notizen mündlich: Das frühe Christentum in der Zeit der Apostel forderte zum Keuschheitsgelübde auf.

einen Zisterzienser-, später Dominikaner- oder Franziskanerpriester, 3. durch die Neigung der Pensionärinnen – um über jeden Verdacht erhaben zu sein –, sich zu Tertiarierinnen zu machen oder die Regel des hl. Augustinus anzunehmen (Regel für Halblaien).

FAZIT. Deutliche Unterschiede zur orientalischen, ägyptischen (Antonius) oder griechischen (Athos) Idiorrhythmie, deutlich geprägt von römischer Gesetzesorientierung:

1. Strenge (Gewicht der Regel).
2. Hierarchie und Kontrolle durch die Macht.
3. Mehr auf Mildtätigkeit (gegenseitige soziale Hilfe) als auf Mystik gegründet → stark domestizierte Idiorrhythmie.

Sitzung vom 9. Februar 1977

Ich wurde auf zwei Bücher hingewiesen, die in Zusammenhang mit der Vorlesung stehen:

1. Idiorrhythmischer Roman: Les enfants terribles *von Cocteau*[161] *= das Zimmer, aber das gemeinsame Zimmer (wohingegen wir bald auf das eigene Zimmer zu sprechen kommen,* kellion, cella*).*

2. Über das Leben im Sanatorium, vor der Chemotherapie, außer dem Zauberberg *ein weiterer Roman:* Les captifs *von Joseph Kessel, um 1920.*[162]

Bürokratie

Wilde Idiorrhythmie (Ägypten, Antonius): keinerlei Organisation. Einzige gemeinschaftliche Handlungen: die wöchentliche Synax, der direkte Austausch von Arbeit (geflochtenen Matten) gegen Brot. Vielleicht könnte man diesen »Naturzustand« dadurch charakterisieren, daß in ihm jede Art von Bürokratie, jeder Keim von Staatsmacht fehlt und keine vergegenständlichte, institutionalisierte, verdinglichte Vermittlungsinstanz zwischen dem Individuum und der Kleingruppe besteht.

Ladeuze, S. 296

Geburt des Koinobitentums: geht einher mit der sofortigen Entstehung eines bürokratischen Apparats, wie embryonal auch immer. Funktionsträger: die Wochendiener[163] (Regel des Pachomius und des hl. Benedikt).

Benediktusregel, Kap. 35

Bürokratismus: wachsame Gottheit, die auf die geringste idiorrhythmische Gruppenbildung lauert und sich über sie stellt, sobald sie zu »kristallisieren« beginnt:

Athos: Skiten (Oberbegriff für alle idiorrhythmischen Gebilde; Maskulinum oder Femininum, je nachdem, ob russisch

161 Jean Cocteau, *Kinder der Nacht*, übersetzt von Friedhelm Kemp, Stuttgart: Klett-Cotta 1985.

162 Paris: Gallimard 1926.

163 Barthes erläutert den Ausdruck mündlich: Die mit dem Küchendienst Betrauten »sollten wöchentlich wechseln«.

oder griechisch: < *asketerion*[164]; Asketerium bei Huysmans). Das Kolleg beauftragt Kommissare für die Verwaltung, die Epitropen.[165]

Droit/Gallien, S. 210

In den zwanziger Jahren Drang nach Gemeinschaften (im modernen, weltlichen Sinne). In der Sowjetunion in den ersten Jahren nach der Oktoberrevolution eine Art »sexuelle Revolution« (Scheidungs- und Abtreibungsgesetze, freie Verbindungen, Kommunen). Schwierigkeiten einer dieser Gemeinschaften von Wilhelm Reich beschrieben (1925): Es handelte sich um eine Gemeinschaft befreundeter Jugendlicher, die nach Beendigung ihrer Schulausbildung sich nicht mehr trennen und nicht mehr in ihre Familien zurückkehren wollten. Sie richteten sich im zweiten Stock eines großen Hauses in der Moskauer Altstadt ein. → Die Mühen des Alltags (schmutziges Geschirr, Lärm in der Nacht usw.) → Vollversammlungen, Palaver → Kommissionen. Eine Kommission ist das fatale und lächerliche Ergebnis jeder Sitzung (Kreislauf: Versammlung → Kommission → Bericht → Wandzeitung). Kommissionen für alles: Tee-, Seifen-, Zahnpulver-, Bekleidungskommission usw. Reich: »Organisatorisch kennzeichnete sich die Kommune durch die Übernahme staatlich-formaler Lenkungsmaßnahmen, der ›Kommissionen‹.«[166]

Achten wir auf die eigentliche Aporie (Sackgasse), die die idiorrhythmische Struktur schafft und, wenn sie es bleiben will, nicht lösen kann: Befriedigung von Bedürfnissen → besondere Beauftragte zu dieser Befriedigung:

- entweder Delegation, Nachbildung von Machtverhältnissen; implizite Schaffung von Posten: Kommissare; enormes Risiko, daß sich wirkliche Macht auskristallisiert;
- oder aber Rotation (jeder einmal: Wochendiener); keine Macht, aber Unordnung, Reibereien, Konflikte: Erbschaften und Übertragung von Befugnissen. (Das Problem liegt darin, an die Stelle des Gesetzes die Regel zu setzen.)

164 Barthes definiert den Begriff mündlich: »Ort, wo Askese geübt wird«.
165 Siehe oben, S. 81.
166 Reich, *Die sexuelle Revolution*, a. a. O., S. 278.

Sache

Erinnern wir uns: Idiorrhythmiker = ziemlich kleine und anpassungsfähige Gruppierung aus ein paar Subjekten, die versuchen, zusammen (nicht weit voneinander) zu leben und jedem seinen *rhythmos* zu lassen. Frage: Warum bilden sie eigentlich eine Gruppe?

Unterscheiden wir also das Motiv, die Bestimmung, die (objektive) Kausalität, die Ursache [*la cause*], das Warum [*le pourquoi*] – und das Ende, den Zweck, den Gegenstand (die Idee), der eine Hinwendung, das Interesse an einer Sache [*la Cause*], das Wozu [*le pour-quoi*], das *telos*[167] fasziniert, anzieht, in eine Richtung lenkt, in Bewegung setzt.

Wir öffnen hier das Feld [*la case*] des Telos, das wir Sache [*Cause*] nennen, um die Ambivalenz für unsere Zwecke zu nutzen: Sache/Ursache [*Cause/cause*] und Sache/Ding [*Cause/Chose*], affektbesetzte, obsessiv verfolgte Sache. Charcot, Freud: es ist immer das Eine [*la Chose*], das genitale Ding.[168] Bestimmung ≠ Ziel.

Christentum

Christliche Konglomerate: Ziel des Lebens in Gemeinschaft? Riesiges Dossier. Das Telos ist einfach: Gruppenbildung:
Festugière, I, S. 17
Weg der Vervollkommnung, der Heiligkeit. Einziges Ziel des Christen (hl. Augustinus): heilig werden. Und der hl. Benedikt flieht als Student die Stadt Rom und zieht sich nach Enfide zurück, um dort in einer Asketenkolonie zu leben: zwar in der Welt, aber in dem gemeinsamen Wunsch nach Voll-
Schmitz, I, S. 17
kommenheit. Das Telos = die Vollkommenheit (*coenobium*: Raum dreier Gelübde: Keuschheit, Armut, Gehorsam). Doch historische Determination: Kontrolle des Subjekts durch eine

167 Griech. *telos*, Ende, Ziel.

168 Freud berichtet, er habe einmal Charcot gegenüber seinem Assistenten Brouardel zur Frage der Ätiologie von Neurosen sehr lebhaft äußern hören: »c'est toujours la chose génitale, toujours ... toujours ... toujours«. Sigmund Freud, »Zur Geschichte der psychoanalytischen Bewegung«, in: *GW*, Bd. 10, S. 51. Ein berühmter Text von Jacques Lacan trägt den Titel »La chose freudienne« (1955), in: ders., *Écrits*, Paris: Seuil 1966, S. 401-435.

hierarchische Macht (zu Beginn: Mäßigung von Überspanntheiten, von individuellen Delirien) → *coenobium*: eine Art und Weise, den religiösen Wahn einzudämmen.

Warum diese kleinen Gruppierungen, diese idiorrhythmisch orientierten Organisationen? Welches Telos (im Rahmen dessen, was für einen Christen relevant ist)?

1. *Orient:* »wahre« Idiorrhythmie. Ökonomische Gründe (minimaler Tausch von Dienstleistungen: Korbflechterei / Brot; Athos), doch das Telos ist mystisch: nicht »vollkommen sein«, sondern »atmen«, eins werden (byzantinische Pneumatologie; Hesychasmus). In der Tat: kontemplatives Telos. Idiorrhythmie: einfache praktische Regelung der Einsamkeit des Eremitentums.

2. *Okzident:* stets widerspenstig gegen die Idiorrhythmie. Denn im Gegenteil: Das kontemplative Telos wird den Klöstern zugesprochen. Vatikanum II: kontemplative Institutionen ≠ apostolische Einrichtungen (Wirken in der Welt, missionarischer Auftrag). Brudergemeinschaften (Mönche / Brüder[169]) ≠ spirituelle Familien: Praxis der Barmherzigkeit (Beispiel: Salesianer, Beginen, Tertiarier). Spirituelle Familien = Organisationen, die sich der Augustinusregel unterwerfen.[170] Ausgezeichnetes literarisches Beispiel: Balzac, *Die Kehrseite der Zeitgeschichte*.[171] In einem alten Haus im Schatten von Notre-Dame lebt eine Gruppe wohltätiger Menschen in klösterlicher Gemeinschaft unter der Leitung von Madame de la Chanterie; Telos: Gutes tun.

Balzac, *Madame de la Chanterie*

Andere teloi

Alle (um Idiorrhythmie besorgten) Kleingruppen haben, wie mir scheint, ein Telos, das sehr häufig mit einem vagen Wort,

169 Barthes kommentiert die Unterscheidung zwischen Vätern und Brüdern in dem Merkmal »Kolonie«, vgl. unten, S. 121.

170 Karteikarte 158: »Augustinusregel. Religiöses Leben: 1. Koinobitentum. *Mönche:* Gebet Oration Stundengebet, Eremitentum. 2. Brüdergemeinschaft. Praxis der Barmherzigkeit. *Brüder:* Leben in brüderlicher Gemeinschaft. Hl. Augustinus Haupt und erster Gesetzgeber.«

171 Honoré de Balzac, *Madame de la Chanterie* [= *Die menschliche Komödie. Szenen aus dem Pariser Leben. Die Kehrseite der Zeitgeschichte*. Erster Teil], hg. und übersetzt von Ernst Sander, München: Goldmann 1967.

einem Mana-Wort[172], ausgedrückt wird (Pseudo-Hippie-Gemeinschaften[173]: »Glück«). Beispiele zweier *teloi*:

1. Sanatorium *(Der Zauberberg)*. Nehmen wir die skizzierte Unterscheidung zwischen Bestimmung (Kausalität) und Telos (dem anziehenden, faszinierenden, affektiv besetzten Ziel) noch einmal auf.

Bildung einer Gruppe von Kranken; objektiver Grund: objektiver Schutz der Gesellschaft vor Ansteckung, Ausnutzung eines Tabus, Absonderung + Uniformierung (daher Rentabilität) der Krankenpflege. Das objektive Ziel = leben. Doch das affektiv besetzte, faszinierende Objekt, die Sache, das Telos, ist der Tod.

a) Das war offenbar der eigentliche Gegenstand des Romans: die Faszination des Todes (≠ *Tod in Venedig*[174]).

b) Tod = das, woran man denkt, was aber nicht ausgesprochen werden darf: Faszination. Gegenstand einer unvollkommenen Verwerfung: interessante Kategorie, nämlich die des Indirekten. Der Tod ist präsent durch häusliche Gerätschaften, indirekte, alltägliche, »dumme« Zeichen: Sauerstoffballons in den Fluren vor den Türen der *moribundi*[175]; der Tod als Reinemachen (vgl. die Vorstellung von Toilette).

Der Zauberberg, S. 125 f.

c) Seltsame und verräterische Dialektik zwischen der Krankheit (= dem Tod) und den Kranken. Alle anderen Krankheiten (außer der Tuberkulose): gehören zum Lebenskampf, zu den Mühen des Lebens. Aber im Sanatorium = andere Krankheiten verneint: »Krank soll man hier lieber nicht werden, es kümmert sich niemand darum.« Hans hat kein Recht auf eine

S. 198

172 »Muß es nicht in der Lexik eines Autors immer ein Mana-Wort geben, ein Wort, dessen brennende, vielgestaltige, nicht zu fassende und gleichsam sakrale Bedeutung die Illusion gibt, daß man mit diesem Wort auf alles antworten kann?« Barthes, *Über mich selbst*, a.a.O., S. 141. Barthes übernimmt diesen Begriff von Claude Lévi-Strauss aus dessen »Einleitung in das Werk von Marcel Mauss«, in: Marcel Mauss, *Soziologie und Anthropologie*, Bd. 1: *Theorie der Magie. Soziale Morphologie*, übersetzt von Henning Ritter, München: Hanser 1974, S. 40. Siehe auch Barthes, *Elemente der Semiologie*, übersetzt von Eva Moldenhauer, Frankfurt am Main: Syndikat 1979, S. 65.

173 Barthes korrigiert sich mündlich: »Post-Hippies«.

174 Der kranke Schriftsteller Aschenbach unternimmt eine Reise nach Venedig, wo er der Schönheit des jungen Tadzio erliegt.

175 Lat. *moribundus*, Pl. *moribundi*: todgeweiht.

Erkältung. Die Krankheiten: glühender Lebensprozeß ≠ die Krankheit: kontemplative Annäherung an den Tod.

d) Sanatorium: Analogon der Ewigkeit. Zu Beginn der brennende Wunsch, es zu verlassen, Schätzungen, Berechnungen, Phantasien der Abreise; eine Art Militärdienst, dessen Ende ungewiß ist. Und dann Sicheinrichten auf lebenslänglich. Nur der reale Tod (im Ersten Weltkrieg) entreißt Hans der Faszination des Todes.

e) Funktion der Gruppe (des Zusammenlebens): statistische Repräsentation des Todesrisikos; zufallsmathematischer Bereich der Vernichtung des Nächsten, insofern es auch einen selbst treffen kann. Das ist nicht mehr das Indirekte, sondern das Implizite.

2. Ein anderes Telos (banales Paradigma): Eros. Text: Sade, Sainte-Marie des Bois[176] oder das Schloß der *Hundertzwanzig Tage von Sodom.*[177] Exzentrisches Beispiel, weil hier die Idiorrhythmie verworfen. Kein *rhythmos*, weder bei den Opfern (natürlich nicht) noch bei den Libertins: minutiöse Stundenpläne, zwanghafte Riten, unerbittlicher Rhythmus = Koinobium, Kloster, kein idiorrhythmischer Raum. Dennoch gehört das Beispiel in unser Dossier, weil es dazu dient, eine Art Gesetz aufzuspüren: die starken Interessen an einer Sache, die manischen Besetzungen (= Monotropie) → koinobitische Formen. Damit es Idiorrhythmie gibt – oder den Traum davon –, bedarf es: einer diffusen, vagen, ungewissen Sache, eines flottierenden Telos, das eher Phantasma ist als Glaube. Die Sadeschen Libertins machen hingegen (das ist ihr Paradox) das Phatasma zum Gesetz, zum Glauben. Daher kein *rhythmos* mehr: Die Freiheit ist nicht mit dem Sex, sondern mit der Indirektheit seiner Besetzung verbunden. → Nichtreligiöse Idiorrhythmie: Quadratur des Zirkels, denn die Gruppe darf den Eros nicht verbieten, muß ihm jedoch einen indirekten Platz zuweisen, keine illegale, sondern eine alegale Position. → Vielfaches Scheitern der »Kommunen«, weil der Sex nicht gut plaziert ist = das untergründige Problem bei der Fragestellung dieser Vorlesung, das sich erst in ihrem Verlauf herausschält. Oder auch: Das Telos aller koinobitischen For-

176 Kloster in *Justine oder Die Leiden der Tugend*, a.a.O.

177 Schloß Silling. Ramon Alejandro gibt davon eine bildliche Darstellung in *Sade Fourier Loyola*, a.a.O., S. 168.

men ist ein Glaube (bei Sade der Glaube an den Eros). → Diskurs des *Es versteht sich*, das heißt der Arroganz. Der hl. Basilius von Cäsarea: »Der Glaube ist eine feste, vorbehaltlose Annahme dessen, was wir von Gott empfangen, in der vollen Überzeugung der Wahrheit dessen, was uns durch die Gnade Gottes verkündet und gelehrt wird.«[178] ≠ Idiorrhythmischer Versuch: impliziert den Nichtdiskurs, das Sich-Enthalten des Diskurses des *Es-versteht-sich-von-selbst* (es geht nicht um Zweifel, sondern um *epoche*[179], um die Einklammerung des Diskurses: der Tod im Raum des Sanatoriums).

Amand, S. 290

Bion

Problem des Telos, der Gruppenziele: eine parapsychoanalytische Abhandlung des englischen Arztes Wilfred Ruprecht Bion, *Erfahrungen in Gruppen und andere Schriften* (Stuttgart: Ernst Klett 1971). Kleingruppen von Kranken (parapsychiatrisches Hospital, Psychotherapie), die sich regelmäßig treffen: eine Art Gruppentherapie.

Was wir Sache (Telos) nennen, ähnelt der »Grundannahme«: Ziel, im Hinblick auf das die Gruppe zusammenkommt. Nach Bion: drei Grundannahmen; entsprechen nicht unterschiedlichen Gruppentypen, sondern werden von einer Gruppe manchmal binnen einer Stunde durchlaufen → ein Moiré von drei Zielen:

Bion, S. 107 ff.

1. *Grundannahme Abhängigkeit:* Die Gruppe kommt zusammen, um von einem Führer betreut zu werden, von dessen materieller, geistiger Nahrung und von dessen Schutz sie abhängt (der Führer kann durch eine Idee – eine Sache – vertreten werden: Manchmal sorgt eine Sache für Lebensmittel und Schutz: Klöster).

2. *Grundannahme Paarbildung* (die ursprünglichste, interessanteste): Sobald zwei Subjekte der Gruppe sich auch nur vorübergehend annähern, entsteht eine Paarfigur, eine Ehe-

178 Barthes zitiert Basilius nach David Amand, *L'Ascèse monastique de Saint Basile. Essai historique*, Maredsous: Éd. de Maredsous 1948. [In der Ausgabe Basilius von Caesarea, *Die Mönchsregeln*, eingeleitet und übersetzt von Karl Suso Frank, St. Ottilien: Eos-Verlag 1981, nicht auffindbar.]

179 Griech. *epoche*, Hemmung, Zurückhaltung eines Urteils.

figur. → Die Gruppe befindet sich in Erwartung eines kommenden Ereignisses. Der Führer – der Mensch oder der Gedanke, der die Gruppe eines Tages retten wird – darf deshalb noch nicht geboren sein; messianische Hoffnung. → *Telos* der Erwartung[180] (das Paar ≠ der wirkliche Führer).

3. *Grundannahme Kampf-Flucht:* Die Gruppe hat sich zusammengefunden, um gegen eine Gefahr zu kämpfen oder vor ihr zu fliehen. Führer = stellt Ansprüche an die Gruppe, die dieser Anlaß zu Flucht oder Aggression bieten. Sonst folgt sie ihm nicht.

Noch einmal: Die »Grundannahme« (das Telos) der Gruppe kann sich innerhalb einer Stunde zwei- oder dreimal ändern – eine Grundannahme kann aber auch Monate überdauern.

Bions Klassifikation ist nicht direkt auf die Probleme des Zusammenlebens anwendbar, denn sie bezieht sich auf provisorische Gruppierungen, Treffen, Sitzungen, und setzt offenbar Versprachlichung voraus. Dennoch:

1. Sie paßt teilweise und zeitweise auf Episoden eines gemeinsamen Alltags (Gruppe von Freunden in einem Haus während der Ferien). Zu beobachten (jeder von uns kann das während eines Abends mit Freunden tun): sehr interessant dann, die Veränderungen der Führerrolle zu beobachten (Individuum, Idee, Sache), die Effekte der Paarbildung, das Abwechseln von Aggression und Flucht.

2. Es gibt einen wohlbekannten Raum, der der Bionschen Gruppe ziemlich gut entspricht: das wöchentliche Seminar. Probleme der Aggression, intellektuellen Flucht, Komplizenschaft (Paarbildung), die Bestätigung, die jedes Subjekt in seiner Abhängigkeit vom Führer findet – der nicht zwangsläufig oder nicht immer, nicht ständig der Dozent ist (für Bions Gruppen: der Arzt). Bions Leistung: die äußerste Labilität und Subtilität der Führerschaft nachzuweisen. Läßt sich beobachten; jeder von uns kann es tun.

180 Das Paar bildet sich in Erwartung eines Führers.

Homöostase[181]

All dies nur, um die folgende Frage zu stellen: Ist eine (Klein-)Gruppe ohne Telos vorstellbar? Ist eine solche Gruppe lebensfähig? Insofern die vorgestellte Gruppe eine idiorrhythmische ist, läuft es auf die entscheidende Frage hinaus: Gibt es nicht eine Affinität zwischen der Idiorrhythmie und dem Fehlen eines Telos – und der Lebensunfähigkeit einer Gruppe ohne Telos? Anders gesagt: Ist die idiorrhythmische Gruppe möglich?

Wir geben darauf keine Antwort – wir haben noch keine –, sondern begnügen uns einstweilen damit, das Problem folgendermaßen einzugrenzen:

1. Die unbestimmteste »Sache«, ein Telos ohne kämpferischen Impetus: für das »Glück«, zum »Vergnügen« = Geselligkeit als Selbstzweck. Mir wurde (von AB[182]) folgendes Zitat zugetragen (Victor du Bled, *La Société française du XVe au XXe siècle*, Didier 1900, S. XX): »Leute von Welt bekümmern sich vornehmlich um Geselligkeit. Die mondäne Welt strebt nicht nach Liebe, nicht nach Familie, Freundschaft oder danach, jemandem nützlich zu sein <...>; sie bringt die Menschen zusammen, sie möchte, daß sie an dieser Begegnung Vergnügen finden, sie hat alles auf dieses Vergnügen hin eingerichtet; das übrige beachtet sie nicht.« Ein wunderbares Zitat, insofern es konsequent und ausdrücklich jede Sache, jedes Telos ausschließt. Die Gruppierung wird als reiner homöostatischer Apparat beschrieben, der sich selbst in Gang hält: ein geschlossener Stromkreis von Ladung und Entladung. Eine idyllische Sicht der mondänen Welt: ein Apparat ohne Funktion, ohne Transformation, der nichts als Lust im Reinzustand produziert (vgl. die Sadeschen Maschinen). Mondänes Vergnügen: ursprungslos, unersetzlich, unwandelbar. Zusammensein: eine Art Urlust.[183]

2. Gruppenhomöostase: utopisch möglich in einer Welt ohne Klassen und ohne Sprache. Denn sobald es Sprache (Äu-

181 Wortbildung aus griech. *homoios*, gleich, und *stasis*, Stehen, Stellung, Stand.

182 Initialen eines Freundes von Barthes: André Boucourechliev?

183 Barthes fügt mündlich hinzu: »Eine Verteidigung der mondänen Welt, die nichts Kleinkariertes an sich hat.«

ßerung) gibt, gibt es auch die Inszenierung – oder Konfrontation – eines Systems von Plätzen (Platz, von dem aus man spricht, den man durchsetzen will; Platz, den man dem anderen zuweist, usw.), das heißt ein System von Äußerungskalkülen (vgl. Flahaut[184]). → Zweiter Aspekt der mondänen Welt, treffend beschrieben von den französischen Moralisten von La Bruyère über La Rochefoucauld bis Proust: Man trifft sich (oder lebt zusammen), um zu »repräsentieren«. Man kann nur existieren, indem man sich an einem bestimmten Ort Ansehen verschafft. In unserem Textkorpus: das bürgerliche Mietshaus bei Zola *(Ein feines Haus)*. Die Bildung der Gruppe von Zufällen, Geld- und Klassenmotiven abhängig (wie bei jeder Wohnungsvermietung), doch es entwickelt sich sofort ein gemeinsames Telos (eine gemeinsame Sache). Vom Parterre bis unters Dach des Hauses: Jeder möchte sich als respektable Figur darstellen, Ansehen verschaffen. Zusammenleben: Käfig voll künstlicher Spiegel (nicht vergessen, daß ein Spiegel verbirgt, was hinter ihm ist).

3. Phantasma der idiorrhythmischen Gruppe: nimmt die Idee des Zusammenlebens als Homöostase auf, als beständige Erhaltung der puren Lust an der Geselligkeit. Unter eher philosophischem Gesichtspunkt betrachtet, löst es sich von der mondänen Welt (in der eine Konkurrenz um Rangplätze nicht wegzudenken ist) und nimmt die Gestalt folgender Paradoxie an: Das idiorrhythmische Projekt impliziert die unmögliche (übermenschliche) Bildung einer Gruppe, deren Telos es wäre, sich als Gruppe beständig zu zerstören, das heißt in Nietzscheschen Begriffen: die Gruppe (das Zusammenleben) zu veranlassen, über den Schatten des Ressentiments zu springen.

184 Barthes erinnert an das erste, von François Flahaut vorgetragene Referat der Seminarveranstaltung: »ein sehr bedeutendes theoretisches Exposé, insofern es versucht hat, eine Linguistik der Diskursplätze aufzustellen«. Siehe auch François Flahaut, *La Parole intermédiaire*, Paris: Seuil 1978; »Préface« von Roland Barthes, wiederabgedruckt in: OC_1 III, 849-851; OC_2 V, 487-490.

Zimmer

Geschlossener individueller Raum: *kellion, cella*: Grundlage der Idiorrhythmie. Doch um das Zimmer zu verstehen, müssen wir höher – oder weiter – ansetzen.

1. Der totale Ort

These von Rykwert: *Adams Haus im Paradies*[185]: Zum Paradies gehört das »Haus«.

Eden: zunächst in der Bedeutung eines Landguts (Landhauses). Gott erschafft Adam und Eva, »damit sie sich untereinander Gesellschaft leisten und verständigen konnten: und auch mit ihm, wenn ›Er in den Garten ging, als der Tag kühl ge-
Rykwert, worden war‹«. Haus: gegen Einsamkeit, auch für Gott selbst;
S. 13 idiorrhythmisches Postulat: Begegnung beim Abendspaziergang. → Eden: ideale Umschreibung der idiorrhythmischen Gemeinschaft (zu dritt). Adam hat die Aufgabe, den Garten Eden zu bebauen und zu pflegen: Terrassen, Beete, Spazierwege, Räume zum Lustwandeln, zum Ruhen und zum Gespräch + Gefäße, Krüge, Behälter, Speisekammern. Das Landgut = der totale Ort.

Hütte: dann das Haus im engeren Sinne: die Hütte → Adams
S. 179 Hütte. These von Rykwert: nachhaltige archetypische Rolle dieser phantasierten Urhütte, über Jahrtausende hinweg gültiges Paradigma des Bauens. Jeder Architekt versucht Adams Hütte neu zu bauen – zumindest diejenige Tradition, die sich die Holzarchitektur zum Vorbild nimmt (→ das Bauhaus).

Das Interessante an der These: Hütte (Haus): symbolische Notwendigkeit, nicht funktionale (Schutz vor Witterung). Einen Raum schaffen, den das Subjekt als Erweiterung seines eigenen Körpers verstehen kann. Hütte: zugleich Körper und Welt; die Welt als Projektion des Körpers. Vgl. esoterische Interpretation der ägyptischen Tempel: Schema des Körpers.[186]

185 Joseph Rykwert, *Adams Haus im Paradies. Die Urhütte von der Antike bis Le Corbusier*, übersetzt von Jonas Beyer, Berlin: Gebr. Mann 2005 [englische Originalausgabe 1972; Barthes benutzt die französische Übersetzung von 1976].

186 Barthes erläutert diese Anspielung mündlich in der Vorlesung. In seinem Buch *Le Temple dans l'homme* (Kairo: Schindler 1950) beschreibt

Ohne Beziehung zu heiligen Orten (Seßhaftigkeit = Sprache[187]?) ist das Haus nicht zu verstehen. In der Bibel lassen S. 118
sich drei ideale Vorbilder finden → Paradigmen für Architektur (wenn man will, Erweiterungen der adamitischen Hütte):

1. *Die Arche Noah:* absolute Autarkie: kurzgefaßte Darstellung der Welt, Enzyklopädie der Arten, Bedingung der Fortpflanzung → die Familie im patriarchalischen Sinne → Vorbild aller Landgüter → Vollendung im Roman (*Die geheimnisvolle Insel*[188] = Rettung + Autarkie). Trotzdem dem Untergang geweiht, weil keine Fortpflanzung → Gründung einer echten Kolonie in Iowa. Das ist die Form, die direkt aus der Höhle Adams hervorgegangen ist – im übrigen aus Holz: Gott macht einen Neuanfang mit einer Hütte, in dichterer Form.

René-Aor Schwaller de Lubicz die ägyptischen Tempel als »schematische Darstellungen des menschlichen Körpers«. Barthes erinnert sich, wie er während seines Aufenthalts in Ägypten (1949/50) Zeuge der polemischen Auseinandersetzungen wurde, die diese These bei den Ägyptologen hervorrief.

187 Mündlich erläutert Barthes diese Notizen unter Bezug auf André Leroi-Gourhan. Vgl. *Hand und Wort. Die Evolution von Technik, Sprache und Kunst*, übersetzt von Michael Bischoff, Frankfurt am Main: Suhrkamp 1980, S. 264: »Die durch die bäuerliche Seßhaftwerdung bestimmte Bewegung fällt, wie wir gesehen haben, mit einem immer effektiveren Zugriff des Individuums auf die materielle Welt zusammen. Der fortschreitende Triumph des Werkzeugs ist untrennbar mit dem der Sprache verbunden, es handelt sich in der Tat nur um ein einziges Phänomen, und dies im gleichen Sinne, wie Technik und Gesellschaft ein und denselben Gegenstand bilden.«

188 Jules Verne, *Die geheimnisvolle Insel*, übersetzt von Lothar Baier, Frankfurt am Main/Hamburg: Fischer Bücherei 1969.

Sitzung vom 16. Februar 1977

Keine Vorlesung am 23. Februar. Nächste Vorlesung: 2. März.

Noch ein Roman des Zusammenlebens: Gorki: Die Sommergäste *(Intellektuelle, die den Sommer in einer Datscha verbringen).*[189]

Zimmer (Fortsetzung)

S. 120 2. *Die Stiftshütte.* Griechisch: *skene*[190]; Zelt, Pavillon, Wohnung, Tabernakel (Zelt, in dem sich die Bundeslade befindet) – aber auch *skene*[191]: Mahlzeit der Gefährten; Bühne; Unterstand der Schauspieler. Thematische Idee (Modell, generative Form): die zwölf Stämme um die Stiftshütte. Radiale Anordnung von Gruppen um ein leeres Zentrum = das Grundprinzip idiorrhythmischer Organisationen (ein weniger voluntaristischer Ausdruck wäre mir lieber: Konstellationen?). Vgl. Nitrien, Athos, Beginenhöfe, Port-Royal (leere Mitte: Kirche, Ort der Mahlzeit; vgl. *skene*).

3. *Tempel von Jerusalem.* Salomonischer Tempel + zwei Visionen von Ezechiel[192] = Phantasma des »totalen Bauwerks«. Salomonischer Tempel: priesterliche Wohnungen und Palast von Jerusalem → formales Vorbild des Klosters: zurückgezogener, totaler, multifunktionaler Ort. Ausstrahlung des Jerusalemer Tempels → Palast (der König und sein Hof: Karl der Große). Vor allem: der Escorial. Folge eines Gelöbnisses Philipps II. vor der Schlacht von St. Quentin. Gelübde: 10. August 1557. Palast ausgerichtet auf die Achse des Sonnenuntergangs am 10. August, im Kalendarium Fest des hl. Laurentius: Grundriß eines Eisenrosts.[193] Herrera[194], zwei-

189 In Wirklichkeit ein Theaterstück (1905).

190 Griech. *skene*, Hütte, Zelt, Laube, im weiteren dann Mahlzeit im Zelt.

191 Barthes mündlich: »schützendes Zelt«.

192 Ez. 8 (Prophezeiung der bevorstehenden Zerstörung der Stadt); 40-48 (Vision des neuen Tempels).

193 [Der Legende nach wurde Laurentius im Jahr 258 auf einem glühenden Gitterrost verbrannt.]

194 Der Bau des Escorial wurde vom Hofarchitekten Philipps II., Juan Bauti-

ter Architekt; Palast mit symbolischer Bedeutung aufgeladen durch seinen Schüler J. B. Villalpanda[195] (der mit Ramón Lull[196] in Verbindung stand). Fromme Chiffrierung: der Tempel und die Stämme um die Stiftshütte. → Kloster, Palast und Kirche.

2. *Das Zimmer isoliert sich im Haus*

Der totale Ort spaltet sich auf: Zimmer und Haus sind nicht mehr deckungsgleich. Zimmer = symbolischer autonomer Ort: das eheliche Schlafzimmer.

Ehe und Eigentum, archetypisch: Ehemann + Frau = Vater + Mutter = Herr + Herrin. → Geschützter Ort: als Geheimnis (das der Urszene) und Schatz (Ort, an dem die wertvollsten Gegenstände aufbewahrt werden). → Es wäre interessant, dem Zusammenhang zwischen Urszene, Geheimnis und Eigentum nachzugehen.

Ökonomie der Landgüter: Xenophon, *Ökonomik*, niederer Landadel. *Ho thalamos*[197], Homer: Speisekammer, dann auch: Schlafgemach. Im abgeschlossensten Teil des Hauses, in den Frauengemächern: bewahrt man die wertvollsten Güter auf (Decken und Geräte). Heute noch, wäre zu untersuchen: Schlafzimmerschrank? Depot für Silber, Schmuck, Ausweispapiere (vgl. Großmutter[198]: alles, was »gestohlen« werden konnte, kleine Silberlöffel, Zucker, Konfitüren). → Vermengung von Schatz und Geschlecht (Sexualgesetzgebung), Geheimnis und Eigentum. Siehe dazu die Mythen des geheimen Zimmers, angefangen mit Blaubart.

Xenophon, S. 73 und Schlußbemerkung

sta de Toledo, 1562 begonnen, nach dessen Tod (1567) von Juan de Herrera fortgeführt und 1582 vollendet.

195 Juan Bautista Villalpanda stellte den Escorial in Parallele zum Tempel von Jerusalem, dessen Rekonstruktion nach dem Vorbild der Vision Ezechiels er vorschlug. Siehe Rykwert, *Adams Haus im Paradies*, a. a. O., S. 119 ff.

196 Der katalanische Theologe, Philosoph und Dichter Ramón Lull (um 1232 bis 1316) beeinflußte die Renaissance mit seinen Schriften über die symbolische Darstellung der göttlichen Harmonie auf dem Gebiet der Wissenschaften und der Architektur.

197 Griech. *thalamos*, Zimmer, (Schatz-)Kammer, (Schlaf-)Gemach.

198 Barthes erinnert in der Vorlesung an das Haus seiner Großmutter väterlicherseits in Bayonne.

Ursprung der *cella* (also des individuellen Zimmers als symbolischer Ort): die Eremitenhütte (in der Wüste). Im pachomitischen Kloster: Zellen, keine Schlafsäle.

Le Millénaire du mont Athos, S. 175

Offenkundig ist *cella* = Repräsentation des Inneren. Daher Ambivalenz: *a)* Ort eines Kampfes mit dem Dämon: *anachoretale certamen*[199], »Mann gegen Mann«: *solus cum solo*; *b)* beruhigendes Innen: *cella continuata dulcescit.*[200] Rilke: »Tief in sich trug er eines Hauses Dunkel, Zuflucht und Ruhe [...].«[201] Nichtreligiöse, moderne Ambivalenz des Zimmers: Symbol dessen, was man verlassen will (Pascal: »[...] habe ich entdeckt, daß das ganze Unglück der Menschen aus einer einzigen Ursache kommt: nicht ruhig in einem Zimmer bleiben zu können«[202]), Symbol der Flaubertschen »Marinade«[203] + Symbol des Schutzes, der inneren Sammlung, der Identitätsbildung (»kein Zimmer für sich allein haben«) → Initiationsschwelle für Jugendliche: ein eigenes Zimmer haben.

Nichtreligiöse Version der zellenhaften Innerlichkeit, als geschätzter Wert: der Rückzugsort (= Reserviertheit, Zurückhaltung, distanzierte Haltung). Zimmer: Ort der Phantasiebildung, insofern er geschützt ist, sich der Überwachung entzieht. → Kampf für das Zimmer = Kampf um die Freiheit. Zimmer: kleinste Einheit des Widerstands gegen das Herden-

199 Lat. *certamen anachoretale*, »Kampf des Anachoreten« (mündliche Übersetzung Barthes'). Lat. *solus cum solo*, nur mit sich selbst allein. Vgl. Leclercq, »L'érémitisme en Occident jusqu'à l'an mil«, in: *Le Millénaire du mont Athos (963, 1963). Études et mélanges*, Bd. 1, a. a. O.

200 Lat. *cella continuata dulcescit*, der fortwährende Aufenthalt im Zimmer macht sanft. Wörtliche Übersetzung Barthes' in der Vorlesung: »Die Zelle ohne Unterbrechung besänftigt.«

201 [Rainer Maria Rilke, Brief an Lou Andreas-Salomé, 8. August 1903, in: ders. und Lou Andreas-Salomé, *Briefwechsel*, hg. von Ernst Pfeiffer, Frankfurt am Main: Insel 1989, S. 92. Die Rede ist von Rodin.]

202 Blaise Pascal, *Gedanken*, übersetzt von Wolfgang Rüttenauer, Birsfelden-Basel: Schibli-Doppler o. J., S. 73, Fragment 178.

203 »[...] wenn der Tiefpunkt der Qual erreicht ist, wirft sich Flaubert auf ein Sofa: das ist die ›Marinade‹, eine übrigens zweideutige Situation, denn das Zeichen des Scheiterns ist auch der Ort des Phantasmas, von dem aus die Arbeit nach und nach wiederaufgenommen wird, eines Phatasmas, das Flaubert neuen Stoff gibt, den er dann wieder verwerfen kann.« Barthes, »Flaubert et la phrase«, in: *Nouveaux essais critiques*, OC_1 II, 1377 f.; OC_2 IV, 78 f.

tum, Ort eines »Willens zur Macht«? ≠ Die Transparenz, ein Instrument der Macht? Beaubourg: große Bürohalle (Richard Rogers[204]). Amerikanisches Prinzip: Transparenz erübrigt die Überwachung (jeder überwacht jeden) + Rentabilität des Raumes.[205]

Muß das Zimmer, muß die Zelle (= Raum dessen, was nur einen selbst angeht) luxuriös sein? Das Problem ist irrelevant. *a)* Mönchszellen: Askese, Armut. Vgl. das Zimmer des Abbé Faujas in *Die Eroberung von Plassans*[206], von Mouret mit unersättlicher Neugier betrachtet. Absolut nüchtern, keine Dekoration, aber vor allem kein persönlicher Gegenstand darin: nichts liegt herum (= Nachlässigkeit = Sinnenlust). Das Zimmer (die Zelle) unterwirft sich der Metapher: nackt: »Kein Stück Papier auf dem Tisch, kein Gegenstand auf der Kommode, kein Kleidungsstück an den Wänden: das nackte Holz, der nackte Marmor, die nackte Wand.« *b)* Dagegen buddhistische Klöster Ceylons. Zellen: um Bequemlichkeit, sogar Luxus besorgt: Polster, Deckchen, Stück feines, sauberes weißes Leinen, Schrank mit ein paar Büchern, Radio, Photos (vgl. Chaplins Zelle in *Moderne Zeiten*). Eine Art Epikureismus: wenig, aber gut.[207]

Die Eroberung von Plassans, S. 48

Bareau, S. 23

Dieses Problem des »Lebensstandards« des Zimmers: irrelevant (mönchische Armut gehört in einen anderen Pertinenzbereich). Bedeutsam beim Zimmer *(cella)* ist die völlige, absolute Autonomie der Struktur. Das Zimmer ist seine eigene Struktur, von jeder anderen angrenzenden Struktur abgesondert. Zimmer: mehr oder weniger strukturiert. Unter der Struktur eines Zimmers verstehe ich eine anpassungsfähige, topologische Konstellation (einen Graphen) funktionaler Orte: Bett, Arbeitstisch, die individuelle Ordnung der Dinge im aufgeräumten Raum.[208] → Der Beweis für die Struk-

204 Der Engländer Richard Rogers und der Italiener Renzo Piano sind die Architekten des Centre Georges Pompidou (Centre Beaubourg) in Paris (1977).

205 Mündlicher Kommentar von Barthes: »Innerlichkeit ist vielleicht ganz einfach das Vermögen der Phantasiebildung.«

206 Émile Zola, *Die Eroberung von Plassans*, übersetzt von Gerhard Schewe, München: Winkler 1975.

207 Siehe André Bareau, *La Vie et l'organisation des communautés bouddhiques modernes de Ceylan*, Pondichéry: Éd. de l'Institut français d'indologie 1957.

208 Karteikarte 88: »Aufräumen. Xenophon. Eine Marotte von Xenophon

tur: daß man sie an einen beliebigen Ort transportieren (wiederfinden, neu schaffen) könnte, unabhängig von den Dingen selbst. Denn Struktur: Netz von Beziehungen (oder Funktionen) ohne Rücksicht auf die Substanzen. So können wir sagen: das Zimmer der Eingeschlossenen von Poitiers = eine Struktur, wenngleich reduziert auf ein Bett, auf dem sie immer lag (Bett: eine Struktur für sich; Hospitäler, Sanatorium, das Zimmer von Tante Léonie, reduziert auf ihr Bett und den Tisch längs dazu). Gegenstände[209]: Abfälle (Kommode ohne Schubladen, vier leere Flaschen, drei Konservendosen, ein Lottospiel und zwei Schraubenmuttern, ein Sofagestell, auf dem von Ungeziefer wimmelnde Stoffetzen und Lumpen liegen, ein Puppenkopf, ein Rosenkranz, fünf Bleistiftenden). Auf ihrem Bett, wahnsinnig, körperlich geschwächt (aber gut genährt), genießt Mélanie die Nullstruktur ihres Zimmers. Sie hat alle Macht über ihr Zimmer, sogar die, seine Struktur aufzulösen; und diese (Nicht-)Struktur ist abgeschnitten von der Struktur des Hauses.

Proust, I, S. 73; Gide, S. 220-223

Der Luxus des Zimmers ist in der Tat der Effekt seiner Freiheit: Eine jeder Norm, jeder Macht entzogene Struktur ist, maßloses Paradox, das Einzigartige als Struktur.

La Magnificenza

Gibt es ein Gegenmodell zur Hütte? eine Architektur, welche den Rückzugsort, das Zimmer, die *cella*, als epikureischen Wert der Innerlichkeit negiert? Eine historische Debatte über die Architektur als schöne Kunst hat den Gegensatz zwischen den Parteigängern Roms und den Griechen – Nachahmern der Hütte[210] – gegenübergestellt. Piranesi: die *Carceri* wären

Rykwert, S. 56

(vgl. Aufräumen): *sorgsam sein*, Sorge tragen für, sich kümmern um, achten auf: *epimeleisthai*. Von der Kategorie der Sorgsamen ausgeschlossen (weil unerziehbar) sind:
– die unmäßigen Weintrinker
– Leute, die einen unheilvollen Hang zum Liebesgenuß haben.« Xenophon, »Gespräch über die Haushaltsführung«, in: ders., *Ökonomische Schriften*, griechisch und deutsch, übersetzt von Gert Audring, Berlin: Akademie 1992, S. 73, 89.

209 Barthes kommt auf Mélanie, die Eingeschlossene von Poitiers, zurück.

210 Barthes nennt in der Vorlesung den Parthenon als Beispiel.

das Gegenbild zur Hütte (man beachte: sie sind weiträumig, keinerlei Zellen, dämonische Perspektive stürzender Linien). → Raum der Krise, des Dramas, des Erhabenen (Burke: »eine Art Freude, erfüllt von Grauen, eine mit Entsetzen gefärbte Gelassenheit«) → Piranesi: »Aus der Angst heraus entspringt Vergnügen.«[211] Diese dramatische, kritisierte Öffnung des Rückzugsorts, diese Verwerfung des Zimmers, des Inneren als Zufluchtsort und Genuß (vgl. das Rilke-Zitat), dieser Ort leidenschaftlicher Erregung, diese dekorative und hysterische Transparenz: die *magnificenza.*[212]

Oberer

Historisch: Übergang vom Eremitentum zum Koinobitentum (Pachomius, Ägypten, 314 n. Chr.) → Zusammenleben unmittelbar durch eine Hierarchie gekennzeichnet: die Erfindung des Oberen. Hier ist zu beachten:

- Anachoreten: was sie auszeichnet, ist nicht die Einsamkeit (Anachoretengruppen), sondern das Fehlen eines Oberen [*chef*]. Opposition Idiorrhythmie / Koinobitentum = Gruppierung ohne Obere / Gruppierung mit Oberen. Amand, S. 47
- Pachomius → Klöster: sofort die Regel: Gehorsam. Ein Oberer für jedes Mönchshaus: der *praepositus.*[213] Von daher im Abendland die beiden grundlegenden Definitionsmerkmale eines Mönchs: einem Oberen unterstellt sein + Seßhaftigkeit (bis zu seinem Tode an einem Ort leben).

Natürlich von dieser Grundlage aus → ideologische – oder symbolische – Ausarbeitung, vor allem seit dem hl. Benedikt. Schmitz, I, S. 25 Abt = Drehpunkt des ganzen Klosters, doch als Statthalter Christi. *Pater et Magister*[214]: Stellvertreter Christi. Erklärtes

211 Beide Zitate stammen aus dem Buch von Rykwert, *Adams Haus im Paradies*, a. a. O., S. 60.

212 Ital. *magnificenza*, Prunk, Pracht [*Della magnificenza ed architettura de' Romani* (1761) ist der Titel eines Werkes des Architekten Giambattista Piranesi]. Barthes kommentiert mündlich: *Magnificenza* »ist das Gegenteil des geschlossenen Raums der Zelle«, »so etwas wie ein prunkvolles Zimmer gibt es nicht«.

213 Lat. *praepositus*, Vorgesetzter, Oberer.

214 Lat. *pater et magister*, Vater und Meister.

Ziel (Telos der Institution des Abts): nicht die Befolgung der Klosterregel, sondern das Seelenheil. Abkunft also nicht vom Muster der römischen Familie – also vom *Paterfamilias*[215] –, sondern vom ekklesialen Vorbild: Bischof und Diözese.

Diese Entwicklung nach Pachomius zielt darauf, eine pertinente Opposition zwischen zwei Arten von Charisma zu aktivieren – oder plausibel zu machen. *Anax*[216]: Inhaber einer Macht. *Basileus*[217]: fast ein Gott, Funktion magisch-religiösen Typs. Szepter: Gehstock des Boten, des Trägers eines autorisierten Sprechens.[218]

1. Das Charisma kriegerischen Typs, römischer (militärischer) Herkunft: der Chef, der Anführer.

2. Das Charisma orientalischen Typs: der Altvater, das Vorbild, der Guru. Dieser Typ ist mit idiorrhythmischen Konfigurationen vereinbar: Anachoretenkolonien, Skiten auf Athos; Gruppenbildungen um einen »Altvater«, der Vorbild ist und nicht Oberer.[219] Ursprünglich nicht gewählt: nimmt seinen Platz als projektives Vorbild ein: Inhaber von Charisma, nicht von Macht. Zu dieser Art Charisma gehört, daß es (die Vorbildhaftigkeit des Vorbilds, des Gurus) völlig unbestreitbar ist. Wenn daher unter dem Druck der Verhältnisse ein Gemeinschaftsleben organisiert werden muß, ist einstimmige Wahl obligatorisch, um die evidente Vorbildhaftigkeit des Vorbilds (≠ Chef, Anführer) zu respektieren (oder zu
Bareau, S. 72 fingieren). (Indiz für den Übergang vom Führer zum Guru: Volksabstimmungen zu 99 %; das eine Prozent spielt mit dem Heiligen: es ist heilig, religiös, doch es bleibt weltlich, rational![220]) Beispiel: Klöster auf Ceylon. Abstimmungen sehr selten, denn sie spalten die Gemeinschaft. Nach höflicher Erörterung gelangt man zu Einmütigkeit. Vgl. Mönchskloster, Mittelalter und *Gesellschaftsvertrag*, Rousseau.[221]

215 Lat. *paterfamilias*, [vom römischen Recht mit starken autoritären Vollmachten ausgestatteter] Familienvater.
216 Griech. *anax*, Meister, Führer, König.
217 Griech. *Basileus*, König, Fürst.
218 Barthes bezieht sich mündlich auf das *Vocabulaire des institutions indo-européennes* von Émile Benveniste, Paris: Minuit 1969.
219 Siehe oben, S. 75.
220 Barthes erläutert mündlich: »Es ist das, was es dem Vorgesetzten ermöglicht, kein Guru zu sein.«
221 Vgl. 4. Buch, 2. Kapitel, »Von den Abstimmungen«.

Für die Trennlinie zwischen Chef und Guru läßt sich eine moderne Definition angeben (Bion). Wir haben gesehen[222]: Bion: dritte »Grundannahme«, drittes Gruppenziel, drittes Telos (nach Abhängigkeit und Paarbildung): die Grundannahme Kampf / Flucht. Die Gruppe kommt zusammen, um gegen eine Gefahr zu kämpfen oder vor ihr zu fliehen. → Führer = derjenige, dessen Forderungen der Gruppe Gelegenheit zu Flucht oder Angriff geben. Bion erläutert: »[…] Anführer, die weder kämpfen noch davonlaufen, [werden] nicht leicht auf Verständnis stoßen.« Das wäre der zweite charismatische Typ: Er greift weder an, noch flieht er: das ist kein Anführer (das heißt ≠ »Vorgesetzter«, »Oberer«, »Chef«). Bion, S. 46 f.

Der »Chef« ist derjenige, der die Entscheidungen trifft:

1. Golding, *Herr der Fliegen.*[223] Ralph: »›Ich glaub, wir brauchen einen Anführer, dann geht das besser.‹ – ›Einen Anführer! Ja, einen Anführer!‹ – ›Das mache ich am besten‹, sagte Jack mit ganz selbstverständlicher Anmaßung, ›ich bin Kapitelsänger und Klassensenior. Und ich kann das hohe C singen.‹« Golding, S. 31

2. *Der Zauberberg:* der Chef = Arzt, weil er die Entscheidungen fällt (ohne sie zu erklären): »Hans Castorp also war bettlägrig seit Sonnabendnachmittag, da Hofrat Behrens, die oberste Autorität in der Welt, die uns einschließt, es so angeordnet hatte.« Der Guru hingegen greift weder an noch flieht er, noch trifft er Entscheidungen. Tao: »Der Weise kämpft nicht«, und: »Der vollkommene Weg [Tao] ist schwer nur für die / die [immer] aussuchen und wählen.«[224] *Der Zauberberg*, S. 221

222 Siehe oben, S. 97.

223 Barthes mündlich: »Ein Roman, der so hart ist, daß ich nicht die Courage hatte, ihn auszuwählen.« [William Golding, *Herr der Fliegen*, übersetzt von Hermann Stiehl, Frankfurt am Main: Fischer 1974.]

224 Beide Zitate aus Alan W. Watts, *Der Zen-Buddhismus. Tradition und lebendige Gegenwart*, übersetzt von Manfred Andrae, Reinbek: Rowohlt 1961, S. 115; bereits in den *Fragmenten einer Sprache der Liebe*, »Sobria ebrietas«, a. a. O., S. 123.

Sitzung vom 2. März 1977

(23. = Ferien)

Roman der Idiorrhythmie: Ich wurde hingewiesen auf: Giono, Bleibe, meine Freude – *und die Gemeinschaft, die Giono 1935 zu gründen versucht hatte.*[225]

Schließung

Schließung [*clôture*] – Abgrenzung, Einhegung, *enclosure* – des Lebensraums: riesiges Dossier, dessen Bestandteile aus mehreren Wissenschaften stammen. Ein wahrlich pluridisziplinäres Thema. Ich kennzeichne hier nur die anthropologischen Funktionen der Schließung.

Funktionen

Anthropologie: Die Schließung eines Raumes muß mit einem ethologischen Sachverhalt in Verbindung gebracht werden: Tiere, die ein Gebiet, ein Revier beanspruchen (wir werden auf diesen Begriff noch zurückkommen). Sicherheitsraum (Nahrung, Reproduktion), in den kein Nachbar, kein Artgenosse eindringen darf. Jedes Subjekt ist Herr bei sich zu Hause. Vor allem: Nagetiere, Fleischfresser, Huftiere, Primaten – und Vögel (das Rotkehlchen zum Beispiel). Leroi-Gourhan: Der Mensch ist ein Reviertier wie der Hirsch und das Rotkehlchen.[226] Der Begriff des Reviers liegt der Opposition

225 Die »Contadouriens« auf dem Bauernhof Contadour in der Provence. Siehe Jean Giono, *Bleibe, meine Freude*, übersetzt von Ruth und Walter Gerull-Kardas, München: Matthes & Seitz 1994.

226 In seinen vorbereitenden Notizen erwähnt Barthes *Hand und Wort* von André Leroi-Gourhan, a. a. O. Dort findet sich keine Passage, die diesem Hinweis genau entspricht; man liest allerdings: »Die Integration in einen konkreten Raum und eine konkrete Zeit haben alle Lebewesen gemein; [...] Auch beim Menschen beruht das moralische und physische Wohlbefinden letztlich auf der gänzlich tierischen Wahrnehmung des Sicherheits-

öffentlich / privat zugrunde.[227] Dieser Gegensatz hat historische und ideologische Aspekte (Gesetzgebung, juridische Verteidigung der »Privatsphäre«), besitzt jedoch ein anthropologisches Fundament. Die Privatsphäre ist das Revier. Es mag konzentrische (konzentrierte) Kreise geben, das heißt abgestufte Territorien im Territorium: Domäne[228] → Haus (agrarisches Dienstpersonal ausgeschlossen) → Zimmer (kein anderer Bewohner des Hauses zugelassen) → Bett. Das Revier Tante Léonies: ihr Bett, ein Tisch neben dem Fenster = ihr absolutes Privatgebiet ≠ Repression (Gefängnisse, Hospitäler, Kasernen, Internate: Verbot des Privaten, des eigenen Reviers). Ekambi, Moles, S. 11

Ethologie: Das Revier wird nicht nur verteidigt, sondern auch markiert (das Nilpferd steckt sein Territorium mit seinen Exkrementen ab[229]). Daher zwei Funktionen der Schließung (in ihrem ursprünglichen Verhältnis zum Revier): Schutz, Definition.

a) Schutz

Schutzfunktion der Schließung. Nur zur Erinnerung, weil banal und ein riesiges Dossier: Ethologie, Architektur, Ideologie (Verwandlung von Grund und Boden in Eigentum, von Schutzmaßregeln in Verbote). Betrachten wir nur, was unser Textkorpus dazu liefert:

1. Mönchsklöster. Materiell geschlossen: Umgrenzungsmauern und »Klausur« im klösterlichen Sinne. Für die sä-

bereiches, des Zufluchtsortes und der sozialisierenden Rhythmen.« Ebd., S. 388.

227 A. Moles ist der Verfasser des Vorworts zu dem Buch von Jésabelle Ekambi-Schmidt, *La Perception de l'habitat*, Paris: Éditions Universitaires 1972.

228 Barthes präzisiert mündlich: »Großes Landgut«.

229 In der Vorlesung weist Barthes auf Genet hin, bei dem von einem Dieb die Rede ist, der am Tatort seine Exkremente hinterläßt: »Nachts, wenn es dunkel ist, läßt er seine Hose herunter, gewöhnlich vor der Einfahrt oder im Hof hinter dem Treppenhaus. Diese Vertraulichkeit läßt ihn wieder Mut fassen. Ein Haufen, das weiß er, heißt in der Gaunersprache ›ein Posten‹. ›Werd' einen Posten aufstellen‹, sagt er. ›Dann können wir ganz beruhigt sein und kommen uns hier nicht so fremd vor.‹« Jean Genet, *Tagebuch eines Diebes*, übersetzt von Gerhard Hock und Helmut Voßkämpfer, Hamburg: Merlin 1961, S. 236. Barthes analysiert diese Praktik als »Übertragung eines Territoriums«.

kulare Welt verboten, Ablehnung des Weltlichen, weil es die Identität des Mönchs verdirbt; Verbot verbunden mit einem sakralen, das heißt konsekrierten Raum (durch seine Gelübde ist der Mönch geweiht; vgl. die Studien von Benveniste über das Heilige[230]). ≠ Idiorrhythmische Räume (außer Beginenhöfen). Nicht oder nur wenig oder nicht streng abgeschlossen. Die Idiorrhythmik schützt keine »Reinheit«, das heißt keine Identität. Ihre Art, den Raum einzunehmen: nicht Konzentration, sondern Verstreuung, Verbreitung.

Robinson Crusoe, S. 272 — 2. Beschreibung der schützenden Einzäunung: Robinson Crusoe. Robinson: minutiöser, fast wahnhafter (zwanghafter) Schutz gegen Menschen. Sobald sich die mögliche Präsenz S. 105 ff. eines anderen Menschen abzeichnet (als Fußspur): verrückte Schutzmaßnahmen: Haus völlig verborgen, unsichtbar, ein ganzes System von Befestigungen, Verstecken → Die Abschließung als Delirium, als Grenz-Erfahrung (vgl. unten).

b) Definition

Im Wortsinn von »definieren«: begrenzen, Grenzlinien ziehen. Schließung, Abgrenzung = Definition eines Territoriums, eines Reviers und also der Identität seines/seiner Okkupanten. Zum Beispiel:

Bareau — 1. Buddhistische Klöster (in Ceylon). Gebäude in einem Gartenhof verstreut: Es besteht eine Abgeschlossenheit, aber (≠ katholische Klöster und, wie wir gesehen haben, Beginenhöfe) ohne Schutzfunktion oder Verbot, nur eine ziemlich abstrakte Definition: Drahtzäune; Tor mit zwei Flügeln, immer geöffnet, und Land[231]: weite Öffnung, ohne Flügel. Die Gemeinschaft begrenzt sich, sie schließt sich nicht ab, sie verbietet nicht, sie schließt nicht aus.

2. Das bürgerliche Mietshaus *(Ein feines Haus)* ist zweifellos geschützt (verschlossene, verriegelte Türen, Concierge und heutzutage »Spion«), aber auch eine ganze Apparatur der Begrenzung: seine Außenflächen. Die Außenflächen haben die Aufgabe, den Rückzug ins Innere, in die »Privatsphäre«,

230 Barthes bezieht sich während seiner Vorlesung auf das *Vocabulaire des institutions indo-européennes*, a. a. O. Siehe unten, S. 192.

231 Barthes präzisiert mündlich, daß es sich um Klöster »auf dem Lande« handelt.

zu verdeutlichen. Zola beschreibt sie ausführlich: Fassade, Türen, gleichförmige Fenster, nicht einmal ein Vogelbauer (im Hof), Klappläden immer geschlossen. Im übrigen (Symbolik): Kitschfassade, Bluff, Sand in die Augen: Zierleisten, Vergoldungen, Samtbänkchen im Treppenhaus, Gemälde, aber: »Noch keine zwölf Jahre ist das alles alt, und schon geht's ab ...« *Ein feines Haus*, S. 12 Dieses Gesamtterritorium (das Haus) definiert die Seinsweise der Gemeinschaft: die bürgerliche Wohlanständigkeit. Innerhalb dieses Gesamtterritoriums gibt es kleinere (aber strenger abgegrenzte) Reviere: die Wohnungen, die die Ehrbarkeit der Familie definieren. Das (bürgerliche, vordere) Treppenhaus mit all seinen geschlossenen Mahagonitüren ist der Bereich des Außerhalb. Berthe, die Ehebrecherin, S. 380 wird mit ihrem Liebhaber Octave überrascht; sie irrt durchs Treppenhaus, ausgesperrt, wenn man so sagen kann, in ein erbarmungsloses Draußen. Alle Türen bleiben verschlossen, alle Familien verstoßen sie aus dem familiären Sein. Schließung also = ein Signal.

Grenz-Erfahrung

Die schwierigste, schwerwiegendste Frage, die die Anthropologie stellt, lautet nicht eigentlich: wann erscheint der Mensch?[232], sondern: wann, wie, warum ist der Symbolismus entstanden? Mit einem Schlag (Lévi-Strauss[233]), weil die Dinge nicht nach und nach anfangen können zu bedeuten? Auf vielfache Weise, an mehreren Fronten zugleich, gleichzeitig? Es ist zu vermuten, es besteht die Wahrscheinlichkeit, daß die hauptsächlichen prähistorischen Erscheinungsformen des Symbolischen zusammen aufgetreten sind: Werkzeuge, Sprache, Inzest[234] – an diesen drei Punkten findet der Übergang zur »doppelten Arti-

232 Barthes ergänzt in der Vorlesung: »das heißt, wann wird er verschwinden?«

233 Für Lévi-Strauss markiert das Inzestverbot – wegen seines paradoxen Status einer universalen Regel – den Übergang von Natur zu Kultur: »[...] ist das Inzestverbot gleichzeitig an der Schwelle der Kultur, in der Kultur und in gewissem Sinne [...] die Kultur selbst.« Claude Lévi-Strauss, *Die elementaren Strukturen der Verwandtschaft*, übersetzt von Eva Moldenhauer, Frankfurt am Main: Suhrkamp 1981, S. 57.

234 Barthes präzisiert mündlich: »das Inzestverbot«.

kulation«[235] statt (Jakobson, Lévi-Strauss) –, rhythmische, präfigurative Felsmalereien, Totenbestattung, Siedlung.

Man sollte also nur mit Vorsicht von Bedürfnisbefriedigung in rein funktionalen Termini sprechen: Schließung = Schutz? Ja, zweifellos, doch Schutz und Signalgebung (wie bei den Tieren) werden vom Symbolischen überformt. Die Schließung kann neurotisch werden, vorwiegend mit Zwangssymptomen: Es gibt Schließungsrituale → Grenz-Erfahrungen der Abgrenzung; oder, wenn man mir den Ausdruck durchgehen läßt, Abgrenzungssüchtige (der Ausdruck ist durchaus wohlwollend gemeint).

Bereits bei Robinson Crusoe, einem »gesunden«, »vernünftigen«, »sachlichen« Subjekt, im Zweifelsfall panische Angst vor Gefahr (menschliche Fußspur am Strand) → unternimmt endlose Schutzmaßnahmen (absoluter Schutz wird nie erreicht: Trugbild, Asymptote): Palisadengürtel, im Unterholz verborgen, keine Tür (evidentes Thema der absoluten Schließung, siehe unten), nur eine kleine Leiter, die man hochziehen kann. Vgl. *Die geheimnisvolle Insel*: die Wohnung der Siedler in der Granitmauer: Strickleiter, die man hochziehen kann; dann hydraulischer Aufzug. Symbolik des Eingrabens und Einmauerns, ausgehend von einem faktischen Schutzbedürfnis (symbolisch betrachtet, gibt es keinen absoluten Schutz außer dem Mutterleib). Hinausgehen heißt: sich der Lebensgefahr aussetzen, die das Leben *ist*.

Festugière, I, S. 46

Die Unmöglichkeit für den Feind, einzudringen, wird – ins neurotische Extrem getrieben – zur selbstauferlegten Unfähigkeit, hinauszugehen. Viele Anachoreten, die sich in ihre Höhle einschlossen, kommunizierten mit Besuchern nur

235 Nach Jakobson gehört jedes sprachliche Zeichen zwei verschiedenen Systemanordnungen an: der (metaphorischen) Achse der Selektion und der (metonymischen) Achse der Kombination. Siehe Roman Jakobson, »Zwei Seiten der Sprache und zwei Typen aphatischer Störungen«, in: ders., *Aufsätze zur Linguistik und Poetik*, hg. von Wolfgang Raible, Frankfurt am Main/Berlin/Wien: Ullstein 1979, S. 117-141, hier S. 121 f. [Dieser Hinweis des französischen Herausgebers führt in die Irre. Unter »doppelter Artikulation« wird in der strukturalen Linguistik nicht die Unterscheidung zwischen paradigmatischer und syntagmatischer Achse, sondern die zweifache Gliederung in signifikative Einheiten (Moneme) und sodann dieser signifikativen Einheiten in rein distinktive, nicht mehr bedeutungstragende Merkmale (Phoneme) verstanden. So übrigens auch Barthes in *Elemente der Semiologie*, a. a. O., S. 34, 56.]

durch ein kleines Fenster, *dia thyridos*.[236] *Historia lausiaca:* Dorotheus, Nachfolger des Elias, leitet aus der Distanz ein Nonnenkloster. Er schließt sich in einen Raum gegenüber im ersten Stockwerk ein, das keine Stiege, nur ein Fenster zum Kloster hin hat. »Beständig saß er am Fenster und ermahnte sie, keinen Streit zu führen.« Palladius, Kap. 30, S. 65

Wir kommen hier zu den großen »Verrücktheiten« der Abschließung oder Selbsteinsperrung. Zwei Beispiele:

1. Simeon Stylites (Sohn eines Schäfers, zwischen Syrien und Kilikien: Südosten von Anatolien: 390-459): rasende Askese durch Selbsteinsperrung: läßt sich einen ganzen Sommer lang in einem Garten, in einer Grube, bis zum Kopf eingraben; bleibt vierzig Tage in einer lichtlosen Höhle (→ das Kloster versucht ihn loszuwerden). Läßt sich einmauern, die Tür zuzementieren: vierzig Tage ohne Nahrung.[237] Im Jahr 423, in der Nähe von Antiochia, steigt er auf eine Säule[238], zuerst niedrig, dann bis auf vierzig Ellen (= zwanzig Meter) erhöht. Dort oben: läßt er sich eine Balustrade bauen (und stachelt den Kaiser gegen die Juden auf).[239] Askese gleichsam als sportliche Leistung: Wer sperrt sich am gründlichsten und am längsten ein. Eine Olympiade der Askese: Selbsteinschließung als athletische Disziplin, wie Stabhochsprung. Institution des Koinobitentums: will solche Exzesse begrenzen durch die benediktinische Tugend par excellence: die *discretio*.[240] Vgl. Dostojewski in den *Dämonen*: Elisabeth, in re- Festugière, I, S. 62 *Le Millénaire du mont Athos*, S. 366

236 Mündliche Übersetzung und Kommentar von Barthes: »durchs Fenster«, »ein fest codierter Ausdruck«.

237 Barthes erläutert mündlich: »Thema der vierzig Tage in der Wüste«.

238 In der Vorlesung kommentiert Barthes: »*Stylos*, das ist die Säule.«

239 Diese Angaben sind in dem Werk von Festugière (*Les Moines d'Orient*, 2 Bde., Paris: Éd. du Cerf 1961) nicht enthalten; Barthes bezieht seine Anregungen aus dem Buch von Draguet: »Doch bei all diesen Beschäftigungen vernachlässigt er nicht die Sache der Kirche; bald führt er den Kampf gegen die Gottlosigkeit der Götzendiener, bald vernichtet er den verstockten Widerstand der Juden oder zerstreut die aufwieglerischen Gruppen der Häretiker. Manchmal schreibt er auch an den Kaiser über dergleichen Dinge ...« (*Les Pères du désert*, a. a. O., S. 196).

240 Lat. *discretio*, Mäßigung, Zurückhaltung. Karteikarte 6: »*Discretio.* Vgl. das Zartgefühl [*la délicatesse*]?« Karteikarte 7: »*Encyclopædia Universalis.* Benediktusregel. Keine künstliche Haltung aufzwingen, sondern innerlich formen, die unterschiedlichen Temperamente achten: benediktinische Mäßigung.« Karteikarte 8: »*Discretio:* Mäßigung: *nihil asperum, nihil grave* (erträgliche, leichte Vorschriften), Schmitz I, 33.« Lat. *nihil asperum,*

ligiösem Wahn, lebt seit siebzehn Jahren in einer Art Käfig, ohne mit irgend jemandem zu sprechen, ohne sich zu waschen, zu kämmen.[241]

2. Damit kommen wir zur nichtreligiösen (nach unseren normativen Kriterien also rein psychotischen) Einschließung: *Die Eingeschlossene von Poitiers.* Freiwillige oder von der Familie erzwungene Einschließung? Nach der Norm: erzwungen von der Familie (polizeiliche Untersuchung, Prozeß); in Wirklichkeit, liest man die Dokumente: geteilte Verantwortlichkeit. Familie: Opfer eines kollektiven Einschließungswahns:

Gide, *a)* Auch der Großvater mütterlicherseits, M. de Chartreux:
S. 257 schließt sich freiwillig ein. Lebt völlig zurückgezogen: verläßt das Zimmer nicht einmal, als sein Schwiegersohn in einem anderen Zimmer desselben Stockwerks im Sterben liegt.

S. 263 f. *b)* Gebäude: das große Eingangstor stets verschlossen (wer das Haus betreten will, muß durch den Hof gehen; übrigens nur noch die Dienstmädchen).

S. 288 *c)* Auslösendes Schockereignis des Einschließungsprozesses: Mélanie, jung, hysterisch, exhibitionistisch, zeigte sich nackt am Fenster → Schließung des Fensters.

S. 217f., *d)* Völlige Abschließung (fünfundzwanzig Jahre lang →
290 1901): geschlossene Fensterläden, Fenster im zweiten Stockwerk durch Eisenstange mit Vorhängeschloß gesichert, jeder Spalt abgedichtet (Polizei: um die Läden zu öffnen, müssen sie aus den Angeln gehoben werden). Natürlich unerträg-
S. 271 licher Gestank (Schmutz, Exkremente, Ungeziefer). Trotzdem schläft eine Bedienstete auf einem schmalen Eisenbett in dem Zimmer. Gestank nur erträglich, wenn man die Tür halb offen läßt; doch die Mutter hat es verboten: Sie behauptet, das Dienstmädchen tue das, »damit sich ihre Tochter erkälte«.

Wäre es möglich, diesen Einschließungswahn noch zu übertreffen? Ja, und Mélanie selbst verrät den thematischen Kern, um den sich das Geheimnis dreht. Ihr tiefster und ein-

nihil grave: nichts Hartes und nichts Schweres [Benediktusregel, Prolog, Nr. 46].

241 Zander, »Le monachisme – réalité et idéal – dans l'œuvre de Dostoïevski«, in: *Le Millénaire du mont Athos (963, 1963). Études et mélanges*, Bd. 1, a. a. O.

ziger Impuls, der Ursprung der Einschließung: die Decke. Polizeiliche Aussage der Mutter: »Sie wollte ohne Bettlaken S. 235, 248 schlafen, weigerte sich, ein Hemd zu tragen… Sie war erst glücklich, wenn sie unter einer Decke verschwand.« Und: »Sie hat den Tick, das Leintuch über die Augen zu ziehen.« Subtiles Thema der Decke auf nacktem Körper (vgl. das Verbot für die Mönche, nackt zu schlafen[242]): entzieht den Körper den familiären, häuslichen Schlafgewohnheiten. Das Laken wikkelt ein, verdunkelt (ein Kind flüchtet unter seine Decken), isoliert vollständig: Einschließung in eine zweite Haut; Regression in den Mutterleib (Fruchtwasser). (Geschlechtsverkehr im Bett: sich einschließen, die Welt wird abgeschafft = zum autarken, androgynen Wesen werden.)

Mélanie selbst verstand dieses tiefe Begrabensein als Glück: S. 227, 241, 296 sie gab diesem absoluten Loch einen Namen: ihre »liebe kleine Höhle«. Als sie ins Krankenhaus gebracht werden soll: »Alles, was ihr wollt, aber laßt mich in meiner lieben kleinen Höhle!«, ihrer »lieben, guten, tiefen Höhle« oder auch, in ihrem Kauderwelsch: ihrer »lieben, guten, tiefen Mühlenhöhle«, »meiner lieben tiefen Malampia-Höhle«.

Man beachte: Was wir hier beschreiben, die vollständige Schließung, ist ein Konzept, denn es hat einen Namen, und zwar einen neugeschaffenen Namen: *Malampia*. Mélanie ist Logothetin[243] (also Gott). Nennen wir Malampianismus jede auch nur flüchtige Gefühlsbewegung, die ein Subjekt dazu treibt, zu fliehen, sich zu verhüllen, die Welt auszublenden, doch nicht auf dem Wege der Askese (mönchische Einschließung), sondern auf dem Wege des Genießens. Unnötig, daran zu erinnern, daß die Gesellschaft den Malampianismus unterdrückt: Mélanie wird ihrer »lieben kleinen Höhle« von der Justiz entrissen und in ein Krankenhausbett verfrachtet, ins Helle, Lichte, Saubere – und in die Religion.

Es steht mir nicht zu, eine Erklärung – oder eine pseudopsychiatrische oder pseudopsychoanalytische Beschreibung – des Einschließungs»wahns« zu liefern; ich will nur bemerken, daß es zwar den klinischen Begriff der Klaustrophobie, aber nicht der Klaustrophilie oder Klaustromanie

242 Siehe oben, S. 88.

243 *Logothet*, Sprachbegründer. Von Barthes geprägter Neologismus, zuerst in *Sade Fourier Loyola*, a.a.O., S. 7.

gibt. Doch Spuren dieser Klaustrophilie zeigen sich bei vielen von uns. Ich jedenfalls überrasche mich selbst dabei: Vorliebe, mich in geschlossenen Räumen einzurichten (zum Arbeiten, Leben, Schlafen), die durch enge Zugänge und Befestigungen gesichert sind.

Ich möchte zum Schluß nur auf zwei archetypische Formen des geschlossenen Raums hinweisen – und ich nenne sie nur, weil sie paradox, nämlich scheinbar offen sind:

1. *Das Labyrinth:* symbolisiert die paradoxe Arbeit, die das Subjekt aufwendet, um sich Schwierigkeiten in den Weg zu legen – um sich in den Sackgassen eines Systems einzuschließen. Es ist der Raum des Zwanghaften in reinster Form. Das Labyrinth ist der Raum der aktiven Schließung (≠ verriegelte Zelle: Man kann nur noch in einer Ecke in sich zusammensinken, es sei denn, man wäre Edmond Dantès[244]). Unaufhörliche und vergebliche Anstrengung, hinauszugelangen. Das Subjekt arbeitet an seiner Einschließung, indem es auszubrechen versucht. Es läuft ohne Unterlaß, kehrt um … und kommt trotzdem nicht vom Fleck. Labyrinth: System, das durch seine Autonomie hermetisch abgeriegelt ist. Beispiel: System einer Liebesleidenschaft; von innen her ausweglos und dennoch ungeheure Arbeit. Um hinauszugelangen: fast magischer Akt; Wahrnehmung eines anderen Systems, zu dem man übergehen muß: der Ariadnefaden. Für diesen Zustand ist das Labyrinth[245] ein gutes Symbol; unentwirrbares System von gewundenen Pfaden unter offenem Himmel; keine Decke (Episode aus Fellinis *Satyricon*[246]). Das heißt: Für einen äußeren Betrachter (Blick von oben herab) ist die Lösung offensichtlich, nicht jedoch für den, der drinnen ist: typischer Fall der Situation eines Verliebten.

2. Eine zweite Form, der Gegenbegriff zum Labyrinth, doch ebenfalls ein archetypischer Raum der Schließung, eine noch archetypischere Schließung, weil ohne jede trennende Wand: *die Wüste* (*eremos*[247], *eremus* → Eremit). Die anachore-

244 Edmond Dantès, der Held von Alexandre Dumas' *Graf von Monte Christo*, flüchtet von der Festungsinsel Château d'If, wo er aufgrund eines Justizirrtums gefangengehalten wird.

245 Zur Erheiterung der Zuhörer unterläuft Barthes hier eine Fehlleistung. Er verwendet das Wort »Seminar« anstelle von »Labyrinth«.

246 Federico Fellini, *Satyricon*, Italien/Frankreich 1969.

247 Griech. *eremos*, lat. *eremus*, Wüste, Einöde.

tische Wüste weist die grundlegende Ambivalenz der Schließung auf: *a)* glücklicher Ort der Einsamkeit, der Friedlichkeit; Einfluß des Hellenismus (Philon[248]): *hesychia*[249]; *b)* unfruchtbares Gebiet, in dem Dämonen hausen: ägyptische und semitische Vorstellung. Darüber hinaus, für Christen im Zeitalter der Kirchenväter: *eremus* = biblische Realität, Bestandteil einer Kultur: Auszug aus Ägypten, Sinai, Moses, Elias, Elisäus, Johannes der Täufer, Fasten und Versuchung Christi.[250]

Guillaumont, »Philon«

Le Millénaire du mont Athos, S. 163

Was ich festhalten möchte: Die Wüste = ein existentielles Thema: *vita eremitica*.[251] Kann also an Intensität variieren. Es gibt eine äußerste Intensität der Wüste, die sie mit vollständiger Einsperrung gleichsetzt: die »absolute Wüste« (*paneremos*[252]), die Antonius erfahren hat. Das ist die superlativische Form des Malampianismus: *paneremos* ist wirklich wie Mélanies Decke.

Festugière, I, S. 35

Anachoretenkolonie[253]

Zur Erinnerung einige – schon erwähnte – Tatsachen, um richtig zu verstehen, daß der Anachoret (= beseelt von dem Wunsch nach Rückzug, Abgeschiedenheit) nicht unbedingt allein leben muß – und daß die Gruppierungen-Konstellationen von Anachoreten das Feld der Idiorrythmie (die uns interessiert) am besten repräsentieren. (Die *Drop-outs*, »Aussteiger«, die alles aufgeben, sich ausklinken ≠ *Drop-ins*, die sich irgendwo »engagieren«.) Zwei Typen idiorrhythmischer Kolonien wurden bereits einigermaßen ausführlich behandelt: die Skiten vom Berg Athos und (sehr unvollkommen) die Beginenhöfe. Hier noch vier andere:

248 Der jüdische Gelehrte Philon von Alexandria. Siehe Antoine Guillaumont, »Philon et les origines du monachisme«, in: *Philon d'Alexandrie. Actes du colloque organisé par le CNRS, à Lyon, les 11-15 septembre 1966*, Paris: Éd. du CNRS 1967.

249 Barthes' mündliche Übersetzung: »Gelassenheit, innerer Frieden«.

250 Siehe Leclercq, »L'érémitisme en Occident jusqu'à l'an mil«, a.a.O.

251 Barthes übersetzt mündlich: »Leben in der Wüste«.

252 »Ein lexikalischer Ausdruck im Griechischen«, wie Barthes mündlich kommentiert, für »ganz einsam, verödet«.

253 Barthes kommentiert mündlich: »Wenig Ideen« in dieser Merkmalseinheit, »die Tatsachen sind erholsam«.

1. *Die Sekte von Qumran*

Sie muß erwähnt werden, weil sie jüdisch, vorchristlich ist. Schriftrollen vom Toten Meer (Frühjahr 1947). Schriftrolle der Regel, hebräischer Text = kleine Gruppe von Menschen, die sich in die Wüste von Juda, bei Qumran, zurückgezogen hatten: heiliges und karges Leben. Flucht in die Wüste um 140 v. Chr. Bestand noch zu Lebzeiten Christi; von den Römern 68 n. Chr. massakriert. Ursprüngliche Gruppe: zwölf Laien und drei Priester = zwölf Stämme + drei levitische Clans: Israel in Miniatur. Dann Zustrom von Freiwilligen, neue Gebäude. Warum diese Flucht in die Wüste? Sagen wir: fundamentalistische Gruppe. Opposition gegen die religiöse und politische Macht Jerusalems in der Frage des Kalenders; Entscheidung [des Jerusalemer Tempels], den traditionellen liturgischen Kalender zugunsten des offiziellen Mond-Sonne-Kalenders der hellenistischen Welt aufzugeben. → Traditionalistische, sektiererische Gemeinschaft, von Priestern dominiert = eine Tempelgemeinschaft. → Rituelle Reinheit: kein Kontakt mit den Gottlosen, selbst wenn sie Juden sind. Organisation: autoritäre Hierarchie, gemeinsames Leben, Kollektivierung der Güter, dreijähriges Noviziat, Bestrafungen = fast koinobitische Strukturen.

Ich erwähne diese Sekte, weil: »rechte«, fundamentalistische Marginalität.

2. *Nitrioten*

Guillaumont, »Philon«

Öde Gebirge Nitriens, südlich von Alexandria, westlich des Nils (viertes Jahrhundert). Riesige Anachoretenkolonie: 5000 – davon 600 in der großen Wüste. Prinzip: getrennt in Hütten wohnen, die so weit entfernt voneinander liegen, daß jeder einsam leben kann und dennoch die Möglichkeit besteht, sich gegenseitig zu besuchen. Nitrien: sehr flexibles Modell:

Palladius, Kap. 7, S. 20

– Raum: »zentrale Infrastruktur«: eine große Kirche, sieben Öfen zum Brotbacken, eine Hotellerie (Gäste werden auf unbeschränkte Zeit aufgenommen; eine Woche, ohne irgend etwas zu arbeiten; danach Verwendung in Garten, Bäckerei, Küche; wenn der Gast des Lesens kundig ist, gibt man ihm ein Buch), Ärzte. Ernährung: Brot und Salz; eine Mahlzeit am Abend.

- Lebensweise: sechs Tage in der *cella*; Flechtarbeiten und gleichzeitig meditatives Hersagen der Heiligen Schrift (*melete*[254], Sorge, Übung, Deklamation, Meditation). Samstags: Versammlung in der Kirche + gemeinsame Mahlzeit (*agape*[255]) + Gebete die ganze Nacht von Samstag auf Sonntag = das exakte Muster der Idiorrhythmie: Gleichgewicht zwischen Einsamkeit und Zusammenkunft.

Notabene: Die Nitrioten des viertes Jahrhunderts erneuern die Erfahrung der von Philon beschriebenen Therapeuten (≠ Essener, Juden, *vita activa*[256]). Kontemplatives Leben, Heiler der Seelen und Diener des Seins. Ägypten, Vorstädte von Alexandria: sollen ihre Ordensregel von Markus empfangen haben. Massebieau, S. 170-289

3. Kartäuser

Nachfolger der ägyptischen Einsiedler, der Therapeuten Philons. Der hl. Bruno, geboren in Köln, gründet #[257] 1084 eine Einsiedlerkolonie im Tal der Grande Chartreuse.[258] = Weitläufiges Gebiet mit scharf markierten Grenzen (vgl. oben, »Schließung«) = die »Wüste«[259] (Talsohle): Engpaß: leicht zu versperren: *Encyclopædia Universalis*

a) Das »untere Haus«: (Laien-)Brüder: Ackerbauern und Handwerker.

b) Das »obere Haus«: Kloster der »Väter«: großes liturgisches Offizium (nach benediktinischem Vorbild, da auch Kopieren von Büchern).

254 Griech. *melete*, Sorge, Besorgnis, im weiteren Sinne: Übung, eifrige Beschäftigung.

255 Griech. *agape*, Zuneigung, brüderliche Liebe; Pl. *agapes*, brüderliche Mahlzeiten der frühen Christen.

256 Siehe oben, S. 79.

257 Barthes verwendet dieses Zeichen in der Bedeutung von »ungefähr«, »etwa«.

258 [Gebirgsgegend bei Grenoble, die dem Mutterkloster des Kartäuserordens den Namen gab: die Große Kartause.]

259 »Im Sprachgebrauch der Kartäuser«, wie Barthes mündlich erläutert.

Jeder der Väter: seine eigene *cella* = Häuschen. Ein Erdgeschoß: Holzstoß und Werkstatt. Erstes Stockwerk: zwei Zimmer: *a)* das *Ave Maria*: individuelle Küche (1276 abgeschafft); *b)*[260] beten, lesen, essen, schlafen + kleiner Garten + Balkon (bei schlechtem Wetter).

Prinzip: Einsamkeit; Gebet und ein Teil des Offiziums in der *cella*. Kirche (kollektiv): nachts (Metten und Laudes), morgens (Messe) und nachmittags (Vesper). Gemeinsame Mahlzeit sonntags. Jede Woche: ein gemeinsamer Spaziergang. Zu beachten: *a)* soziale Spaltung (Brüder, Väter) – vgl. unten, »Bedienstete«: Zum Mönchtum gehört ursprünglich das *otium*[261]; *b)* Individuation der Wohnverhältnisse – vgl. *Die Brüder Karamasow*: Der Starez Sosima bewohnt nicht das Kloster, sondern eine Skite (ein kleines Haus, in einiger Entfernung) – und, was noch interessanter ist, in der Anfangszeit Individuation der Ernährung, der Mahlzeit.[262] Symbolisch sehr bedeutsam: Ablehnung der Tischgemeinschaft[263] (Gefallen an gemeinsamer Mahlzeit ≠ Abneigung dagegen: noch heute: zwei Menschensorten).

Le Millénaire du mont Athos, S. 361

4. Die Solitäre von Port-Royal

Gemeinschaft ohne Form; weder Profeß noch Gelübde, keine Ordenstracht, nicht einmal Aufenthalt an einem festen Ort. Le Maître: »Es sind Freunde, die ihrer gewöhnlichen und allgemeinen Freiheit gemäß zusammenleben.«[264] → Keine institutionelle Unterstützung. Ursprünglich eine Idee von Saint-

260 Barthes ergänzt mündlich: »das zweite Zimmer«.

261 Lat. *otium*, Muße, private Beschäftigung.

262 Zander, »Le monachisme – réalité et idéal – dans l'œuvre de Dostoïevski«, in: *Le Millénaire du mont Athos (963, 1963). Études et mélanges*, Bd. 1, a. a. O.

263 Barthes erläutert den Begriff *convivialité* [eigentlich: Gastlichkeit] mündlich: »im wörtlichen Sinne: die Situation der gemeinsamen Mahlzeit«.

264 Antoine Le Maître (1608-1658) ist der erste der Einsiedler von Port-Royal. In seinen Arbeitsnotizen bezieht sich Barthes auf die *Mémoires pour servir à l'histoire de Port-Royal* von Nicolas Fontaine, und zwar in der Ausgabe Köln 1738. Eine Neuausgabe dieser Denkwürdigkeiten wurde jüngst von Paule Thouvenin ediert (Paris: Champion 2001). Das Zitat, dessen Quelle sich nicht bestimmen ließ, stammt jedenfalls nicht aus dem Werk von Fontaine.

Cyran. Ordensregel der Kartäuser: Leben als Schar + Freiheit der Einsamkeit.

Bildung der Gruppe der *Solitaires de Port-Royal* ab Sommer 1637. Danach Lieblingsprojekt des Herzogs von Luynes: Um die Abtei herum = zwölf reguläre Eremitagen, den zwölf ausgewählten Herren vorbehalten (wieder einmal die zwölf Stämme, die Bundeslade). Beim Tode eines von ihnen darf nur ein bereits erprobter Nachfolger eintreten = Idealbild Zions.

Bemerkenswert: daß trotz der christlich-jansenistischen Prägung immer wieder die Freundschaft ausdrücklich als Fundament genannt wird. Bestimmung: Vervollkommnung des Lebens ≠ Telos: Freundschaft.[265]

Überblickt man diese vier Beispiele, so sieht man, worum es bei diesen idiorrhythmischen Erfahrungen geht. Wie stets: das Verhältnis zur Institution:

– zwei fundamentale oder fundamentalistische Formen: Qumran und Kartäuser;
– zwei flexible Formen: Nitrioten und Port-Royal.

Was deutlich wird: die Brüchigkeit der marginalen Existenz; stets belauert von der Macht, entweder der äußeren (Koinobitentum) oder der inneren (Qumran). Beginen, Kartäuser: stark zentralisierte Orden. Institutionalisierung: Mittel zum Überleben. Nitrioten ausgelöscht vom koinobitischen Mönchtum des Pachomius. *Solitäre:* mitgerissen in den Untergang von Port-Royal, das – selbst randständig – von der Macht zerstört wurde.

265 Der folgende letzte Absatz ist im Manuskript gestrichen.

Sitzung vom 9. März 1977

Paarbildung

Ich sage Paarbildung [*couplage*], nicht Paar [*couple*], weil dieser Merkmalszug des Zusammenlebens nicht das eheliche oder pseudoeheliche Paar betrifft (trotz der realen Probleme, die solche Paare im Rahmen von Gemeinschaften haben), sondern sich nur auf die Bildung eines Paars aus zwei Partnern bezieht, die in wechselseitigem Wahn wie mit Zement aneinander gebunden sind (»Folie à deux«).

Ich will das Dossier hier nur aufschlagen und auf zwei Paarbildungen hinweisen: eine lockere, vorübergehende und zwei starke, strukturierte.

1. Prinzip der Paarbildung

Bion, S. 44 f.

Von Bion formuliert (vgl. oben, »Sache«; zweite »Grundannahme«, eines der Gruppenziele[266]): »Zwei Mitglieder der Gruppe kamen ins Gespräch; manchmal war der Kontakt zwischen ihnen kaum in Worte zu fassen, aber es war doch deutlich zu erkennen, daß sie miteinander beschäftigt waren und daß auch die Gruppe insgesamt diesen Eindruck hatte.«

Die Gruppe in aufmerksamem Schweigen: »Immer wenn sich eine derartige Beziehung zwischen zwei Menschen in der Gruppe <während der Sitzung>[267] herausbildet, gleich ob es sich um einen Mann und eine Frau, zwei Männer oder zwei Frauen handelt, so scheint sowohl bei der Gruppe wie bei dem betreffenden Paar die Grundannahme zu bestehen, die Beziehung sei sexuellen Charakters. Es ist, als könnten zwei Menschen einfach aus keinem anderen Grunde zueinander finden als eben aus sexuellen Gründen.«

Es handelt sich um die Bildung einer Konfiguration – einer Figur: locker, vorübergehend, doch allgemein und häufig vorkommend. Bei jeder beliebigen Abendgesellschaft in egal

266 Vgl. oben, S. 96 f.

267 In Klammern: eine Präzisierung von Barthes.

welcher Gruppe: Isolation, leichte Abgrenzung zweier Partner von der Gruppe, verbunden in einer warmherzigen Beziehung gegenseitiger Ansprüche, reziproker Verführung. Was auch der Beweggrund, der Rahmen, das Alibi sein mag: offensichtlich eine gewisse wechselseitige Verzücktheit, eine erotische (weniger sexuelle) Tönung. Klar, daß sich die Gruppe in solchen Fällen zum Zuschauer macht. Die Paarbildung strukturiert vorübergehend die Gruppe (oft eine Gruppe ohne Zukunft): sogar kleiner Anflug einer Folie à deux. Mit diesem »Paar« Verzücktheit / Verrücktheit [*affolement / folie*] müßte man spielen. Begriff der Verzückung (durch etwas oder jemanden): hat in der Psychoanalyse keinen Ort; würde zu einer subtilen Beschreibung von Beziehungszuständen gehören. Wir verbringen unser Leben damit, uns von jemandem verzücken zu lassen.

2. Zwei Beispiele einer starken Paarbildung

1. *Des Palladius Leben der Heiligen Väter* [*Historia lausiaca*], 21. Kapitel, S. 49 ff.: »Eulogius und der Krüppel«.
2. Proust, Tante Léonie und Françoise, *In Swanns Welt*, I, S. 157 ff.

Historia lausiaca, S. 49 f.[268]

»Eulogius oblag den freien Künsten. Da wuchs in seiner Seele die Sehnsucht nach der Ewigkeit, so daß er aus dem Weltgetriebe fortging und Hab und Gut verschenkte. Nur etwas Geld behielt er, weil er kein Handwerk konnte. Nun sann er hin und her, welche Lebensweise für ihn die beste sei; ihm sagte weder das gemeinsame Leben zu, noch kam er zum Entschlusse, ganz allein zu bleiben. Da fand er einen Krüppel, der weder Hände noch Füße hatte, und verlassen auf dem Marktplatze lag; nur die Sprache besaß er, sodaß er die Vorübergehenden anbetteln konnte. Eulogius blieb stehen, besah den

268 Barthes verliest in der Vorlesung Auszüge aus der *Historia lausiaca* und der *Suche nach der verlorenen Zeit*; im Manuskript finden sich nur die Seitenangaben.

Armen lange Zeit und schloß im Gebete folgenden Vertrag mit Gott: ›Herr, um Deines Namen willen nehm' ich diesen Krüppel an und pflege sein, bis er stirbt, damit auch ich durch ihn das Heil erlange. Gib mir Geduld, ihm zu dienen!‹ Dann trat er zu dem Krüppel hin und sagte: ›Beliebt es dir, Herr, so will ich zu mir in mein Haus dich nehmen und pflegen.‹ Der andere sprach: ›Von Herzen gern.‹ Eulogius darauf: ›Soll ich einen Esel holen und dich heimführen?‹ Da jener zustimmte, ging er hin, holte den Esel, lud ihn darauf, brachte so den Krüppel in das bescheidene Heim und ließ ihm alle Sorgfalt angedeihen.

So lebte dieser Krüppel fünfzehn Jahre. Dann ward er krank; Eulogius tat ihm alles, was man einem Kranken tun kann, badete und wusch ihn eigenhändig und gab ihm gute Kost. Aber nach jenen fünfzehn Jahren fuhr ein Teufel in den Krüppel und machte diesen Menschen so widerwärtig, daß er den Eulogius oft entsetzlich lästerte und schimpfte: ›Packe dich, du schlechter Kerl! Anderen hast du das Geld gestohlen und möchtest jetzt durch mich das Heil erlangen. Bring' mich wieder auf den Marktplatz! Fleisch will ich haben.‹ Eulogius gab ihm Fleisch. Gleich darauf schrie er schon wieder: ›Das langweilige Leben halt' ich nimmer aus; Leute will ich sehen; auf den Marktplatz will ich. Was hältst du mich gefangen? Wirf mich hin, wo du mich gefunden hast!‹ So wütend machte ihn der Teufel, daß er sich wohl selber den Tod gegeben hätte, wenn er nicht ohne Hände gewesen wäre.

Da ging Eulogius zu frommen Männern, die gleich in der Nähe dem asketischen Leben oblagen, und sagte: ›Was soll ich tun? Dieser Krüppel treibt mich zur Verzweiflung. Soll ich ihn auf die Straße setzen? Ich wag' es nicht; denn ich habe Gott ein Gelübde gemacht. Er verleidet mir das ganze Leben. Ich weiß mir keinen Rat.‹ Jene sprachen: ›Es lebt ja der Große noch‹ – so nannten sie nämlich Antonius – zu diesem geh', nimm den Krüppel in einem Boote mit dir, bring' ihn nach dem Kloster und warte, bis er aus der Wüste kommt; dann leg' ihm den Fall zur Beurteilung vor und handle seinem Bescheide gemäß, denn durch ihn redet Gott zu dir.‹ Eulogius folgte diesem Vorschlag, lud den Krüppel in ein kleines Hirtenboot, verließ nachts die Stadt und trug ihn zu jenem Kloster, wo die Schüler des heiligen Antonius waren. […]

›Den Krüppel da fand ich auf dem Markte und machte Gott das Gelöbnis, ihn zu pflegen in seinem Elend, damit wir beide das Heil erlangen, ich durch ihn und er durch mich. Jetzt aber nach so viel Jahren quält er mich auf unerträgliche Weise, so daß ich auf den Gedanken kam, ihn zu verstoßen. Ich begab mich deshalb zu deiner Heiligkeit, damit du mir ratest, was ich tun soll.‹ In strengem Tone sprach Antonius: ›Du willst ihn also verstoßen? Der ihn erschaffen hat, verstößt ihn aber nicht. Willst du das wirklich tun? Dann wird Gott einen Besseren erwecken als dich; der wird dann seiner sich annehmen.‹ Da schwieg Eulogius voller Angst.

Nun wandte sich der Heilige zu dem Krüppel und wies ihn mit harten Worten zurecht, indem er rief: ›Armseliger Krüppel! Du bist für Himmel und Erde zu schlecht. Wie lange noch willst du dich Gott widersetzen? Weißt du nicht, daß Christus selbst dich bedient? Wie kannst du es wagen, Christum also zu schmähen? Hat nicht Eulogius um Christi willen es übernommen, dir Dienste zu leisten, als ob er ein Sklave wäre?‹

So wies er auch diesen zurecht, redete dann zu den übrigen, wie sie es nötig hatten, und wandte sich am Ende nochmal an Eulogius und den Krüppel mit der Mahnung: ›Begebt euch geraden Weges heim und trennt euch nicht voneinander, sondern bleibt in eurem Hause wie bisher! Gott wird euch holen lassen in kurzer Zeit. Jene Versuchung kam über euch, weil ihr beide schon nahe dem Ende seid und bald gekrönt werden sollt. Befolget alles genau, damit euch der Engel beisammen treffe!‹ Da reisten sie eilends nach Hause. Vierzig Tage darauf starb Eulogius, und ehe drei weitere Tage vergingen, war auch der Krüppel tot.«

Proust, S. 157ff.

»So machte es ihr Spaß, sich auf einmal vorzustellen, Françoise würde sie bestehlen, und sie müsse Listen erfinden, um sie zu überführen. Da sie bei ihren Kartenspielen daran gewöhnt war, gleichzeitig für sich selbst und für ihren Partner zu handeln, brachte sie sich selbst gegenüber die verlegenen Ausreden vor, die Françoise erfand, und antwortete darauf mit so leidenschaftlicher Empörung, daß, wer von uns in solchen Momenten in ihr Zimmer trat, sie mit blitzenden Augen

und leicht verschobenen falschen Locken antraf, die ihre kahle Stirn entblößten. Françoise hörte manchmal im Nachbarzimmer beißende Sarkasmen mit an, die ihr selber galten und deren bloßes Erfinden meine Tante nicht genügend erleichtert hätte, so daß sie ihnen durch halblautes Murmeln erhöhte Wirksamkeit verlieh. Manchmal genügte ein solches ›Intimes Theater‹ meiner Tante noch nicht, sie wollte ihre Stücke richtig aufgeführt sehen. Dann vertraute sie eines Sonntags bei sorgfältig geschlossenen Türen der Eulalie ihren Zweifel in bezug auf Françoises Ehrlichkeit an und sprach von ihrer Absicht, sich ihrer zu entledigen; ein anderes Mal aber teilte sie umgekehrt Françoise ihren Argwohn mit, daß Eulalie, die bald vergebens bei ihr anpochen werde, nicht zuverlässig sei; ein paar Tage später war sie gegen ihre Vertraute von gestern eingenommen und mit der Verräterin wieder ein Herz und eine Seele, bis zur nächsten Vorstellung, wo die beiden ihre Rollen von neuem austauschen würden. Das Mißtrauen, das Eulalie ihr einflößen konnte, war aber immer nur ein Strohfeuer, das bald wieder in sich zusammensank, denn Eulalie wohnte ja nicht im Haus. Nicht so war es mit dem gegen Françoise gerichteten Argwohn, da meine Tante sie ja unaufhörlich unter dem gleichen Dache wußte, ohne daß sie selbst angesichts ihrer Besorgnis, sie könne sich beim Verlassen ihres Bettes erkälten, in die Küche hinunterzugehen und festzustellen wagte, ob ihr Verdacht begründet sei. Ganz allmählich beschäftigte sich ihr Geist mit nichts anderem mehr als damit, zu erraten, was Françoise in jedem Augenblick gerade tun und vor ihr verbergen mochte. Sie stellte die flüchtigsten Veränderungen in deren Mienenspiel fest, den kleinsten Widerspruch in ihren Worten, einen Wunsch sogar, den sie nicht auszusprechen schien. Sie gab ihr in solchem Falle mit einem einzigen Wort, das Françoise erbleichen machte, zu verstehen, daß sie sie durchschaute; dieses Wort zu finden und der Armen ins Herz zu bohren, bereitete meiner Tante eine grausame Freude. […] Allmählich kam es so weit, daß sie, wie Jäger und Wild, nur noch unablässig versuchten, eine den Listen der anderen rechtzeitig auf die Spur zu kommen. Meine Mutter befürchtete, es möchte sich in Françoise ein regelrechter Haß auf meine Tante herausbilden, die sie so derb beleidigte, wie es nur möglich war. Auf alle Fälle schenkte Françoise den geringsten

Äußerungen und Gesten meiner Tante eine ungewöhnliche Aufmerksamkeit. Wenn sie um etwas bitten wollte, zögerte sie lange, in welcher Art und Weise sie es tun sollte, und wenn sie ihr Anliegen vorgebracht hatte, beobachtete sie heimlich meine Tante genau und versuchte, aus ihrem Mienenspiel zu erraten, was jene dächte und wie sie die Frage vermutlich entscheiden werde. Ein Schauspieler, der Memoiren des siebzehnten Jahrhunderts liest und den Sonnenkönig darstellen möchte, meint vielleicht auf dem Wege zum Ziel zu kommen, daß er sich ausmalt, er stamme aus einer der großen historischen Familien, oder indem er eine Korrespondenz mit einem der gegenwärtigen europäischen Potentaten führt, während er gerade das vollkommen übersieht, was er zu Unrecht bei irgendwelchen den damaligen ähnlichen und folglich nicht mehr bestehenden Ausdrucksformen sucht – nämlich daß eine alte Dame in der Provinz, wenn sie nur hemmungslos ihren Launen und einer aus Muße gezeugten Bosheit folgt, ohne daß sie dabei jemals an Ludwig XIV. gedacht hat, es erleben kann, daß ihre unbedeutendsten täglichen Beschäftigungen, die mit ihrem Aufstehen, ihrem Mittagessen, ihrer Ruhe zusammenhängen, durch ihren despotischen Eigenwillen etwas von dem Interesse bekommen, wie es dem innewohnte, was Saint-Simon den ›Mechanismus‹ des Lebens in Versailles genannt hat, und ebenso annehmen darf, daß ihr Schweigen, ein Anflug von guter Laune oder hochmütiger Ablehnung in ihren Zügen von seiten ihrer Dienerin Françoise der Gegenstand ebenso leidenschaftlicher und angstvoller Kommentare sind, wie es das Schweigen, die gute Laune oder der Hochmut des Königs waren, wenn ein Höfling oder selbst einer der wirklich großen Herren ihm in einer Seitenallee von Versailles eine Bittschrift übergab.«

Strukturelle Gemeinsamkeiten dieser »Folies à deux«:

1. Müßiggang des einen Partners. Tante Léonie: völlige Untätigkeit, Mangel an Ereignissen, Klausur. Eulogius: hat seine Güter verkauft, hat sie verteilt, aber ein kleines Einkommen behalten, denn arbeiten will er nicht.

2. Ruheloser, schwieriger, launenhafter Charakter Léonies. Eulogius fühlt sich nirgends wohl: weder allein noch in der Gruppe (der Krüppel: nie zufrieden: verlangt nach Fleisch,

nach der Menschenmenge usw.) = schwierige, verzogene Kinder: *»chaouchoun«*.[269]

3. Physische Immobilität eines der Partner. Léonie im Bett (kann nicht einmal mehr in die Küche gehen), der Krüppel: ohne Hände, ohne Füße, eine Art Ding, das wie ein Paket transportiert wird (auf einem Esel, auf einem Boot).

4. Beziehung zwischen Pfleger und Pflegling, Anlehnungsbeziehung.[270] Der eine dem Gutdünken des anderen ausgeliefert, der Körper preisgegeben, die alltäglichen Beziehungen auf der Ebene elementarer Körperbedürfnisse: pflegen, waschen, zu essen geben.

5. Intensive sprachliche Beziehung. Der Krüppel hat ein flottes Mundwerk. Léonie: beständiger Strom des inneren Monologs (manchmal ist der Druck so stark, daß sie mit lauter Stimme spricht).

6. Vertraglich fixiertes Zusammenwohnen. Françoise: Hausbedienstete auf Lebenszeit, eine Art feudaler Ergebenheit (ihr rechtlicher Status: Ancien régime). Eulogius: feierlicher Vertrag mit Gott (ebendarin liegt sein Problem): symbolisch und fast auch juridisch ein eheliches Verhältnis.

7. Zornesausbrüche, Szenen (zumindest vorgestellte), Wutanfälle, Leidenschaften. Suche nach dem empfindlichen

269 Barthes erläutert mündlich, es handele sich um einen »Dialektausdruck, der mir aus meiner Kindheit vertraut ist, aus dem Dialekt der Gascogne. Ich weiß nicht mehr recht, ob es das Wort wirklich gibt oder ob ich es vielleicht erfunden habe; es dient dazu, schwierige Kinder zu bezeichnen. Man sagte: solche Kinder sind *chaouchoun*, verkorkst. [...] Eulogius und Tante Léonie sind *chaouchoun*.«

270 Barthes mündlich: »wie man in der Psychoanalyse sagt«. Er bezieht sich dabei sehr frei auf Freuds Begriff der »Objektwahl nach dem Anlehnungstypus« [*relation anaclitique*], die Freud mit der narzißtischen Beziehung in Verbindung bringt, während Lacan beide voneinander trennt. Zu dieser Frage siehe insbesondere Jacques Lacan, »Über die Analyse als *Bundling* und deren Formen«, in: ders., *Die Objektbeziehung* (Seminar, Buch IV, 1956-1957), übersetzt von Hans-Dieter Gondek, Wien: Turia + Kant 2003, S. 87-105. »Ein Teil des erotischen Lebens der Subjekte, die an diesem libidinösen Abhang [*versant*] teilhaben, ist voll und ganz von dem einmal erprobten und auf sich genommenen Bedürfnis nach dem Anderen [*le besoin, une fois expérimenté et assumé, de l'Autre*], der mütterlichen Frau, bedingt, insofern sie das Bedürfnis hat, in ihm ihr Objekt zu finden, nämlich das phallische Objekt. Das eben macht das Wesen der Beziehung des Anlehnungstypus im Gegensatz zur narzißtischen Beziehung aus.« Ebd., S. 95.

Punkt, dem verletzendsten Argument: Françoise ist eine Diebin, Eulogius will sein Seelenheil auf dem Rücken des Krüppels retten.

8. Einzig mögliche Lösung: der Tod.

Folie à deux: in wie vielen Ehen, in wie vielen Familien (Mutter / Tochter) und Paarbeziehungen! Untrennbares Gewirr von Haß und Liebe (Françoises rasender Schmerz beim Tod Léonies). Diese Paarbildung verweist deutlich auf eine archetypische Beziehung: Wild / Jäger (der Vergleich stammt von Proust), Opfer / Henker, die Rollen können sich vertauschen → sadesche, dostojewskische Situation (oder Strukturtatsache).

Distanz

Das Zusammenleben, zumal das idiorrhythmische, bringt eine Ethik (oder Physik) der Distanz zwischen den beieinanderwohnenden Subjekten mit sich. Es ist ein gefährliches Problem – ohne Zweifel das Grundproblem des Zusammenlebens und folglich dieser Vorlesung. Wir bekommen es nur punktuell, partiell, nebenbei, vom Rande her zu fassen. Was ich hier kurz darstelle, ist nur eine Gestalt dieses Problems (und keineswegs seine Lösung): der Abstand der Körper (im Zusammenleben).

Das Problem läßt sich als Aporie formulieren, und zwar in der Form einer aporetischen Kette von Sätzen:

1. Der Körper der anderen – des anderen – erregt mich. Ich begehre, ich verspüre die Energie und den Mangel des Begehrens, ich trete ein in die erschöpfende Taktik des Begehrens.

2. Aus dieser Erregung erschließe ich (phantasiere ich) einen Zustand, der sie verschwinden ließe: die *hesychia*: Schweigen des Begehrens, schmerzlose Leere, Gleichgültigkeit.

3. Also stelle ich Regeln auf, um zur *hesychia* zu gelangen. Sie regulieren im allgemeinen den Abstand zu den anderen Körpern, die mein Begehren auslösen.

4. Doch indem ich das Begehren des anderen – der anderen – abtöte, töte ich das Begehren zu leben. Wenn mich der Körper des anderen nicht erregt oder wenn ich den anderen

niemals berühren kann, wozu dann noch leben? Der Kreis der Aporie ist geschlossen.

Im System des christlichen Mönchtums hält das Subjekt natürlich bei Punkt drei (Distanzregeln) inne. Es hält am religiösen Telos – dem Wunsch nach Vollkommenheit – fest und zerbricht die Kette im rechten Moment. Es ändert sein Begehren, schaltet auf ein anderes Begehren um. Gelingt es ihm nicht, sein Begehren umzulenken, verfällt es der Akedia, das heißt, es fällt genau in die Lücke zwischen zwei Begierden. Daher die pedantische Strenge der Mönchsregeln bezüglich der Distanz zwischen den Körpern:

Basilius, 8. Frage, S. 105 ff.

1. Wir unterscheiden zumeist nicht sorgfältig genug zwischen *a)* der ideologischen Abwertung des Körpers (den Körper abtöten, entmaterialisieren, verachten, kasteien) und *b)* den Distanzregeln (Regulierung des Abstands: propädeutische Regeln, um das Begehren zu lenken). Nicht um es brutal zu unterdrücken, sondern um es in der Schwebe zu halten: *epoche*[271]: Urteilsenthaltung und Begehrensenthaltung? Sich-Enthalten [*suspendre*] ≠ abschaffen.

2. Diese Distanzregeln: gehen so sehr ins einzelne, daß sie räumliche, metrische Abstände vorschreiben:

Ladeuze, S. 264

Benediktusregel, Kap. 22

a) Nachtruhe: detaillierte Vorschriften. Pachomius: Verbot, zu zweit in einer Zelle zu schlafen. Hl. Benedikt: jeder in einem eigenen Bett. »Die jüngeren Brüder haben ihre Betten nicht nebeneinander, sondern zwischen denen der Älteren« ≠ *Gastmahl*: der Tausch der Plätze (der Betten) ist hocherotisch.

Ladeuze, S. 283

b) Der Körper ist vollständig isoliert, umgeben von präzise bemessenem Abstand. Regel des Pachomius:

> *»Totum corpus nemo unguet nisi causa infirmitatis*
> *nec lavabitur alterum aqua nudo corpore.*
> *Nullus lavare alterum poterit aut unguere.*
> *Nemo alteri loquatur in tenebris.*
> *Manum alterius ne teneat, sed, sive steterit, sive ambulaverit, uno cubito distet ab altero.«*[272]

271 Griech. *epoche*, Unterbrechung, Zurückhaltung.

272 Barthes verliest den Text – wobei er sich eine »französische« Aussprache des Lateinischen zubilligt – und gibt eine wörtliche Übersetzung: »Niemand salbe (bestreiche) den ganzen Körper (mit wohlriechenden Stoffen), es sei denn, es geschähe wegen einer Krankheit. (Salbe nur bei Krankheit.) Und niemand wasche sich vollständig entblößt mit Wasser. Es ist nicht

Bemerkenswert an diesen Verboten: subtiles, scharfes Gespür für die Wege des Begehrens = Autoerotismus (sich nackt waschen, stundenlang unter der Dusche stehen), Zärtlichkeiten unter dem Deckmantel funktionaler Erfordernisse (den anderen waschen: Verknüpfung von Anlehnung[273] und erotischer Lust: mütterliche Säuglingspflege), Sprechen, ohne einander zu sehen (intensive Erotik der Sprache, der Nacht), das durchtriebene Spiel der Distanzen (sich auf Ellbogenlänge vom anderen fernhalten) ≠ die ganze Taktik der flüchtigen Berührungen (vgl. *Werther*[274]). → Ein wahres Handbuch der Lüste der Berührungen, des Streifens. (Sinn der flüchtigen Berührung: nicht Suche nach genitaler Befriedigung, sondern – insoweit Perversion – Suche nach der Aufhebung einer Versagung: Der Körper des anderen ist mir nicht verboten. Ich liefere mir den Beweis dadurch, daß ich ihn berühre – selbst unter dem Alibi eines unschuldigen Grundes.[275])

Die optimale Distanz, da in gespannter Beherrschung, angestrengter Distanzierung: der Alarmzustand; seinen Körper im Alarmzustand, unter aktiver Kontrolle halten:

Licht im Schlafsaal bis zum Morgen (hl. Benedikt): Thema der Nachtwache.

Benediktusregel, Kap. 22

Ebenso: Pachomius; sitzend auf schrägen Stühlen schlafen und nicht ausgestreckt liegend.

Ladeuze, S. 301; Palladius, Kap. 32, S. 67

Symbolik des Gürtels. Hl. Basilius: Mönche: nur eine Tunika mit einem Gürtel; Zeichen der Virilität.[276] Bereitschaft zum Handeln. Hiob 38, 3: »Umgürte deine Hüften wie ein

gestattet, sich gegenseitig zu waschen oder zu salben; niemand spreche mit einem anderen im Dunkeln. Niemand ergreife die Hand eines anderen, sondern halte, sei es im Stehen oder im Gehen, Abstand von einer Elle zum anderen.«

273 Vgl. oben, Anm. 270.

274 Vgl. dazu »Berührungen«, in: *Fragmente einer Sprache der Liebe*, a. a. O., S. 59 f.

275 Barthes erinnert in der Vorlesung an die Szene am Strand von Balbec, in der Charlus den Erzähler vertraulich am Hals zwickt (Marcel Proust, *Auf der Suche nach der verlorenen Zeit*, übersetzt von Eva Rechel-Mertens, Frankfurt am Main: Suhrkamp 1979, S. 1009 *(Im Schatten junger Mädchenblüte)*. [Vgl. auch später die Episode, in der Charlus »mein Kinn zwischen gleichsam magnetisch angezogene zwei Finger nahm, die nach kurzem Zaudern zu meinen Ohren hinaufglitten wie die Finger eines Barbiers«: a. a. O., S. 1992 (*Die Welt der Guermantes*, II, 2).]

276 Barthes erläutert mündlich: »der Virilität und der Beherrschung dieser Virilität«.

Amand, S. 220; Basilius, 23. Frage, S. 139 f.

Mann.« (Noch heute: Gürtel = Männlichkeit: breite Ledergürtel, Cowboystil, Lederkleidung, SM; Verachtung für Hosenträger[277] usw.)

Alles in allem eine Gesamtheit von Regeln, die auf eine sehr genaue Kenntnis des Begehrens schließen lassen. Opposition zwischen: 1. einer Thematik der Wollust: Haut und Sprache; polymorph-perverse Anlage des Kindes[278]: zärtliches Geplapper ≠ 2. Thematik des Muskels, der Spannung, der Lende als Ausgangspunkt der koitalen Bewegung.

Zum Schluß (aber nicht abschließend) zwei Berichtigungen:

1. Der »Panzer« des Körpers (Reich)[279] oder der Körper als Panzer. Nicht nur bei Mönchen: bei den meisten modernen Subjekten: Der Körper schützt sich vor dem Begehren des anderen. Ein Schutz, der für das Subjekt selbst oft schmerzhaft ist, weil es ihm nicht mehr gelingt, »sich gehenzulassen«. Dagegen bestimmte Drogen mit spezifischer Wirkung (*yellow pills*[280]): keine Aphrodisiaka, sondern »panzerbrechende« Wirkung. Das konnte ausnahmsweise auch bei den Mönchen selbst vorkommen: Als beim gemeinsamen Mahl der Mönch Poemen sah, wie sein Nachbar bei der Psalmodie entschlummerte, nahm er sanft seinen Kopf und ließ ihn sein Nickerchen auf seinen Knien vollenden.

Draguet, S. XXXI

2. Die erotische Kontrolle des Körpers: in unserer christlichen Zivilisation: verstümmelnde, kastrierende Lösung, Kastrationsphantasie.[281] Geschichte des Asketen Elias, der »die Jungfrauen sehr schätzt«, beaufsichtigt ein Kloster von dreihundert Frauen in der Stadt Athribe. Sie zanken sich, so daß er mitten unter ihnen leben muß. → Erregt → träumt, daß ihm drei Engel die Hoden ausschneiden → erwacht geheilt von jeder Leidenschaft.

Palladius, Kap. 29, S. 65

277 Barthes erläutert mündlich: »Symbol der Unmännlichkeit«, »der Schlappheit«.

278 Siehe Sigmund Freud, *Drei Abhandlungen zur Sexualität*, in: *GW*, Bd. 5, S. 91 f.

279 Siehe Wilhelm Reich, *Charakteranalyse*, Wien: Internationaler Psychoanalytischer Verlag 1933. Die Hemmung der orgasmischen Energie ruft psychosomatische Widerstände hervor, die einen »Charakterpanzer« bilden.

280 Aufputschende Modedrogen der sechziger Jahre.

281 Barthes präzisiert mündlich: »Kontrollieren heißt kasteien.«

Hingegen Ferner Osten, Tao: nichtverstümmelnde Kontrolle; *coitus reservatus*: eine ganz andere Philosophie des Orgasmus als bei dem sehr westlichen Wilhelm Reich.[282] Der Orgasmus ist nicht das höchste Gut: ein tiefer Gedanke der perversen Sexualität, das heißt Annäherung an diese Utopie: die Nicht-Verdrängung (das Kind ist die absolut utopische Figur für eine Menschheit, die der Verdrängung zum Opfer gefallen ist).

Bedienstete

Betrachten wir eine klassische Aufteilung: Der Mensch lebt von Bedürfnissen und Begierden. Nun fällt das Zusammenleben in den Bereich des Begehrens, und die Idiorrhythmie ist die subtile (nicht wissenschaftliche, wenig oder schlecht institutionalisierte) Form dieses Begehrens. Was aber wird, neben diesem Begehren, aus dem Bedürfnis? Wie ist das Bedürfnis zu befriedigen? Wer besorgt die Hausarbeit? Heikles Problem der modernen »Kommunen«: Wer spült das Geschirr? Problem des Dienstpersonals. Zu beachten: In Zivilisationen, die Sklaven halten, vollzieht sich die Trennung zwischen Bedürfnis und Begehren ganz von selbst. Siehe dazu Xenophons Schilderung des Zusammenlebens in der antiken Gesellschaft, das in seiner *Ökonomik* beschriebene »Haus« (*oikia*[283]): durch und durch hierarchisch und funktional organisiert. Das Problem Bedienstete / keine Bediensteten stellt sich erst nach dem Ende der Sklaverei. Es wird aktiv, pertinent (ja / nein) in der christlichen Welt.

282 Für Reich ist der Orgasmus die Vollendung jeder gelungenen Sexualität: »[...] die genitale Befriedigung als der sexualökonomisch entscheidende Faktor in der Neurosenverhütung und Herstellung der sozialen Leistungsfähigkeit widerspricht in jedem Punkte den heutigen Gesetzen des Staates und jeder patriarchalischen Religion.« Reich, *Die sexuelle Revolution*, a.a.O., S. 49.

283 Griech. *oikia*, Haus.

Manche Individuen oder Gemeinschaften bündeln in demselben Subjekt die Befriedigung der Bedürfnisse (die Aufgaben der Haushaltsführung) und die Erfüllung des Begehrens (sagen wir der Einfachheit halber: die Ermöglichung eines sublimierten, kontemplativen Lebens für ein Subjekt, das sich einem religiösen Telos widmet). → Freistellung von allen häuslichen Pflichten: das kontemplative Subjekt kümmert sich selbst um die Befriedigung seiner Bedürfnisse, die es ebendarum auf ein Minimum reduziert:

Draguet, S. XXI

1. Anachoreten aus der Zeit der Kirchenväter: orientalische Mönche (Ägypten, Palästina, Syrien, Konstantinopel). Entstammen hauptsächlich der bäuerlichen Schicht: ungebildet oder bildungsfeindlich (Antonius weigert sich zu studieren, um sich nicht verderben zu lassen); antiintellektualistische Marginalität. Jedem Anachoreten obliegt es, für seine sämtlichen Bedürfnisse selbst zu sorgen.

Festugière, I, S. 48

Manchmal bloß ein junger Schüler, ein *famulus*[284], der übrigens weniger als Hausdiener denn als Bote dient und dem Einsiedler hilft, seine Abgeschiedenheit nicht verlassen zu müssen. Die Dienstbarkeit ist also sublimiert, der Tausch bezieht sich auf das spirituelle Gut: Weisheit, Vollkommenheit des »Alten« gegen niedere Dienste des »Jungen«.

Robinson Crusoe, S. 360 ff.

Robinson Crusoe: Welt der Sklaverei. Robinson: handelt mit Sklaven für Brasilien. Er lebt mit Freitag, wie man mit einem Sklaven zusammenlebt. Zeichen → *a)* Freitag selbst nimmt Robinsons Fuß und setzt ihn auf seinen Kopf (als gehöre es zum Wesen des Schwarzen, augenblicklich Sklave zu S. 366 sein); *b)* das erste Wort, das Robinson Freitag beibringt, ist »Herr«; *c)* Robinson lehrt Freitag, Englisch zu sprechen (für seine Bedürfnisse), ohne hingegen dessen Sprache zu lernen; *d)* Freitag ist fast ebenso gut gekleidet wie sein Herr. Vor dem Schiffbruch jedoch, als Robinson Crusoe selbst Sklave eines türkischen Piraten aus Salee ist und mit einem Boot flieht: Andeutung einer Beziehung mit einem Jungen, Xury. Allem Anschein nach ein *famulus*: Erfahrung gegen Dienste. Zum S. 61 Schluß verkauft ihn Robinson aber; in Wirklichkeit also doch ein Sklave.

284 Lat. *famulus*, Diener, Sklave.

2. *Athos:* Wir haben zweierlei Idiorrhythmien kennengelernt: eine alte, nach dem Muster der »reinen« (und »harten«) Eremiten, und eine neuere, welche die soziale Spaltung der Gesellschaft in sich aufgenommen hat: wohlhabende Mönche mit eigenen Einkünften und bediensteten Mönchen, die mit den häuslichen Aufgaben betraut werden. Ursprünglich auf Athos: Idiorrhythmie ohne Bedienstete, in den Klosterregeln sogar ausdrücklich verboten.

Dies wäre mit einem topischen Merkmal von Athos in Verbindung zu bringen, das im allgemeinen fehlgedeutet wird: das Verbot für weibliche Tiere, das möglicherweise vom hl. Athanasius auf Athos eingeführt wurde. Offenbar keineswegs aus Gründen der Sexualmoral. Geht einher mit dem Verbot, sich Bedienstete zu halten: soll die Klöster daran hindern, von den Einkünften aus den Herden bezahlter Hirten und Viehzüchter zu leben. (Sobald es Herden gibt, muß es auch Sklaven oder Gesinde geben. Die fünf Kolonisten in *Die geheimnisvolle Insel* überlassen die Aufsicht über ihre Viehherde (im Pferch) dem geächteten Ayrton, den sie auf einer anderen Insel gefunden hatten – und der, freigekauft, wegen seines »Vergehens« (siehe *Die Kinder des Kapitän Grant*) zu ihrem Pseudosklaven wird.[285])

J. Leroy, *Le Millénaire du mont Athos*, S. 114

2. *Bedürfnis ≠ Begehren*

Um sich spirituellen Aufgaben (dem spirituellen Begehren) widmen zu können, delegiert die Gemeinschaft die Aufgaben der Bedürfnisbefriedigung an eine funktionale Gruppe von bediensteten Mönchen:

In den koinobitischen Klöstern: die Laienbrüder, *convertiti*[286], die Konversen. Das ist der Preis der Bekehrung, der Preis, der für die Aufnahme zu zahlen ist + Fehlen von Bildung, Bauern, innerreligiöse Wiederherstellung der sozialen Teilung der Gesellschaft. Bei den Kartäusern haben wir ge-

285 Wegen seines Verrats an Lord Glenarvan, der zur Suche nach Kapitän Grant aufgebrochen war, wird Ayrton zwölf Jahre lang auf einer verlassenen Insel ausgesetzt. Siehe Verne, *Die geheimnisvolle Insel*, a.a.O., II, Kapitel 17.

286 Lat. *convertiti*, die [zum Eintritt ins Kloster] Bekehrten.

sehen: Laienbrüder (unteres Haus) ≠ Väter (Idiorrhythmie als Luxus[287]).

Bareau, S. 76 Buddhistische Klöster auf Ceylon (sanfter Buddhismus): Die Mönche sind durch die Einrichtung einer Dienstbotenschaft von materiellen Aufgaben entlastet. *a)* Alte ohne Beruf und Familie, die auf eigenen Wunsch ihre Tage damit beschließen, daß sie in den Klöstern kleine häusliche Dienstleistungen verrichten = die *upasaka*; *b)* Jugendliche, die auf diese Weise für ihre Ausbildung zahlen; *c)* entlohnte Hausbedienstete, von Laien bezahlt. Das entspricht den besonderen sozialen Merkmalen der singhalesischen Klöster: Wohnsituation bildet die Wohnverhältnisse der kleinen und mittleren Bourgeoisie ab. (Bareau)

Offensichtlich folgt diese kommunitäre Frage den großen Strukturproblemen der Gesellschaften – Arbeitsteilung, Tausch, soziale Spaltung –, die sich mit der Abgrenzung einer Gruppe privilegierter Müßiggänger in der Marginalität eines soziales Mikrokosmos reproduzieren. Mich interessiert jedoch mehr die innere Strukturierung der beiden Gruppen: Herren / Bedienstete. Es ist eine Struktur der Nachbildung, Nachahmung, Anamorphose, Verdopplung: Die Herren kehren in den Domestiken wieder, jedoch in unvollständiger Gestalt, als Karikatur.

Die *famuli*, die Laienbrüder: abgeschwächte, noch unbearbeitete Nachbildungen der großen Eremiten, der eigentlichen »Väter«. *Convertiti*: Jüngstbekehrte, die sich gleichsam bemühen, den Status nachzuahmen, den sie erreichen wollen.

Dieses Spiel der possenhaften Verdopplung: wird bei Zola in *Ein feines Haus* im sozialen Raum des Mietshauses wunderbar dargestellt. Die Menschheit zerfällt in zwei Teile: die Welt der Bürger, der Herrschaften (vornehme Wohnungen, über die Haupttreppe erreichbar) ≠ die Welt der Bediensteten (Dienstbotenaufgang, Korridor der Dienstmädchenstuben, Küchenfenster zum Innenhof), der man auch die Welt des Ehebruchs zurechnen kann: die ausgehaltenen Mätressen. Doch diese beiden Welten spiegeln sich ineinander:

Ein feines Haus, S. 139 ff. u. ö. Das Hausgesinde: possenhafte Reproduktion der Rede der Herrschaften. Der kleine Innenhof (Küchen) spiegelt und

287 Siehe oben, S. 122.

klärt in ordinärer Sprache die verhüllende Sprache der Herrschaft.

Das Concierge-Ehepaar, Herr und Frau Gourd, imitiert die S. 6 f.
Vornehmheit der Eigentümer. Herr Gourd, mit langem, glattrasiertem Diplomatengesicht, liest den *Moniteur*.[288] Die Loge: ein kleiner Salon mit hellen Spiegelscheiben, rotgeblümtem Plüschteppich, Palisandermöbeln, ein mit granatfarbenen Ripsvorhängen drapiertes Bett: die Wärter verkleiden sich in die, denen sie aufwarten sollen.

Die Geliebte Duveyriers, Clarisse: das Interieur ihrer Woh- S. 176,
nung reproduziert das der legitimen Ehefrau. Gipfel der 136
Wohlanständigkeit: Sie besitzt ein Klavier, mit dem sie den Ehemann peinigt.[289]

Wir schlagen damit nur ein (riesiges) Dossier auf, bei dem es um die Frage geht: Zu jeder Spaltung gehört eine Spiegelung – oder zieht eine solche nach sich. Daher: Spiegeleffekte der Teilung im sozialen Feld.

288 Die Zeitung *Le Moniteur* war im Zweiten Kaiserreich das Sprachrohr der glühenden Anhänger des Regimes.

289 [Mißverständlich: Clarisse hat kein Klavier. Vielmehr ist es die Ehefrau, die ihr Klavier malträtiert und ihren Mann damit zur Geliebten treibt. Ebd., S. 174.]

Sitzung vom 16. März 1977

Hören

Hierarchie der fünf Sinne: nicht nur nicht die gleiche bei Mensch und Tier (Hund: Geruchssinn → Gehör → Gesichtssinn), sondern verändert sich auch in der Geschichte der Menschheit. Febvre[290]: mittelalterlicher Mensch: Vorherrschaft des Hörens vor dem Sehen; dann, seit der Renaissance, Umkehrung. Eine Zivilisation des Blicks: Das Hören rückt ins zweite Glied. Doch vielleicht wird es ganz einfach verdrängt? → Raum des Zusammenlebens: aktive Spuren des Hörens. Das Hören ist dabei die Grundlage für etwas. Abermals schlagen wir ein Dossier auf.

Territorium und Hören

Beim Tier: Revier häufig durch Geruch markiert. Beim Menschen: *a)* entweder durch den Gesichtssinn begrenzt: Mir gehört alles, was ich mit einem Blick umfassen kann[291] (darüber zweifellos Legenden); *b)* oder durch den Tastsinn: Mir gehört alles, was in meiner Reichweite liegt, was ich mit der Hand greifen, mit dem Arm berühren kann: Das ist »mein Plätzchen«, mein Mikroterritorium (vgl. unten, »Proxemie«). Aber auch:

- Territorium: polyphones Netz aller vertrauten Geräusche: derjenigen, die ich wiedererkennen kann und die deshalb Zeichen meines Raumes sind.
- Kafka und die Wohnung (*Tagebücher*, S. 172)[292]:
  »Ich sitze in meinem Zimmer im Hauptquartier des Lärms

290 Siehe Lucien Febvre, *Das Problem des Unglaubens im 16. Jahrhundert. Die Religion des Rabelais*, übersetzt von Gerda Kurz und Sieglinde Summerer, Stuttgart: Klett-Cotta 2002, über den Buchdruck (S. 339 f.) und über den Blick (S. 381 f.).

291 In der Vorlesung kommentiert Barthes: »Der Horizont, das ist die Linie, die mein Territorium umschließt.«

292 Barthes verliest die Kafka-Passage in der Vorlesung. Im Manuskript findet sich nur die Seitenangabe.

der ganzen Wohnung. Alle Türen höre ich schlagen, durch ihren Lärm bleiben mir nur die Schritte der zwischen ihnen Laufenden erspart, noch das Zuklappen der Herdtüre in der Küche höre ich. Der Vater durchbricht die Türen meines Zimmers und zieht im nachschleppenden Schlafrock durch, aus dem Ofen im Nebenzimmer wird die Asche gekratzt, Valli fragt durch das Vorzimmer wie durch eine Pariser Gasse ins Unbestimmte rufend ob denn des Vaters Hut schon geputzt ist, ein Zischen, das mir befreundet sein will, erhebt das Geschrei einer antwortenden Stimme. Die Wohnungstüre wird aufgeklinkt und lärmt wie aus katarrhalischem Hals, öffnet sich dann weiterhin mit dem kurzen Singen einer Frauenstimme und schließt sich mit einem dumpfen männlichen Ruck, der sich am rücksichtslosesten anhört. Der Vater ist weg, jetzt beginnt der zartere, zerstreutere, hoffnungslosere Lärm, von den Stimme der zwei Kanarienvögel angeführt.«

= Wahrlich eine familiäre, vertraute Klanglandschaft: Beruhigung. Interessant, denn diese diskontinuierliche, erratische Landschaft ist dennoch stark codiert: daher die Kraft des Ungewöhnlichen; unerwartete Stille oder nicht identifizierbarer Lärm zwingen zu innerer Deutungsarbeit. Insoweit besteht ein Unterschied zwischen Wohnung und Haus. Wohnung: harmlose, beherrschbare Geräusche ≠ Haus: erhöhte Gefahr unbekannter Geräusche. Haus: phantasiebeladenes Objekt; eine ganze Folklore der Angst, wenn nicht identifizierbare Geräusche auftreten. Wohnung: Sicherheit, weil man die Gewißheit hat, daß das unbestimmte Geräusch eines Wasserhahns oder der Heizung hinter einer Wand vom Nachbarn stammt. ≠ Haus: umfaßt alle Geräusche. Alle Geräusche gehören zu mir, gehen mich an, gehen an mich: ich bin der Adressat des unbekannten Geräuschs.

Verdrängung und Hören

Beziehungen zwischen Hören und Sexualität, von Freud erkannt und dargestellt, zumal in der Theorie der Urszene[293]

293 »Szene der sexuellen Beziehung zwischen den Eltern, die beobachtet oder aufgrund bestimmter Anzeichen vom Kind vermutet oder phantasiert wird. Es deutet sie im allgemeinen als einen Akt der Gewalt von seiten des

(ein Hörspiel!) und in der Untersuchung eines Falls, der der Theorie der Paranoia zu widersprechen schien (Klicken des Photoapparats und Klopfen an der Klitoris[294]).

Der Zauberberg, S. 45 f.

- In Gemeinschaften gibt es ein erotisches Horchen, das Hören einer Lust, die mich anruft und von der ich ausgeschlossen bin. Hans Castorp wird zum akustischen Zeugen des Geschlechtsverkehrs des russischen Ehepaars im Nachbarzimmer.
- Von daher der zwanghafte Mechanismus des Belauschens: horchen, dem oder den anderen nachspionieren. In *Ein feines Haus* ist das bürgerliche Mietshaus ein einziger Raum der Lauschangriffe und der Spionage. Die trennende Wand, Grenze der Wohlanständigkeit, Maskierung des Blicks, wird vom Gehör niedergerissen. Gutes Beispiel: *Die Eroberung von Plassans*. Mouret, der müßiggängerische Hausbesitzer, beim leidenschaftlichen Ausspionieren des Priesters, der bei ihm zur Miete wohnt. Sexuelles Interesse am Priester im neunzehnten Jahrhundert: bei Zola, Michelet, Goncourt (Noah-Komplex[295]?): »Von nun an würde er eine Beschäftigung haben, einen Zeitvertreib, der ihn aus seinem alltäglichen Leben herauszog.«

Die Eroberung von Plassans, S. 32

- Idyllische, utopische Gemeinschaft: Raum ohne Verdrängung, das heißt ohne Horchen; in dem man vernehmen, aber nicht lauschen würde. Vollkommene klangliche Transparenz = die eigentliche Definition der Musik. In der Musik belauscht man nicht – und in gewissem Sinne hört man auch nicht.

Ersatz dieser Aufhebung der Verdrängung: Raum durchgängig codierter Geräusche: das Kloster. Die Glocke, Instru-

Vaters.« Laplanche/Pontalis, *Das Vokabular der Psychoanalyse*, a. a. O., S. 576.

294 Barthes bezieht sich mündlich auf Freuds »Mitteilung eines der psychoanalytischen Theorie widersprechenden Falles von Paranoia«, in: *GW*, Bd. 10, S. 234-246: Eine Frau glaubt während der Umarmungen ihres Liebhabers das Klicken eines Photoapparates zu hören, ein »Geräusch wie ein Pochen oder Ticken [...] Es hatte an der Klitoris geklopft« (ebd., S. 236, 244). 1972/73 hatte Barthes diesem Freudschen Text einen Teil seines Seminars an der École pratique des hautes études gewidmet.

295 Barthes erinnert mündlich an die biblische Szene, in der Noahs Sohn Ham die entblößte Scham seines trunkenen Vaters erblickt und deshalb von diesem verflucht wird. Gen 9,21 ff.

ment der Klosterregel und Vollendung eines Geräuschs frei von Angst oder Paranoia: daher die Metonymie mit dem Himmel.

Wischtuch

Ich werde die Wahl dieses Titels gleich begründen.

Manch einer (wahrscheinlich jeder von uns) wird höchsteigene Phantasien über das Zusammenleben hegen. Man fabriziert sich das Phantasiebild eines Zusammenlebens und entnimmt dabei die Partner dem Netz seiner Bekannten. Das Interessante bei dieser Phantasiebildung ist nicht die Frage, wen man auswählt, sondern wen man ausschließt, denn die Eliminationskriterien folgen nicht unbedingt den Imperativen der Zuneigung. Oft sind die Kriterien nur sehr diffizil zu analysieren.

Das Paradox vieler Gemeinschaften (das Gegenstand dieser Figur ist): Der Ausgeschlossene ist eingeschlossen, ohne seinen Status als Ausgeschlossener zu verlieren. Darin besteht der widersprüchliche Status des Parias: ausgestoßen und eingeschlossen, inkludiert als Abfall.[296] Vielleicht gibt es keine Gemeinschaft ohne inkludierten Abfall. Nehmen Sie die heutige Welt: sehr unterschiedliche Gesellschaftsformen; wahrscheinlich nicht eine einzige ohne inneren Abfall. Jede Gesellschaft hütet eifersüchtig ihre Abfälle und verhindert es, daß sie ganz verschwinden. Die internationale Soziologie bedürfte einer Theorie des inneren Abfalls, des zurückgehaltenen Ausgestoßenen (schlicht: Heuchelei in unterschiedlichen Varianten, ideologische Rechtfertigungen des Parias, der tendenziell als solcher nicht mehr erkannt, nicht mehr anerkannt wird).

In unserem Textkorpus: Palladius, *Historia lausiaca*, Kap. 34, S. 71 ff.: »Von der Nonne, die sich wahnsinnig stellte«.

»In jenem Kloster war auch eine Jungfrau, die sich den Anschein gab, als ob sie verrückt und besessen sei. Darum hegte man allgemein solchen Abscheu vor dieser, daß keine mit ihr essen wollte; sie aber hatte das freiwillig auf sich genommen. Sie weilte beständig in der Küche, tat jede Arbeit, war sozusa-

296 Barthes mündlich: »Er ist integriert als Desintegrierter.«

gen das Wischtuch[297] *des Klosters und erfüllte so, was geschrieben steht: ›Dünkt sich jemand weise zu sein unter euch, der soll ein Tor werden, auf daß er weise werde!‹«*[298]

Vgl. Tao, Grenier, S. 125: »Wer, obgleich weise, verrückt tut (eigensinnig darauf besteht, in der Abgeschiedenheit zu leben), spricht tiefste Wahrheit.«

»Mit einem Lumpen hielt sie den Kopf umhüllt, während die anderen geschoren waren und Kapuzen trugen. So war sie angetan und versah den Dienst einer Magd. Keine von den vierhundert sah sie jemals essen während der vielen Jahre; sie setzte sich niemals zu Tische, genoß kein Stücklein Brot und war mit dem zufrieden, was sie beim Spülen der Geschirre fand. Sie kränkte niemand, murrte nicht, sagte weder viel noch wenig, obgleich sie beschimpft, geschlagen, verwünscht und verächtlich behandelt wurde.

<Als nun dem heiligen Piterum offenbart wurde, es gebe im Frauenkloster von Tabennä eine Frau, die frömmer sei als er, begab er sich zu diesem Kloster[299]> *und wünschte alle zu sehen. Doch jene war nicht dabei. Er sagte zuletzt: ›Stellet mir alle vor; es fehlt noch eine.‹ Sie sagten: ›Eine haben wir noch in der Küche draußen; aber die ist närrisch.‹ Er sagte: ›Führt sie herein, ich möchte sie sehen.‹ Sie gingen hinaus und sagten es ihr; doch sie weigerte sich; sie ahnte wohl, daß ihr Geheimnis verraten werde. Die anderen aber zogen sie mit Gewalt und sagten: ›Der heilige Piterum wünscht dich zu sehen.‹ Sein Name war nämlich überall bekannt. Als er sie nun mit dem Lumpen am Kopf eintreten sah, fiel er ihr zu Füßen und sagte: ›Segne mich!‹ Ebenso fiel ihm jene zu Füßen und sagte: ›Segne du mich, Herr!‹ Da wunderten sich alle und sprachen zu ihm: ›Vater, laß dich doch nicht zum besten halten! Sie ist ja närrisch!‹ Da sagte Piterum zu allen: ›Ihr seid närrisch; denn sie ist meine und eure Mutter‹ – so nennen sie jene, die ein Leben*

297 [Griech. *spoggos*, »Schwamm, der zum Aufwischen und Reinigen dient«: Hinweis des Palladius-Übersetzers St. Krottenthaler. Barthes schreibt *éponge*, Schwamm. Eine andere Übersetzungsmöglichkeit wäre: »Fußabtreter«.]

298 1 Kor 3, 18. – Barthes kommentiert mündlich: »Universell verbreiteter Topos der Weisheit, denn man findet die gleiche Beobachtung in taoistischen Schriften.« Barthes leitet dann über zu dem Zitat aus dem Buch von Jean Grenier, *L'Esprit du Tao*, Paris: Flammarion 1973.

299 Barthes' mündliche Überleitung in der Vorlesung.

des Geistes führen – ›und ich wünsche nur ihrer würdig befunden zu werden am Tage des Gerichtes.‹ Als sie das hörten, fielen sie jener zu Füßen und jede gestand ein anderes Vergehen: die eine, sie habe sie mit Spülwasser begossen; die andere, sie habe sie geschlagen, so daß sie blaue Flecken bekam; wieder eine andere, sie habe ihr die Nase mit Senf bestrichen; kurz, jede hatte auf andere Weise tollen Übermut getrieben an ihr. Da betete Piterum für alle und ging.

Weil aber jene nicht Ruhm und Ehre bei den Schwestern genießen wollte und die vielen Abbitten lästig fand, entwich sie nach wenigen Tagen aus dem Kloster. Wohin sie ging, wo sie sich verbarg und wo sie gestorben ist, hat niemand erfahren.«[300]

Sie werden sich an das Aktanten-Schema von Greimas erinnern[301]: Subjekt → Objekt + Adressant / Adressat + Opponent / Adjuvant. Dieses Schema ist allzu vernünftig, vollständig und harmonisch: Es fehlt der Abfall-Aktant, das »Wischtuch«. Man könnte sogar – als schlichte Arbeitshypothese – Erzählungen und Gemeinschaften, fiktionale Gemeinschaften danach typologisieren, welche Rolle dieser Abfall-Aktant darin spielt:

1. Gemeinschaften, in denen der Aktant präsent ist: der inkludierte Abfall *(Historia lausiaca)*. *Herr der Fliegen*: einer der Jungs übernimmt die Rolle des Wischtuchs der ganzen Bande: Piggy. *Ein feines Haus*: Adèle, die Schmutzliese; bürgerliches Mietshaus: unterschiedliche soziale Kreise. Dem Status der Herrschaften entspricht analog der Status des Dienstpersonals (und der Stockwerke) (vgl. »Bedienstete«). Die letzte der Familien, die Pichon, in der letzten Etage: kein Dienstmädchen. Davor: die ärmste Familie, die Josserand (Mutter sucht ihre Töchter zu verheiraten): haben eine Schmutzliese, Adèle. Sehr gut gesehen von Zola: Adèle ist das »Wischtuch« nicht nur der Herrschaft, sondern auch der Dienerschaft, die über einen gemeinsamen Raum verfügt – den Innenhof, auf den die Küchenfenster gehen –, wo Adèle un-

300 Barthes verliest den Text aus dem Buch von Draguet, *Les Pères du désert*, a. a. O., S. 160 f.; nur die Überschriften und Seitenangaben finden sich im Vorlesungsmanuskript.

301 Siehe Algirdas Julien Greimas, *Strukturale Semantik. Methodologische Untersuchungen*, übersetzt von Jens Ihwe, Braunschweig: Vieweg 1971, S. 157 ff. (»Überlegungen zu den aktantiellen Modellen«).

ablässig geschmäht und verspottet wird. Zweifach Wischtuch: ihre Einsamkeit als absoluter Paria wird von der schrecklichen Szene der heimlichen Geburt illustriert. Adèle kommt nieder, allein in ihrem Dienstmädchenzimmer, ohne jede Hilfe oder Beachtung, das Kind wird in den Mülleimer geworfen, alles schließt sich wieder. Paria = Nichts (vgl. Flucht und Verschwinden der Wahnsinnigen in der *Historia lausiaca*).

2. Erzählungen ohne Abfall-Aktanten: 1) *Robinson Crusoe*: Raum *a)* der Einsamkeit zu zweit (Freitag); *b)* einer Gruppe von Sklavenhändlern (ein anderes Problem = direkt ökonomisch: Sklaven ≠ Parias). 2) *Der Zauberberg*: kein Abfall. In gewisser Weise eine bizarre Lücke, ein »Mangel« der Erzählung: in der Tat eine menschliche Idylle. Das »schwarze Loch« im Hintergrund der Erzählung ist der Tod, hat nichts mit Affekten zu tun. Der Abfall: der Tod. Was die Erzählung angeht: sehr kultiviert, humanistisch.

3. Eine völlig paradoxe Struktur: Der Abfall-Aktant verschmilzt mit dem Subjekt-Aktanten; Verschmelzung zweier Aktanten im selben Akteur. Das »Wischtuch« ist das Subjekt der Erzählung: die Eingeschlossene von Poitiers als »Akteur«. Nach ihren literarischen Attributen, als Gegenstand der Beschreibung, ist sie absoluter Müll (ihre Höhle: ein einziger Mülleimer; Dreck, Exkremente, Ungeziefer); dennoch ist sie das Rätsel-Subjekt der Erzählung. (Paradoxes Subjekt, weil ohne Objekt, nicht auf der Suche; es ist die Polizei, die Gesellschaft, die daraus eine Narration macht.)

All das läßt sich miteinander verbinden: sei es zu einer Theorie des Sündenbocks (vgl. René Girard, *Das Heilige und die Gewalt*[302]), sei es zu einer Theorie des Schamanen (bei Lévi-Strauss, Einleitung in die *Strukturale Anthropologie*[303]). Der Punkt, an dem die Gemeinschaft die Krankheit fixiert (ähnlich einem Fixationsabszeß[304]) und sie auf diese Weise exorziert, sich ihrer entledigt. Ich integriere das Anomische, indem ich seinen Platz als anomisch codiere. Ich vereinnahme es an einer Stelle, wo es keinen Schaden anrichten kann = so

302 René Girard, *Das Heilige und die Gewalt*, übersetzt von Elisabeth Mainberger-Ruh, Zürich: Benziger 1987.

303 [Barthes meint wohl Lévi-Strauss' »Einleitung in der Werk von Marcel Mauss«, in: Mauss, *Soziologie und Anthropologie*, a.a.O., S. 12-18.]

304 [Ein Fixationsabszeß wird vom Arzt künstlich hervorgerufen, um eine allgemeine Infektion zu lokalisieren.]

verfährt die Macht mit Randgruppen, wenn sie raffiniert ist. Sie richtet Reservate ein (wie für die Indianer). Sie macht zum Beispiel aus den Intellektuellen eine anerkannte Kaste, der ein ganz bestimmtes Plätzchen zugestanden wird.[305] Denn der letzte manipulative Dreh besteht darin, den Abfall zu verherrlichen, zu ehren, zu weihen. Darum bemüht sich das Kloster. Will der Müll konsequent sein, bleibt ihm nur die Möglichkeit, sich noch ein Stück weiter zu entfernen: genau das tut unser »Wischtuch«.

Ereignis

Warum haben wir *Robinson Crusoe*, den Roman der Einsamkeit, in unser Textkorpus aufgenommen? Weil zum Zusammenleben, zumal zum idiorrhythmischen, auf der paradigmatischen Achse auch Werte des Alleinlebens gehören. Wenn ich *Robinson Crusoe* lese und mein Vergnügen bei der Lektüre zu beobachten versuche, fällt mir – jedenfalls mir persönlich – folgendes auf:

Ich tue (möglicherweise) bei meiner Lektüre genau das Gegenteil dessen, was der sogenannte »normale« Leser tut und was der Autor beim Schreiben anstrebte. Wenn die Ereignisse über die einsame Existenz Robinson Crusoes auf seiner Insel hereinbrechen (Konfrontation mit den Wilden, den Kannibalen), so stört das – abgesehen von der Freitag-Episode, mit der eine affektive Regung in die Geschichte eindringt – meine Leselust, und ich beginne mich zu langweilen. Ein Zauber – der mächtige Zauber dieses Buches – ist gebrochen. Und dieser Zauber besteht eben in der Ereignislosigkeit des Alltags. Ich kann mich nicht mehr meinen Phantasien über die häusliche Organisation des Lebens, die Hütte, den Garten mit den Rosinen, das Bukolische überlassen. Das Ereignis macht aus mir ein anderes Subjekt. Ich werde Subjekt einer gespannten Erwartung / einer Enthaltung [*suspense*], des Vatermords – und bin nicht mehr Subjekt des Nests, der Mutter: das Ereignis als Vater (der Ödipuskomplex ist das Protokoll des Ereig-

Robinson Crusoe, # S. 378

305 Barthes bemerkt mündlich: »Sie wird anerkannt, um sie zu beschränken.«

nisses; jedes Ereignis ist ödipal).[306] Der Zauber von *Robinson Crusoe* = das Nichtereignis.

Das Zusammenleben als Alltag phantasieren: das Ereignis abwehren, verwerfen, erbrechen. Das Ereignis ist dem Zusammenleben feind: *a)* Vorschriften des Pachomius: keinerlei Neuigkeiten sollen in die Gemeinschaft eindringen; *b)* in einer Kleingruppe: Ambivalenz der Subjekte, die »initiativ werden« (wie mir scheint, ein von den Psychologien selten ins Auge gefaßter Zug). Initiative, die Erfindung einer mehr oder weniger unerwarteten, kollektiv zu vollbringenden Sache: ein Zug zur Zerstreuung + eine Gefahr, in einem affektiven Netz Neues entstehen zu lassen und etwas hervorzubringen, das dem Zusammenleben am meisten schadet: Resonanz, Aufsehen. → Die dauerhaft-unendlichen Systeme: ohne »Initiativen«. Für dasjenige der Eingeschlossenen von Poitiers zum Beispiel läßt sich als notwendige und hinreichende Bedingung der vollständige Mangel an Ereignissen über eine Zeit von fünfundzwanzig Jahren angeben. Das Sanatorium des *Zauberbergs* festigt sich als Gemeinschaft erst, als keine äußeren Ereignisse mehr aufgenommen werden (letzte Seiten).

Jean Grenier, *L'Esprit du Tao*, Flammarion 1973, S. 108 f.

»Sich-Enthalten von Ereignissen, Hemmung von Initiativen« wäre eine ziemlich gute Bestimmung des Tao und schließt an das Prinzip des Tao, das *Wu wei* oder Nichthandeln, an[307]:

- Lao-tse (S. 127): »Tun, ohne zu handeln; sich beschäftigen, ohne sich zu betätigen; kosten, ohne auszukosten; das Große und das Kleine, das Viele und das Wenige mit Gleichmut betrachten; Dank nicht höher schätzen als Tadel; *so tut es der Weise.*« (Wobei *wir* weder vom Heiligen

306 »Der Tod des *Vaters* wird der Literatur viel von ihrer Lust nehmen. Wenn es keinen *Vater* mehr gibt, wozu dann Geschichten erzählen? Geht denn nicht jede Erzählung auf Ödipus zurück? Heißt erzählen denn nicht immer, nach seinem Ursprung forschen, seine Händel mit dem Gesetz sagen, in die Dialektik von Rührung und Haß eintreten? Heute wirft man auf einen Schlag Ödipus und die Erzählung weg: es wird nicht mehr geliebt, es wird nicht mehr gefürchtet, es wird nicht mehr erzählt. Als Fiktion war Ödipus wenigstens zu etwas nütze: gute Romane zu schreiben, gut zu erzählen (das wurde geschrieben, nachdem ich *City Girl* von Murnau gesehen hatte).« *Die Lust am Text*, a. a. O., S. 70.

307 [Auf das *Wu wei* kommt Barthes, teils unter Verwendung derselben Zitate, in der Vorlesung des folgenden Studienjahres zurück; vgl. *Das Neutrum*, a. a. O., S. 290 ff.]

noch vom Weisen sprechen, weil beide Begriffe zu stark konnotiert sind – sondern einfach vom taoistischen Subjekt.)

– Das *Wu wei* geht noch weit über die Ablehnung des Ereignisses hinaus. Es ist eine Methode, die eine Lebensführung einschließt. Nicht nur das Ereignis meiden, sondern es gar nicht eintreten lassen: »Nichts Böses tun aus Furcht, bestraft zu werden; nichts Gutes tun aus der Angst, man werde, hat man sich einmal Ansehen erworben, mit Aufgaben beladen, die aufzehren und gefährlich sind« (S. 108). Darauf verzichten, Autorität auszuüben, eine Funktion zu erfüllen. Ist man dennoch dazu gezwungen, dann die »Guten« und die »Bösen« gleichermaßen gut behandeln, wie Kinder (Wohlwollen, nicht Barmherzigkeit, »transzendentes« Gutsein) (S. 110). Nicht urteilen, wenig sprechen, die logischen und moralischen Gegensätze, ja überhaupt Unterscheidungen nicht zur Kenntnis nehmen (S. 111). Daher die wesentlichen Bilder des *Wu wei*: der Spiegel – »Der <Taoist> benutzt seinen Geist wie einen Spiegel. Er geht den Dingen nicht nach und geht ihnen nicht entgegen; er antwortet ihnen, aber er hält sie nicht fest«, usw. (S. 112) – und das reglose, ruhige Wasser. Man beachte, auch wenn wir diese Sicht nicht mehr teilen:

1. Das *Wu wei* hat völlig skandalöse politische Folgen. Für uns in der politischen Ordnung ist das *Wu wei* völlig unvorstellbar: Unsere ganze Zivilisation ist vom Handelnwollen durchdrungen; doch das hieße, ein weiteres Dossier aufzuschlagen (Grenier, *L'Esprit du Tao*).

2. Es scheint so, als gäbe es Verbindungen zwischen dem *Wu wei* und dem Ideal des christlichen Mönchtums, vor allem in dem, was dabei an Quietismus und negativer Mystik mitschwingt. Doch etwas trennt sie um Haaresbreite, und das ist nicht nichts: Gott, die Offenbarung, die Heilsgeschichte. Dasselbe gilt für den Muslim, übrigens auch für den Zen-Buddhismus: Das Zen-Subjekt, welches auch sein *Wu wei* sei, ist der Welt entrückt, es hält die Welt für nichtig, es ist anderswo, selbst wenn dieses Anderswo nichtig ist (S. 115). Das taoistische Subjekt hingegen ist immer präsent. Beweis = Anekdoten, Parabeln, Beispiele: scharfer Humor, tiefes Verständnis für »das Leben« und »die Wirklichkeit«. Gewiß wird

die Welt als Illusion bewertet, sie behält jedoch ihre klar gezeichneten Konturen: der taoistische Weise, würde ich sagen, nimmt das Imaginäre an, läßt es nicht zur Schize abdriften.

Blumen

Bareau, S. 11; *Die Eingeschlossene von Poitiers*, S. 249

Ceylonesisches Kloster: Hof und Gärten: Bäume, Rasenflächen, blühende Sträucher, wie ein privater Garten. Und Mélanie, die wahrscheinlich freiwillig und nutzlos (ohne religiösen Gewinn) zwischen Ungeziefer und Dreck in der Dunkelheit gelebt hat, bittet im Krankenhaus, in das man sie transportiert hat, um Blumen, bewundert sie.

Daher würde ich gern »ein Dossier über die Blumen« aufschlagen, das meines Wissens jedoch niemals angelegt wurde. Blumen (im Garten, auf dem Tisch) sind etwas Alltägliches, Selbstverständliches. Doch wenn sich etwas »von selbst versteht«, muß man genauer hinsehen – um dann zu bemerken, daß dieses »Selbstverständliche« aus vielen unbeantworteten Fragen besteht. Die Frage würde also lauten: Warum Blumen? Nur ein paar Schneisen durch dieses Dossier:

1. Blumen: assoziiert mit dem Mythos vom Paradies. Xenophon: Gärten = das Paradies. *Hoi paradeisoi*[308], avestisch (persisch): *pairidaeza*: riesige orientalische Gärten der Perserkönige. Zweifellos Vorstellung eines klimatischen Optimums: »Paradies«: Ursprung in den heißen Ländern = das Gegenteil des allzu Heißen. Garten = naturwidriger Luxus. Vorrecht des Herrn: Produkt und Genuß der Oberklasse.

Bareau, S. 11

2. Blumen als Opfer an die Gottheit: vor allem im Buddhismus. Laien, die zum Tempel gehen, kaufen am Eingang Blumen. Man gibt sie dem Tempelbesucher auf einer kleinen Schale, die er dem Händler beim Verlassen zurückgibt; er bietet sie dem Buddha im Tempel dar und legt sie auf einen Tisch, den Opfertisch. Die Blumen werden immer dicht unter dem Kelchblatt geschnitten (≠ Strauß; schräge Stengel = unästhetisch). Man beachte: thematisch das genaue Gegenteil zum Fleischopfer: Blut, Fett, Opfer. Religion ohne Opfer, also eigentlich keine richtige Religion: ein Ritual,

308 Griech. *hoi paradeisoi*, Tiergärten, Lustgärten, Paradiese.

das anderswo wurzelt, aber wo? In der Tat sind die antiken Religionen, das Judentum und selbst das Christentum, Religionen des Fleischopfers (»Dies ist mein Blut, mein Leib« usw.). Eine Frage, die von der Anthropologie ziemlich genau erforscht ist. Doch Blumen? Zweifellos reinster Luxus, reinstes Supplement: das, was jenseits oder diesseits der nützlichen Frucht ist. So etwas kann nur in einer Überflußwirtschaft vorkommen, selbst wenn der Luxus bescheiden ist[309]: dürftige (und häßliche) Sträuße in den Dorfkirchen, zu Füßen sulpizianischer Gipsmadonnen ≠ üppige Sträuße in den bourgeoisen Kirchen.

3. Blumen, Blumenarrangements: integraler Bestandteil symbolischer Praktiken. Öffnet ein klassisches Paradigma: Knappheit / Überfluß: *a)* verschwenderische, üppige, überquellende Sträuße; die Garbe: Verausgabung, Fest, Potlatsch; Madame Verdurins Blumenpracht in La Raspelière, die Sträuße von Odette Swann[310]; *b)* knappe, elliptische Sträuße: eine ganze Mythologie; die Gabe eines Kindes (Thema der Feld- und Wiesenblumen); der kleine Veilchenstrauß (symbolische Geste + Codierung des Veilchens: Bescheidenheit, Zurückhaltung); und vor allem der Zen-Strauß: *ikebana*[311], Kostbarkeit, beseelt von einer komplexen Symbolik (in Japan: Ikebana-Kurse). Bukett (von *bosquet*, Baumgruppe): weist etymologisch auf das Zusammengesetzte und Rare hin (vgl. Bukett des Weins). In der Tat zwei entgegengesetzte Themen der Essenz: die Essenz, die durch Fülle, Unendlichkeit, Unerschöpflichkeit repräsentiert wird ≠ die Essenz, die sich im Knappen, Spärlichen, Zurückgenommenen darstellt (Valéry: die essentielle Magerkeit der Dinge[312]).

4. Schließlich: Blumen = Farben. Nun ist die Farbe etwas, das der Ordnung des Triebs angehört. Die Blume wäre also das Opfer oder die kultivierte Gestaltung des Triebs: der delikate (zarte, vergängliche) Trieb.

309 Barthes erläutert mündlich: »wirkendes Symbol des Umsonst«.

310 Siehe Proust, *Auf der Suche nach der verlorenen Zeit*, a. a. O., S. 2453 (*Sodom und Gomorra*), und ebd., S. 779 (*Im Schatten junger Mädchenblüte*, »Madame Swann und ihre Welt«, insbesondere die Beschreibung des Wintergartens).

311 Jap. *ikebana*, wörtlich: lebende Blumen; japanische Kunst des Blumenarrangements.

312 Das Zitat konnte nicht verifiziert werden.

Zu diesem Dossier ließe sich noch vieles Weitere ausführen, besonders auf den Gebieten der Ästhetik (Blumengemälde), der Metonymie (Blumen als Metonymie der Jahreszeiten), der Hermeneutik (Sprache der Blumen) und der Soziologie (wozu dienen Blumen heute in unserer Gesellschaft? Ein ganzer Geschäftszweig lebt davon). Doch wahrscheinlich kommt der Sinn der Blumen daher: daß sie etwas Unnützes (≠ Frucht), Seltenes (je nach den klimatischen Bedingungen) und Farbiges (Triebhaftes) sind.

Zum Abschluß dieses Dossiers erzähle ich Ihnen zwei Anekdoten, über die Sie sich Ihre eigenen Gedanken machen mögen[313]:

Vgl. A. Bois

1. Marcel Liebman, *Le Léninisme sous Lénine,* Paris: Seuil 1973 (I, 31): »In seinen Erinnerungen an Lenin, die er uns hinterlassen hat, berichtet Valentinov – einer seiner ältesten Kampfgenossen, der es jedoch nicht lange bleiben sollte –, daß man im Kreise des späteren Begründers des Sowjetregimes eines Tages folgendes Theorieproblem diskutierte: Ist es legitim, daß ein Berufsrevolutionär Blumen liebt? Einer von Lenins Genossen, der einen Eifer an den Tag legte, den der Meister selbst übertrieben fand, behauptete, das sei verboten: Erst beginnt man damit, Blumen zu lieben, und dann überkommt einen die Lust, wie ein Grundeigentümer zu leben, der, träge ausgestreckt in einer Hängematte, inmitten seines großartigen Gartens französische Romane liest und sich von unterwürfigen Domestiken bedienen läßt.«

Bois, S. 19

2. Mondrian fuhr auch in der Zeit seiner geometrischen Kompositionen (# 1924) fort, Blumen zu malen, einfach um seinen Lebensunterhalt zu verdienen. Mitten in seiner »abstrakten« Phase also malte Mondrian gelegentlich eine Blume, die er immer mühelos an seine holländischen Freunde verkaufen konnte. Beim Verlassen von Mondrians Atelier sagte Brassaï einmal: »Was für ein Mann, der Blumen malt, um leben zu können. Und warum will er leben? Um gerade Linien zu zeichnen.«

313 Wie Barthes mündlich erläutert, entstammen diese beiden Anekdoten der Dissertation *(Thèse de troisième cycle)* von Yve-Alain Bois, die sich mit den Raumkonzepten bei El Lissitzky und Malewitsch beschäftigt (École pratique des hautes études 1977; unter der Leitung von Roland Barthes).

Idyllisch[314]

Nennen wir »idyllisch« jeden Raum menschlicher Beziehungen, der durch das Fehlen von Konflikten gekennzeichnet ist. (Man beachte: »Idyllisch«, im modernen Sinne – »Wie idyllisch!« – rezent. Bei Littré: Hirtendichtung, bildhafte Szenen aus dem ländlichen Leben.)

Idyllisch muß nicht unbedingt utopisch heißen. Die Fouriersche Utopie beseitigt die Konflikte nicht, erkennt sie vielmehr an (darin liegt ihre Größe und Originalität), neutralisiert sie jedoch durch Umformung, Bearbeitung. »Idyllisch« verweist eher, wie schon die Etymologie des Wortes verrät[315], auf die bildliche (phantasmatische) literarische Darstellung eines Beziehungsraums.

Beispiel eines idyllischen Netzes (des Zusammenlebens): die fünf Kolonisten von Jules Vernes *Geheimnisvoller Insel.* Cyrus Smith, ein Wissenschaftler und Ingenieur, der Anführer + Harbert, ein sehr junger Mann, der begabte Schüler + Gideon Spillet, ein Kriegsberichterstatter + Pencroff, ein Seemann, der Mann fürs Grobe + Nab, Neger und Koch. Man beachte den sozialen Mikrokosmos. Obere Klassen: der Gelehrte, der Journalist, der Schüler = »Kader« mit Weisungsbefugnis + ein Proletarier + ein Lumpenproletarier, fast schon ein Sklave oder gar ein Tier (Gefühle eines Hundes).

Die geheimnisvolle Insel

Das folgende Schema zeigt, wie die affektiven Beziehungen dieser fünf zusammenlebenden Personen beschrieben werden:

Zuneigung

1. Cyrus ↔ Harbert:
lebhafte und respektvolle Freundschaft
Pencroff ↔ Nab:
mögen sich sehr, duzen sich

2. Nab → Cyrus:

Ergebenheit

Pencroff beobachtet Cyrus + Harbert, ist aber nicht eifersüchtig

3. Spillet, der Journalist, der Intellektuelle: ohne affektiven Index

314 Dieses Merkmal wurde im Manuskript gestrichen und in der Vorlesung nicht vorgetragen.

315 [Griech. *eidyllion*, Hirtengedicht; Verkleinerung von *eidos*, Bild.]

Man beachte:

1. Reziprozität gibt es nur innerhalb derselben Klasse. Also: affektives Gleichgewicht: Differenzierung des Gefühls (Zuneigung / respektvolle Freundschaft) → komplementäre Schattierungen. Zwischen den Klassen gibt es keine Reziprozität, es droht nicht einmal Ansteckung (Pencroff beobachtet, ist aber nicht eifersüchtig).

2. Tatsächlich werden Gefühle durch die soziale Teilung strukturiert. Vgl. Theater des achtzehnten Jahrhunderts, von Mariveaux bis Beaumarchais: *pathos* der Herren ≠ *pathos* der Diener; doch gerade dadurch (das treibt die Handlung voran): Verwirrung, Interferenzen, Ansteckung, genetische Rekombinationen. Die Ordnung ist erst dann (künstlich) wiederhergestellt, wenn die Akteure der Gefühle wieder ihren Platz einnehmen oder dorthin bugsiert werden. Die (literarische) Idylle = die Form, welche die soziale oder parasoziale Realität austilgt, indem sie einerseits alles so läßt, wie es ist, die Realität nicht untergräbt, an den Unterschieden ihrer Homogenitäten festhält, und andererseits die Reibung, die Spannung, das Knirschen dieser unterschiedlichen Homogenitäten verleugnet = die Welt, die Schöpfung der Arche Noah. Menschen und Tiere sind voneinander getrennt, verstehen sich aber.

3. Man beachte schließlich den atopischen Ort des Intellektuellen. Er gehört weder zu den Befehlshabern noch zu den Ausführenden, er hat in der Verteilung der Verantwortlichkeiten und Rollen keinen Platz: kommt folglich als affektives Wesen nicht vor.

Sitzung vom 23. März 1977

Randexistenzen

Abendland, zehntes Jahrhundert und danach[316]: Zug zur Idiorrhythmie (insbesondere auf Athos). Recht einzelner (oder sehr kleiner Gruppen von einzelnen), innerhalb einer Gemeinschaft gesondert zu leben: Skiten auf dem Berg Athos unweit der großen Klöster, Kartäuser, der Starez Sosima in den *Brüdern Karamasow*.[317] Es handelt sich also um die Erfahrung einer Marginalität. Doch ist diese randständige Existenzform – zumindest im Abendland – sekundär, »versetzt«; sie stellt den Rand eines Randes dar, nämlich des Koinobitentums selbst, der ersten Marginalität → zwei Formen der Existenz am Rand der Gesellschaft: kommunitäre / idiorrhythmische. *Encyclopædia Universalis*

Der erste Rand: das Koinobitentum

Christenverfolgung → Christen außerhalb der Macht: selbstgewählte Marginalität → die Märtyrer ≠ Bekehrung Konstantins. Edikt von Mailand, 313 → Übergang der Christen auf die Seite der Macht: Ehren, Ämter; Christ zu sein wird im Diesseits zum Vorteil. → Innerhalb der Macht erneute Herstellung marginaler, von der Welt abgeschiedener Zonen: die Klöster. Der Mönch ist der Nachfolger – die Hypostase – des Märtyrers. Der Mönch ist also buchstäblich ein Ausnahmeindividuum, selbst wenn er in Gemeinschaft lebt: Festugière, I, # 18

- und zwar spirituell: hohe Konzentration des Heiligen in Eliteindividuen;
- aber im vierten Jahrhundert auch weltlich (explosionsartige Ausbreitung des Mönchtums im Orient). Die mönchische Lebensweise ist verbunden mit einer aristokratischen

316 Barthes stützt sich auf die Artikel »Athos (mont)« und »Monastère« dieser Enzyklopädie.

317 Barthes erläutert mündlich: »Er gehört zum Kloster, lebt aber in einem kleinen Haus in einiger Entfernung.«

Konzeption des *otium*[318]: ökonomisch unproduktive, doch spirituell und/oder intellektuell überreiche Lebensform (benediktinische Gelehrsamkeit). Es ist der Luxus des Symbolischen, den jede Gesellschaft braucht, denn ohne symbolische Ordnung stirbt der Mensch (Psychosomatik: Mangel an Symbolisierung → somatische Krankheit). Um einem lebenswichtigen Erfordernis der Gattung zu entsprechen (Notwendigkeit des Symbolischen[319]), führt die Gesellschaft selbst die Marginalisierung eines kleinen Teils ihrer Mitglieder herbei (vgl. Schamanen, Lévi-Strauss[320]).

Der zweite Rand: die Idiorrhythmie

Décarreaux, S. 21

Historisch, diachronisch ist die Idiorrhythmie die erste Marginalität. Die Anachoreten, die Einsiedler marginalisieren sich im Verhältnis zum Staat. Ägypten: zunächst und zumeist Individuen, die dem Fiskus und dem Militärdienst entgehen wollen.[321] Strukturell werden sie zur zweiten Marginalität: nämlich zur Randgruppe der koinobitischen Randgruppe. Auf welche Weise?

Mit der Entstehung des Koinobitentums (Pachomius; erinnern wir noch einmal an das zeitliche, historische, politische Zusammentreffen zwischen den ersten Klöstern und dem Überwechseln des Christentums auf die Seite der Macht im vierten Jahrhundert[322]) → Warnungen vor den Risiken und Gefahren des Eremitentums. Risiken, die nacheinander auf unterschiedlichen Ebenen gesehen werden:

Amand, S. 47

1. Psychisches Risiko: tiefe Schwermut, nächtliche Gesichte = Gefahr der Depression (Akedia).

Ladeuze, S. 169

2. Sündenrisiko[323]: Selbstgefälligkeit, Selbstliebe, Egoismus,

318 Barthes stützt sich auf den Artikel »Monachisme«. In der Vorlesung übersetzt er lat. *otium* mit »Muße«, »Nichtarbeit«.

319 Barthes kommentiert mündlich: Um das Subjekt zu retten, das heißt: um es wieder in die symbolische Ordnung einzubetten, »müßte man es neurotisch machen«.

320 Siehe oben, S. 146.

321 Siehe oben, S. 67.

322 Siehe oben, S. 48.

323 Barthes erläutert [seine Wortbildung *risque peccamineux*, in Analogie zu ital. *peccaminoso*, sündhaft] mündlich: »führt zu einem Eintrag ins Sündenregister«.

Stolz, Trägheit, Einsamkeit als Schwäche. Der Eremit entzieht sich aus Mangel an Mut dem tagtäglichen Zusammenprall unterschiedlicher Willen: Er vermag die Last, die seine Mitmenschen für ihn bedeuten, nicht zu ertragen (≠ Leben in Gemeinschaft: wegen dieser Belastungen schon per se eine Bemühung um Vervollkommnung).

Weiter werden Risiken genannt, die nicht unmittelbar der Psyche, sondern der Gesellschaft aus dem Zwang zur sozialen Integration erwachsen, der dem einzelnen von der Gesellschaft als Naturgesetz auferlegt wird:

1. Kommunikationslosigkeit. Christentum: Hörraum der Sünden (Ohrenbeichte, allerdings viel später; davor: einzig öffentliches Sündenbekenntnis). Der Eremit kann weder seine Siege noch seine Niederlagen mitteilen.

2. Exzentrik. Das heißt: Das Individuum untergräbt die Normen des gesellschaftlichen Lebens: äußere Erscheinung (bei den Koinobiten streng reglementiert), Behausung, Beziehungen zu anderen, Lebensführung. Erinnern wir uns an einige dieser »Überspanntheiten« (insbesondere auf dem Gebiet der Kasteiung). Syrien, viertes Jahrhundert: explosionsartige Zunahme der Askesen, die bis zu äußerster Strenge und Eigenwilligkeit getrieben werden: Décarreaux, S. 31

- die Grasesser: Pflanzen, Wurzeln;
- die Dendriten[324]: hausen in Bäumen, um dem Himmel näher zu sein (vielleicht auch aus einer ganz archaischen Naturvorstellung: Wohnstätte der Hominiden);
- die Abgeschiedenen: kommunizieren mit der Außenwelt nur über einen unterirdischen Gang;
- die Unbeweglichen: leben in der Welt, ohne jedoch mit ihr zu kommunizieren, starr und stumm wie Statuen, nüchtern, obdachlos (→ Katatonie). Spielart: die Styliten.

Die latente (manchmal ausdrückliche) Verdammung des Eremitentums im Namen des Koinobitentums = gesellschaftliche Verurteilung des Individualismus. Säkulare Spannung zwischen:

1. Stimme der Gesellschaft als Gemeinschaft, macht die Notwendigkeit »sozialer Antriebe« geltend: Stimme der Spezies als solcher (vgl. etwa Pfadfindertum[325]).

324 Siehe oben, Anm. 110.

325 Barthes erinnert in der Vorlesung an seine eigene »unglückliche Erfah-

Encyclopædia Universalis

2. Stimme des asozialen, solipsistischen Mystizismus. → Gesellschaft: übt Zwang zur Integration aus, der untergraben wird vom Eremitentum und seiner gemäßigten Version: der Idiorrhythmie.[326]

Damit wird verständlich, worum es geht:

- Was am randständigen Individuum (der zweiten Marginalität) letztlich verdammt wird, ist der Narr. Die Norm ist das Gemeinsame, die Gemeinschaft. Der Narr ist anormal. Vielleicht gibt es (abgesehen vom Paranoiker) gar keine andere Definition des Verrückten als diese: Verrückt ist, wer rein von jeder Macht ist. Daher eine ungeheuerliche, weil neutrale Position: weder für noch gegen die Macht (weder Herr noch Sklave). Er will sich außerhalb davon halten; das ist unerträglich; daher die starke soziale Spannung, die der Verrückte, der Marginale hervorruft.
- Pachomius und das erste Kloster: wichtiger, entscheidender Moment. Vereinnahmung des christlichen »Wahnsinns« – in seiner Individualform – durch das Gesetz, die Gemeinschaft, die Unterwerfung unter einen Oberen, kurz, nietzscheanisch gesprochen: durch das Herdentum.
- Dennoch wird der Rand geduldet, als ein Fixationsabszeß (der Schamane bei Lévi-Strauss[327]) – unter der Voraussetzung jedoch, daß er von der Gesellschaft kontrolliert, das heißt codiert wird. Beispiel: die fortschreitende Codierung des Eremitentums im Abendland[328]:

Le Millénaire du mont Athos, S. 177

Erstens: → Ende des zehnten Jahrhunderts: patristische Konzeption des *eremus* (Ägypten). Eremiten im Umkreis der Klöster, doch unterschieden von ihnen. Zweitens: elftes bis zwölftes Jahrhundert: Der Einsiedler wird klösterlich und klerikal: lauriotische Einsamkeit (Typ: Kartäuser). Drittens: dreizehntes Jahrhundert: Augustiner-Eremiten[329], eine Art gemeinschaftliche Einsiedelei, notfalls auch ohne Einsamkeit

rung« mit dem Pfadfinderwesen: »Bei mir hat das nicht viel Wirkung hinterlassen.«

326 *Encyclopædia Universalis*, Art. »Monachisme«.

327 Siehe oben, S. 146.

328 Leclercq, »L'érémitisme en Occident jusqu'à l'an mil«, a. a. O.

329 [Der Begriff »Eremiten« wurde 1963 von Papst Johannes XXIII. aus dem Namen des Augustinerordens gestrichen, weil er kein Wesensmerkmal des Ordens darstelle.]

(»Wüste«[330] = Schweigegebot im *coenobium*). Insgesamt ist das abendländische Eremitentum sehr integriert: gesellig und gesellschaftlich → »Werke der eremitischen Barmherzigkeit und Menschenfreundlichkeit« *(humanitas hospitalitatis*[331]*)*.

Die Gesellschaft überwacht den Rand: Die Eremiten siedeln im Umkreis von Abteien und werden abhängig von deren Abt, was der ursprünglichen Idee diametral zuwiderläuft: Zur Definition der Idiorrhythmie gehört, daß sie keiner Macht zugehört. Doch die Gesellschaft kontrolliert sie vermittels der beiden Werte, die sie dem Mönch auferlegt: Gehorsam und Seßhaftigkeit: wesentliche Werte der Integration.[332] *Le Millénaire du mont Athos*, S. 166

Hier wäre das ganze Dossier der sozialen Unterdrückung von Randgruppen anzufügen; juridische Unterdrückung von Anormalitäten (Drogen, Wahnsinn) und, wenn das Recht dazu nicht ausreicht, polizeiliche Repression: »Kommunen«, Frankreich nach 1968: Präfekten geben die Liste der verlassenen Dörfer nicht heraus, Razzien. Droit/Gallien, S. 11

Monosis

Frz. *moine* < lat. *monicus* (→ dt. Mönch)
(→ altprovenz. *monge*)
entstellte Form von *monachus*, *monachos* (→ ital. *monaco*) = der Einzelne, der allein ohne Familie lebt (*singularis*[333]) → *monosis*: Zustand, System der Ehelosigkeit: die Lenden gegürtet (Gelöbnis der Enthaltsamkeit) → *Monachos*: Typus der Asketen, die das Eheleben ablehnen.[334] Guillaumont, »Monachisme«

330 Barthes erläutert mündlich: Für die Kartäuser »wird die Wüste zur Praxis des Schweigegebots«.

331 Lat. *humanitas hospitalitatis*, gastfreundliche Menschlichkeit.

332 Leclercq, »L'érémitisme en Occident jusqu'à l'an mil«, a. a. O.

333 Lat. *singularis*, einzeln, vereinzelt.

334 Barthes bezieht sich auf Antoine Guillaumont, »Monachisme et éthique judéo-chrétienne«, in: *Recherches de science réligieuse* 60, Nr. 2, April-Juni 1972, vor allem S. 200 f., 207 f., 211 u. ö.

Das Eine / die Zwei

Ich will hier nicht das riesige Dossier des Einen und der Zwei aufschlagen (von Lacan bis Mao[335]). Ich erinnere nur an die latente Ideologie, die in der Struktur der Sprachen enthalten ist (Thema der Macht der Sprache, der obligatorischen Rubriken). Für uns: ein / mehrere (Singular / Plural). Doch in vielen Sprachen: ein / zwei / mehrere → der Dual. Körperliche Evidenz; Paare: Augen, Ohren, Arme, Beine, Hände, Testikel. → Bild einer natürlichen Zweieinheit, inszeniert vom Mythos der androgynen Kugelwesen[336], der ausführlich die Trennungsoperationen der doppelten Organpaare beschreibt. Der Sinn: Das Eine (der eine Körper) ist von sich aus virtuell gespalten. Die Grundeinheit ist das Paar. Daher die unaufhörliche Dialektik zwischen 1) der virtuellen Spaltung des Einen und 2) der Wiederherstellung der Einheit als vereinigtes Paar (die erotische Verschmelzung: Bei der Paarung finden sich die zusammenpassenden Hälften). Die aus diesen beiden Phasen bestehende Dialektik wird sichtbar in der Sprache: Das Eine besteht aus zweien (das Eine ist gespalten) / die Zweiheit ist eine Einheit (das Paar, der Dual).

Das Begehren der Zwei

Ich will mich hier nicht mit dem Thema des Liebesbegehrens, des Begehrens nach Einheit, nach Verschmelzung beschäf-

335 Nach Mao Tse-tung folgt die Politik dem Prinzip: »Eins teilt sich in zwei.« In jeder revolutionären Partei bilden sich notwendig ein rechter und ein linker Flügel. Diese Spaltung rechtfertigt die »Kulturrevolution« und die ständige Ausschaltung innerparteilicher Gegner. – Der Hinweis auf Lacan bezieht sich auf das »Spiegelstadium«; siehe Jacques Lacan, »Das Spiegelstadium als Bildner der Ichfunktion«, in: ders., *Schriften* I, übersetzt von Peter Stehlin, Olten/Freiburg im Breisgau: Walter 1973, S. 61-70. [Vor allem aber dürfte Barthes darauf anspielen, daß Lacan seine Schule in periodischen Abständen selbst *entzweite*, um die *Einheit* seiner Lehre wiederherzustellen: 1953, 1964, 1980. Die letzte, damals noch bevorstehende Spaltung geriet allerdings zur Zersplitterung.] In seinem Seminar über die Sprache der Liebe hatte Barthes eine ganz ähnliche Überlegung angestellt: »*Alter:* der andere von zweien, der nicht ich ist, mit dem ich aber im *Dual* – grammatischer Term – eingeschlossen bin, in der *Dyade* (Lacanscher Term).«

336 Platon, *Symposion*, 189e.

tigen. Ich weise nur darauf hin (Ambivalenz der genannten Dialektik), daß das Eine als Strafe gilt. Nur Eines zu sein muß die Bedeutung einer Bestrafung für etwas haben. Robinson äußert diesen Glauben unablässig: Wenn er dazu verdammt sei, allein auf einer verlassenen Insel zu leben, so büße er damit die Fehler seiner Jugend und vor allem die Rebellion gegen seinen Vater, der ihm verboten hatte, zur See zu fahren. Nach dem Schiffbruch, als er eine Bilanz seiner Lage zieht, lodert das Begehren der Zwei in ihm auf, und es entfährt ihm: »Wäre doch nur einer von diesen Männern gerettet! O wäre es doch nur einer!« Und dann die Episode, in der er die Spur menschlicher Füße entdeckt: Die ganze Spannung richtet sich von da an auf die Entdeckung eines anderen Menschen. Und was in diesem Satz zum Ausdruck kommt, gilt für jeden von uns: Zwei ist die gespannte Erwartung des Einen (und das Eine geht mit der Zwei schwanger).

Robinson Crusoe, S. 334, 276

Diese Dialektik äußert sich auf subtile Weise in dem Mythos von Adam. Zunächst wird Adam allein erschaffen: er ist Eines, *eis.*[337] Doch die Erschaffung Evas ist nur die Aktualisierung, die Materialisierung der latenten Dualität, die in ihm von vornherein angelegt war. Genau das gleiche Schema wie beim Mythos der androgynen Wesen. Doch in der Erzählung des Aristophanes im *Symposion*[338] ist die Spaltung des Einen schmerzhaft (es ist die Strafe des Zeus für die »Anmaßung« des androgynen Glücks). Glück ist das Eine als Zusammengesetztes. In der Genesis wird die Sünde auf die Zeit nach der Spaltung verschoben, wenngleich sie auch hier auf die Spaltung zurückgeht – insofern sie auf Eva zurückgeht.

Guillaumont, »Monachisme«

Lob des Einen

Demnach bestünde die mythische Opposition also nicht so sehr zwischen dem Einen und der Zwei als vielmehr zwischen dem zusammengesetzten Einen und dem gespaltenen Einen. Daher das Lob des Einen[339] *(monachos)* in der gesamten Patristik:

337 Griech. *eis*, einer.
338 Platon, *Symposion*, 191 b.
339 Barthes ergänzt mündlich: »des zusammengesetzten Einen«.

1. *Monosis:* Anstrengung des Subjekts, die Situation Adams vor der Zweiteilung nachzuahmen: adamitische Einsamkeit.

Guillaumont

2. *Monachos:* nicht nur zölibatäres, sondern auf ein einziges Ziel hin gerichtetes Leben. Der Mönch ist *monotropos*[340]: Er besetzt nur ein einziges Objekt (vgl. *mania*, der Wahnsinn der Liebe[341]). Vielleicht würde dies mit der Platonischen Theorie der Vereinigung der Seele übereinstimmen: innere Konzentration in der Schau eines einzigen Objekts.

3. Welt = Raum der Aufteilung, Vermischung, der geteilten Zwei. Ehe: Der Verheiratete muß sich aufteilen, fühlt sich hin- und hergerissen ≠ Mönch: Welt des Ungeteilten, Reinen, Unvermischten. Es ist eine Existenz ohne kopfloses Herumirren.

4. Gegensatz zwischen dem (in sich ruhenden) Mönch und dem (hin- und hergerissenen) Verheirateten: findet sich in zwei Begriffen[342] wieder, die in paradigmatischer Opposition stehen:

– *haplotes*[343]: Einfachheit, innere Ruhe, Geradlinigkeit, Erfahrung des zusammengesetzten Einen, der Integration;
– *dipsychia*[344]: Zustand eines Menschen, dessen Seele geteilt, der mit sich selbst uneins, hin- und hergerissen ist; der das Zögern, den Zweifel *(psyche*[345]*)* kennt. In der Bibel: das Herz = die affektive Seele.

Guillaumont, »Philon«

5. Das gleiche Paradigma in einer anderen wichtigen Opposition jener Epoche:

– *Bios praktikos*[346]: praktisches Leben = politische und gesellschaftliche Betätigung, politische und soziale Pflichten. Das ist nicht abwertend. Für die Stoiker gehört zum *bios praktikos* auch das moralisch rechte Handeln *(askesis)*: Ausübung der Tugenden, Kampf gegen die Leidenschaften.
– *Bios theoretikos*[347]: kontemplatives, konzentriertes Leben,

340 [Griech. *monotropos*, einsam lebend.] Barthes kommentiert mündlich: »Monotropie: mit dem ganzen Selbst ein einziges Objekt besetzen«.

341 Barthes kommentiert mündlich: Die Leidenschaft hat ihren Ort nicht auf seiten des »Eros«, sondern der »Manie«, der *»mania«*.

342 Barthes erläutert mündlich, daß es sich um ein spätantikes »patristisches Griechisch« handelt.

343 Griech. *haplotes*, Einfachheit.

344 Griech. *dipsychia*, Wankelmut, Unentschlossenheit.

345 Griech. *psyche*, Seele.

346 Griech. *bios praktikos*, tätiges Leben.

347 Griech. *bios theoretikos*, komtemplatives Leben.

ohne kopfloses Herumirren und Kampf; ein Leben, das die *haplotes* erreicht hat; gut vor allem im Alter, nach einer Periode des *bios praktikos*.

- Es ist die Opposition zwischen dem Vermischten und Reinen. *Bios praktikos*: vergleichbar dem Leben eines Mannes, der mit einem buntscheckigen Gewand aus unterschiedlichen Stoffen bekleidet ist[348] = *poikilos*[349] ≠ Leben eines Mannes in der Wüste, Ort der Ruhe, der unvermischten Betätigung, der friedlichen Einsamkeit: der *hesychia*.
- Diese erträumte *hesychia* kann sehr modern sein. Ein »Kommunarde« (irgendeiner Landkommune in der Ardèche) begründet in einem Interview das Zusammenleben so: »Was wir brauchen, ist ein sanftes Leben, ohne Lärm, wo es nicht den ganzen Tag kreischt.« = Exakte Definition der *hesychia*, der *haplotes*, des adamitischen Traums, des zusammengesetzten, aber ungeteilten Einen. Droit/Gallien, S. 8

6. Denn das Eine des *monachos* (des Anachoreten, mit dem ich mich hier beschäftige: nicht des Koinobiten) ist ein zusammengesetztes Eines, das die Virtualität der Zwei in sich bewahrt (wie Adam). Der Anachoret in seiner völligen Zurückgezogenheit: es handelt sich im Grunde um ein Liebesnest, einen Schlupfwinkel zu zweit. Cassianus über Paphnutius[350]: Paphnutius wollte allein leben, »um desto gewisser mit dem Meister eins zu werden, an den sich untrennbar zu binden sein brennender Wunsch war«[351]: als ob er bestrebt wäre, auf diesen Umwegen der Sublimierung den Dual, das Paar, im Einen wiederherzustellen; denn wie der Körper und die Grammatik bezeugen, ist die wahre Einheit zwiefältig. Diese Figur hat für mich den Sinn einer Forschung, einer Frage, einer Hypothese: von etwas, das ich unbestimmt ahne, ohne ihm schon auf den Grund gehen zu können. Dieses Etwas

348 Barthes' mündlicher Kommentar klärt diese Anspielung auf den Joseph des Alten Testaments, auf dessen »Unentschlossenheit« und »Zerrissensein«.

349 Griech. *poikilos*, bunt, mannigfaltig, verwickelt.

350 Paphnutius ist, wie Barthes in der Vorlesung erinnert, der Eremit in Anatole France' Roman *Thaïs* (Hamburg/Bremen: Achilla-Presse 1993).

351 Von Barthes frei zitiert nach Festugière, *Les Moines d'Orient*, a.a.O., Bd. I, S. 42. Dort heißt es: »[...] um desto leichter, ohne daß irgendeine menschliche Gesellschaft ihn zurückhielte, mit dem Meister eins zu werden [...].«

wäre dies: Was in Opposition steht – also Sinn erzeugt –, ist weniger Eines und Zwei, sondern eher: das integrierte (vielleicht besser als das zusammengesetzte) Eine und das desintegrierte (zersetzte, zerfallene, zerrissene) Eine. Dazu zwei Bemerkungen:

1. Der Begriff der Zerrissenheit *(dipsychia)* ist grundlegend: existentielles Gefühl der Kopflosigkeit in einer Situation (oder Lebensweise), in der von einem Subjekt verlangt wird, widersprüchlichen Befehlen zu gehorchen. Dies ist typisch für eine präpsychotische Situation *(double bind):* »Schriftseite: ich gewinne; Kopfseite: du verlierst« (Bruno Bettelheim[352]). Nun ist dies die Lage des Subjekts in der Welt überhaupt, wo es stürmisch und anmaßend bedrängt wird, Verantwortung für Widersprüchliches zu übernehmen. ≠ *Haplotes*, *hesychia* = Ausgeglichenheit, Nullpunkt von Verantwortlichkeiten, Gleichmut ohne innere Zerrissenheit: darum geht es bei der *monosis*.

2. Methodologisch: dem Einen und der Zwei keine Attribute beilegen: Frieden / Zerrissenheit, sondern eher als Metaphern elementarer Zustände. Das Eine verwiese auf ein Subjekt ohne Drängen [*sans instance*], welches das Gesetz restlos in sich aufgenommen hätte (mystischer Zustand), und die Zwei auf ein Subjekt, das, unterworfen und rebellisch zugleich, der langen und schmerzlichen Geschichte der Verdrängung preisgegeben wäre.

Namen

Diese Figur zielt darauf ab, das Dossier der Eigennamen in einem Raum des Zusammenlebens aufzuschlagen. Auf drei Gliederungs- oder Ausgangspunkte sei zunächst nur hingewiesen:

352 Barthes kommentiert mündlich: »Ein *double bind* entsteht, wenn ich gleichzeitig von zwei gleichrangigen Instanzen widersprüchliche Befehle erhalte«; »eine Struktur, die als typisch präpsychotisch gilt«. Vgl. bereits den Abschnitt »Lösungsideen«, in: *Fragmente einer Sprache der Liebe*, a.a.O., S. 49, wo Barthes Bruno Bettelheims Definition des *double bind* zitiert: *Die Geburt des Selbst*, übersetzt von Edwin Ortmann, München: Kindler 1977, S. 72.

Riesiges Problem der historischen Ethnologie, da unsere Familiennamen entweder Ortsnamen sind[353], Herkunftsbezeichnungen, oder Beinamen (Berufe, körperliche Merkmale). In der christlichen Zivilisation sieht der Mechanismus der Onomatogenese[354] offenbar folgendermaßen aus:

1. Innerhalb einer sehr kleinen Gemeinschaft (etwa einer Familie) ist die Wahrscheinlichkeit gering, daß sich Vornamen wiederholen; jeder von ihnen ist distinktiv, pertinent. Innerhalb einer Familie gibt es unter Seitenverwandten niemals denselben Vornamen: die Familie = ein onomastisches Paradigma.

2. Wenn die Gemeinschaft zur Sippe, zum Dorf anwächst, so wird es notwendig, die Träger ein und desselben Vornamens zu unterscheiden: Hans Schwarz [*Jean Lenoir*] / Hans Roth [*Jean Leblond*], Heinrich Schmidt [*Henri Lefebvre*] / Heinrich Bauer [*Henri Payen*] usw. Man beachte, wie sich das Verfahren verselbständigt: Zu einem Familiennamen, den eine »Sippe« gemeinsam trägt, werden spontan sekundäre Beinamen zur weiteren Differenzierung erfunden: Goupi Mains-Rouges / Goupi Tonkin[355]; der Herzog / der Prinz von Guermantes usw. Bei diesem Vorgang: Grundproblem der Sprache, der *shifter*[356]: Einheit, die ihren Sinn nur aus der Situa-

353 In der Vorlesung nimmt Barthes seinen eigenen Namen als Beispiel. Ein *barthe* ist »in einer ibero-keltischen Sprache eine von Flüssen periodisch überschwemmte Wiese«. Barthes erinnert sich, in seiner Jugend Zeitungsartikel gelesen zu haben, die vom »großen Elend der *barthes*« handelten.

354 Neologismus aus griech. *onoma*, Name: von Barthes definiert als »Schöpfung von Familiennamen«.

355 In der Vorlesung erwähnt Barthes den Film *Goupi, Mains-Rouges* [dt. Titel: *Eine fatale Familie*] von Jacques Becker (1942), der auf den gleichnamigen Roman von Pierre Véry (Paris: Gallimard 1937) zurückgeht. Alle Mitglieder der Familie Goupi tragen einen Beinamen, der sich von einer physischen (rote Hände) oder biographischen (Tonkin) Eigentümlichkeit herleitet.

356 Mit dem Begriff *shifter* (»Verschieber«, frz. *embrayeur*) werden in der Linguistik Wörter bezeichnet, die der Ebene der Aussage und der Äußerung zugleich angehören (prominentestes Beispiel: das Personalpronomen »ich«). [Die beiden *loci classici*: Roman Jakobson, »Verschieber, Verbalkategorien und das russische Verb«, in: ders., *Form und Sinn. Sprachwissenschaftliche Betrachtungen*, übersetzt von Gabriele Stein, München: Fink 1974, S. 35-54, hier S. 35-38; Émile Benveniste, »Die Natur des Pro-

tion bezieht, in der sie geäußert wird (»ich«, »hier«, »jetzt«). Wenn ich innerhalb einer familialen Umgebung »Jean« sage, handelt es sich um einen *shifter*: Er verweist nicht auf eine lexikalische Einheit, ein Semantem[357], sondern auf eine Pertinenz, die vollständig vom Situationskontext abhängt. Wenn ich den Kontext verlasse, bin ich verloren. Postkarte, unterzeichnet mit »Jean-François« (ich kenne fünf oder sechs).[358] Daher die Entstehung von Beinamen in der Gruppe: »Welcher Jean-François? Ach so, der Arzt (der Medizinstudent)« → Jean-François Médecin. Wenn wir zu den Familienbeinamen übergehen, »entshiftern« wir die Sprache, wechseln zum Wörterbuch über (Telefonbuch). Wir »deprogrammieren« die Sprache (Semantik / Pragmatik). Wir verdrängen die Situation, die Existenz (heute eine mythologische Beziehung zwischen Listen der Familiennamen und dem Thema der repressiven Bürokratie: Wer mich »Barthes, Roland« tituliert, begeht eine kleine Aggression.[359])

Der Zauberberg, S. 149

In unserem Textkorpus: Spur dieses Problems im *Zauberberg*. Enge Gemeinschaft von Leuten, die sich häufig sehen, ohne sich zu kennen, ohne ihre bürgerlichen Namen richtig zu kennen. Daher zunehmende Tendenz, ein bekanntes Merkmal (Rekurs auf Wiedererkennbares) zum Beinamen zu erheben: »Frau Magnus, [...], die Eiweiß [*albumine*] verlor«. Es wird nicht lange dauern, bis man Bindestriche dazwischensetzen und, sofern er nicht zu lang wird, einen Spitznamen daraus machen wird (»Frau Albumin«) = episches Verfahren, wie es Erzählungen eigentümlich ist: Athene (die Göttin mit den blaugrünen Augen). Indianernamen (Luchsauge). Namen zahlreicher Götter der taoistischen Religion: der Gott der Haare = Blume der geheimnisvollen Zeichen; der Gott der Augen = Betrachter der Leere. → Vielleicht eine Spur: Verbindung von Beiname und Erzählung. Noch einmal im *Zauberberg*: Entstehung eines echten Spitznamens: die mexikanische Dame »Tous-les-deux«. Einer ihrer bei-

Der Zauberberg, S. 47, 129

nomens«, in: ders., *Probleme der allgemeinen Sprachwissenschaft*, a. a. O., S. 279-286.]

357 Linguistischer Term, »Sinneinheit«.

358 Barthes erinnert in der Vorlesung daran, daß er dieses Beispiel schon einmal in einem »Büchlein« angeführt hat. Es handelt sich um *Über mich selbst*, a. a. O., S. 179. Dort heißt der Unterzeichnete »Jean-Louis«.

359 Barthes erläutert mündlich: »Roland ist ein *shifter*.«

den Söhne liegt im Sterben, der andere kommt ihn besuchen und erkrankt selbst. Sie sagt immer nur »Tous les deux«, alle beide, »die trübselige Formel [...], die zu ihrem Spitznamen geworden war«.

Sitzung vom 30. März 1977[360]

Namen (Fortsetzung)

Kosenamen

Sprachwissenschaftlicher Ausdruck zur Bezeichnung der sentimentalen Formen, die man gelegentlich für die Namen vertrauter Objekte verwendet. Modezeitschriften: »Das Mäntelchen, das Sie warmhält.« In unserem Textkorpus wäre auf zwei Koseformen hinzuweisen. Befremdlich in der besonders »schaurigen« Erzählung, der Melange aus bürgerlicher Wohlanständigkeit, Ungeziefer und Wahnsinn: der *Eingeschlossenen von Poitiers.*

Die Eingeschlossene von Poitiers, S. 283

1. In dieser zurückgezogen lebenden Familie, in der offenbar grausame Verhältnisse herrschen (Mutter und Bruder angeklagt, die Tochter eingesperrt zu halten – und dies hätte der Justiz zu denken geben müssen, wenn sie denn dächte): Verwendung zärtlicher Beinamen üblich. Der Bruder nennt Mélanie »meine kleine Gertrude«. Die Schwester nennt ihren Bruder, der sie vermeintlich eingesperrt hält: »kleiner Pierre«. Die Kinder nennen ihre Mutter, eine strenge und würdige alte Dame, »Bounine«.

Interessantes Phänomen (für das ich noch keine rechte Erklärung habe): Innerhalb einer Familie ändert sich manchmal ein Name, erhält jemand andere Vornamen als im Personenstandsregister, oder es werden unerklärliche Spitznamen erfunden (wahrscheinlich eine verlorene Begebenheit aus der Kindheit). Die Erfindung neuer Namen vermutlich: Bruch mit

360 Zu Beginn der Sitzung antwortet Barthes auf einige Fragen, die ihm von den Hörern schriftlich übermittelt worden waren. 1. Das Fehlen von Figuren zwischen »Blumen« und »Marginalitäten« [die Lücke zwischen den Anfangsbuchstaben] erklärt sich durch die doppelte Arbitrarität der Benennung und des Alphabets: Die ersten Buchstaben sind im Französischen die häufigsten. 2. Das Wort »das Symbolische« wird in lacanianischer Bedeutung, doch in einem sehr allgemeinen, fast anthropologischen Sinn verwendet. Barthes schließt: »Wir sind auf die Unreinheit der Wörter angewiesen«; die »Sprache« und die »Subjekte sind sterbenslangweilig«, wenn es »zu viele Begriffe« gibt.

der »gewöhnlichen« Welt, zusätzliche Schließung, neue Integration; kurz, eine Umkehr, eine Bekehrung (Sinn der Taufe). Der Wechsel der Sprache ist der Ausgangspunkt aller Neuerungen und Erneuerungen, Entstehungen und starken Integrationen. Manchmal wird in einem Gruppenjargon dieser Bruch nur plakatiert – ohne daß eine neue Sprache entstünde: Landkommunen (um 1966, USA, dann in Frankreich). Eine gewisse Lise sagt, sie habe in Paris nicht mehr atmen können (Thema der Umweltverschmutzung: Hygiene und Sauberkeit als Schmutz[361]): »Sie spricht mit Pariser Akzent, die meisten ihrer Sätze beginnen mit ›Scheiße‹ und enden mit ›da hilft alles nichts, Kacke‹. Als ihr Sohn Dadoun ein Buch zerreißt, schreit sie: ›Scheiße, der ist doch saublöd, dieser Typ!‹ Der ›Typ‹ blickt erstaunt auf und spielt weiter im Stallmist mit einem jungen Hund.« = »Abstoßende« Sprache? Ja, sofern man bedenkt, daß jede Sprache sich durch das definiert, was sie von sich abstößt → kein Nullpunkt der Sprache (obwohl jeder eine »natürliche« Sprache zu sprechen meint[362]). Droit/Gallien, *La Chasse au bonheur*, Paris: Calmann-Lévy 1972, S. 18

2. Bei Mélanie zwei Sprachen, je nach sozialem Kontext:

a) eine sehr unflätige Sprache. Im Krankenhaus weigert sie sich zu antworten und jagt diejenigen, die das Wort an sie richten, zum Teufel. Grobe Ausdrücke und Zoten = Mélanies »soziale« Sprache, die Sprache für den anderen, Überrest des Bruchs, Indiz des Einbruchs in ihre Höhle, die Große Tiefe Malampia-Höhle. *Die Eingeschlossene von Poitiers*, S. 241

b) eine Sprache für die eigene Gemeinschaft (die für sie aus ihr selbst, ihrer Einsamkeit, ihrer Höhle besteht) = ständig kindliche Kosenamen: nennt die Gegenstände »ihren lieben kleinen Bleistift, ihre liebe kleine Rose. Oft verlangt sie sogar ihren ›lieben kleinen Lappen‹, mit dem sie sich daheim das Gesicht bedeckt hatte und der voll von Dreck und Ungeziefer war«; sie verlangt »ein liebes kleines Huhn, liebe kleine Erdbeeren und eine liebe kleine Schokoladenmakrone«. Ich glaube, daß die Funktion dieser Kosenamen darin besteht, allgemeine Bezeichnungen der Dinge in persönlich bedeutsame Eigennamen zu verwandeln oder diese Verwandlung S. 242, 249

361 Barthes erläutert mündlich: »Gerade die Hygiene, das Saubere, Anständige wird als Verschmutzung wahrgenommen.«

362 Barthes kommentiert mündlich: »Man muß sich immer fragen: Welches sind die Sprachen, die ich mit meiner Sprache abstoße, verwerfe?«

wenigstens anzudeuten. Der Kosename individualisiert das Objekt durch die Projektion eines Gefühls. Er macht aus dem Objekt eine (narzißtische) Erweiterung des Ichs und läßt es, indem sie es tauft, unvergleichlich werden[363] (ebendarin liegt ja das Ideal des Eigennamens, wie der Begriff bereits sagt). Er denotiert die letzte Differenz als irreduzibel; die letzte Differenz ist nun aber das Ich. Vgl. Corneilles *Medea*: # »Im äußersten Unglück« (sie hat eben ihre Kinder erwürgt, um Jason unter Druck zu setzen, der sie verlassen hat), »was bleibt einem da? Ich.«[364] Was bleibt einem in äußerster Abgeschiedenheit? Mein Bleistift, mein Huhn, meine Erdbeeren, meine Schokoladenmakrone. Der Name ist der Name dessen, was ich liebe, mein Name. Ich nenne nur das, was es wert ist, benannt zu werden.

Namenlos

Die Bezeichnung mit Kosenamen erscheint somit als Gegenbenennung: Ich entziehe den Namen die Allgemeinheit der Sprache. Während die sprachliche Benennung dazu dient, das gesamte Reale zu klassifizieren, um es handhabbar zu machen, leugne ich in der Sprache alles, was kein geliebtes Objekt ist: Ich zerstöre die Sprache, verwandle sie in eine riesige Ruine, von der nur ein paar Liebesnamen stehenbleiben. Die Benennung mit Kosenamen impliziert einen dualen (nicht-allgemeinen) Raum der Liebe. Von Gemeinschaften werden Kosenamen verworfen. Da sie stets dazu neigen, sich Bereiche der manipulativen Handhabung der Dinge zu verschaffen, bleiben nur noch die Eigennamen: die Vornamen, Beinamen, Spitznamen. Doch mit dem Eigennamen – im kollektiven Raum – taucht eine Gefahr auf: die des Tratschs.

Der Eigenname wird pronominal ersetzt durch er / sie.

363 Barthes kommentiert mündlich: »Ein Eigenname ist ein Name, der sich auf etwas Unvergleichliches bezieht.«

364 »In solchem großen Umsturz, was verbleibt Euch da? – Ich, / Ich, sage ich, und das genügt«. Corneille, *Medea*, I. Akt, 6. Szene, in: *Medea. Euripides, Seneca, Corneille* […], hg. von Joachim Schondorff, München/Wien: Langen-Müller 1963, S. 123). Tatsächlich hat Medea in diesem Moment Jasons Verrat gerade erst entdeckt.

Der andere wird also zum Abwesenden: Aus dem anderen wird der / die, über den / die man spricht:

a) Entweder steht der Eigenname im Vokativ, doch dann ist er eine funktionslose Erweiterung des Du, eine klangliche Liebkosung (»Ariadne, ich liebe Dich«, sagt Nietzsches Dionysos[365]). Der Name überdauert außerhalb jeder Allgemeinheit, hat Bestand nur noch außerhalb der anderen – außerhalb des anderen – in einer idyllischen Zweisamkeit: Der Vokativ ist das Gegenteil des Tratschs.

b) Oder aber der Name ist ein referentieller Name, das heißt, er nimmt Bezug auf etwas Abwesendes, und die Gemeinschaft verwandelt sich in einen Raum des Tratschs (er / sie, der / die Sowieso sind Pronomina und herabsetzende Bezeichnungen[366]). In einer idealen (utopischen) Gemeinschaft gäbe es keine Namen, damit niemand über andere reden könnte: Es gäbe nur Anreden, Anwesenheiten, und keine Bilder, Abwesenheiten. Es würde nicht mit Namen gespielt – weder im guten noch im schlechten Sinne.

Nahrung

Symbolisierung der Nahrung

Das Problem der alimentären Symbolisierungen wäre eine eigene Enzyklopädie wert. Ich hatte daran gedacht, als Reaktion auf die einseitige Kommerzialisierung der »modernen« Kochbücher und ihrer übertriebenen Diätetik, die sich für »rational« hält und völlig zu übersehen scheint, daß es auch heute noch eine Nahrungssymbolik und Ernährungsrituale gibt. Man begegnet hier wieder dem großen ideologischen Schwindel der »Hygiene«, der »Gesundheit«. Diese Enzyklopädie: reicht vom Tao über die Bibel bis zu Lévi-Strauss *(Das Rohe und das Gekochte)*.

Ich hebe also nur den Deckel dieses Dossiers (ausgehend von unserem Textkorpus) für einen kurzen Blick auf: 1. die

365 So eine mit »Dionysos« unterzeichnete Postkarte Nietzsches an Cosima Wagner, Anfang Januar 1889. Nietzsche, *Werke*, a.a.O., Bd. III, S. 1350.

366 Barthes kommentiert mündlich: »Man kann gelegentlich an sich selbst bemerken, wie sehr es einem widerstrebt, über einen geliebten Menschen in der dritten Person zu reden. Mir jedenfalls geht es so.«

Rhythmen, 2. die Substanzen, 3. die Praktiken. Jede dieser Rubriken ist ihrerseits von enzyklopädischem Umfang: auf der Erde und in der Zeit.

1. Die Rhythmen

= Rhythmen der Nahrungsaufnahme (zur festgesetzten Uhrzeit). Drei Probleme:

Draguet, S. XLV

1. Feste Essenszeiten in Gemeinschaften. Wichtig, denn *a)* sie prägen den Alltag mehr als alles andere; Verhältnis von starrem Rhythmus und *otium* (peinlich genaue Tagespläne von Rentnern auf dem Dorfe; Mahlzeit zur Bekämpfung der Langeweile), *b)* Gelegenheit zur Begegnung, Gastlichkeit (diskretes Fest). Ägyptische Anachoreten, selbst wenn allein, folgen einer regelnden Vorschrift. Im allgemeinen eine Mahlzeit täglich: zur neunten Tagesstunde (drei Uhr nachmittags), nach der Mittagsruhe. Aufkommen des Koinobitentums: große Unschlüssigkeit, bis sich die strengen Regeln des westlichen Koinobitentums durchgesetzt haben: Klöster des hl.

Ladeuze, S. 298

Pachomius. Bald eine Mahlzeit pro Tag, jeder, wann er will; bald gemeinsame Mahlzeit in einem Refektorium (Mittag + Abend) + die Möglichkeit, die Mahlzeit in der eigenen Zelle einzunehmen, aber dort nichts aufbewahren. Im Rahmen der Askese besteht das Problem darin, die Aufmerksamkeit von der Ernährung abzulenken: entweder indem die Zeiten der Essenseinnahme aufs äußerste vermindert werden oder indem die Nahrungsaufnahme bis ins einzelne reguliert wird, denn das Ziel einer guten und ordentlichen Regel besteht darin, die Zeit transparent zu machen. Der Code blendet aus (viel mehr als die Spontaneität, die Regellosigkeit).

2. Fastenzeiten: Die radikalen Asketen (orientalische Anachoreten) fasten, indem sie die Nahrungsaufnahme unterdrücken. In vielen Hagiographien: wahre Hungerstreiks über mehrere Tage – und gewöhnlich: eine ärmliche Mahlzeit pro Tag. Daher die »offizielle« Reaktion: Wahres Fasten besteht nicht darin, brutal und radikal auf Essen zu verzichten,

Festugière, I, S. 66 f.

sondern ständig hungrig zu bleiben (das ist auch die Regel heutiger Schlankheitskuren: sehr wenig, aber öfter). Der hl. Hieronymus zu der jungen Witwe Furia: »Wähle eher kärgliche Nahrung, sorge dafür, daß dein Magen immer hungrig bleibt, als drei Tage zu fasten; es ist besser, jeden Tag ein wenig zu essen, als sich ab und zu vollzustopfen.« Die Gewohnheit, stoßweise zu fasten, nennt der hl. Hieronymus »gierige Enthaltsamkeit«. Man beachte, daß der vom hl. Hieronymus verurteilte Rhythmus jahrhundertelang ein ökonomischer Zwang war. Die Unbeständigkeit der verfügbaren Ressourcen → unregelmäßiges Abwechseln von kärglicher Ernährung und plötzlichem alimentärem Überfluß: normale Ernährungsweise im Mittelalter. Daher der für uns unbegreifliche – unwirkliche – Charakter der Beschreibungen früherer Speisenfolgen: man beachtete eben nur sie (alimentärer Prunk). Wegen des Aufwands der Zubereitung erscheinen sie heute unmöglich (noch bei Brillat-Savarin). Ansonsten war der Reichtum der Tafel Schaufenster, Potlatsch: Jeder nahm davon, soviel er wollte.

3. Eine andere Art, die Nahrung der Beachtung zu entziehen: sie nicht durch Erwerbstätigkeit verdienen, sie aus dem Tauschzwang (arbeiten, um seinen Unterhalt / seine Brötchen zu verdienen) ausklammern. Das ist die Praxis des Nahrungsalmosens: um Essen bitten, sich zu essen geben lassen (Natural- / Geldgaben). Universell verbreitete Praxis. Am interessantesten jedoch ist die buddhistische Symbolik des Nahrungsalmosens. Die Nahrung wird dabei dreifach der Beachtung entzogen: *a)* indem man sie nicht verdient, indem man sie kommen läßt; *b)* indem man nicht um sie bittet; *c)* indem man keinen Blick darauf wirft. Zwar werden die Almosenrundgänge der ceylonesischen Mönche immer seltener (die Nahrung wird zum Kloster gebracht), es gibt sie aber noch, und sie bewahren die Fülle ihrer Symbolik. Der Rundgang beginnt zwischen 10 und 11 Uhr. Die Mönche verlassen einzeln das Kloster, jeder in Richtung einer Häusergruppe (kehren gegen 11.30 Uhr einzeln zurück, Mahlzeit gegen 12 Uhr), Schale vor der Brust, doch unter der Toga verborgen. Der Mönch geht gesenkten Blicks, langsam, doch ohne Zögern. Von Zeit zu Zeit bleibt er vor einem Haus oder einem Laden stehen und wartet, reglos und stumm, ohne sich der Tür zuzuwenden. Jemand kommt heraus, schlägt die Toga auf und schüttet Essen in die Schale oder nimmt sie mit, um sie in der Küche zu füllen, und drückt sie dem Mönch wieder in den Arm. Laie

Bareau, S. 65

grüßt; Mönch murmelt einen Segen und entfernt sich langsam. = Mönch, reglos und stumm, ohne die Nahrung zu beachten. Sie werden all die Operationen des Bedeutungsentzugs bemerkt haben, nicht nur der Nahrung, sondern sogar der Bitte um sie: entweder gewaltige Heuchelei oder große Würde (ich neige zu *dieser* Empfindung).

In alldem zeigt sich, daß es zwei Gruppen von Rhythmen gibt, die mit unterschiedlichen Strukturen (im Wortsinne: Ideologien) verbunden sind: 1. ein abtötender Rhythmus, der die Ernährung unterdrückt (den Körper kasteit), 2. ein neutraler Rhythmus, der das Essen der Beachtung entzieht, es durchsichtig, bedeutungslos, gefühlsmäßig belanglos machen will.

2. *Die Substanzen*

Auch hier wieder Fragen ohne Ende, insbesondere um das Nahrungsverbot, das Schlachtroß der Anthropo-Ethnologie – von der Psychoanalyse ganz zu schweigen:

a) Die Spaltungen des Verbots: das Verbotene / das Erlaubte

Überall bekannte Verbote: Fleisch / Fisch (Fastenzeit); tierische / pflanzliche Substanzen (Vegetarismus); Fische mit Schuppen / ohne Schuppen und andere jüdische Speiseverbote (das Böcklein nicht in der Milch seiner Mutter kochen[367]: kein *escalope normande*!) und das ganze Problem des Koscheren. Ich weise hier nur auf zwei weniger bekannte Verbote hin, weil sie sehr gut den Wirrwarr der Verbote (obsessives Zakkenwerk), die Subtilität der Spaltungen verdeutlichen:

Festugière, I, S. 59

Draguet, S. XLV

1. Orientalische Anachoreten. Im wesentlichen: roher Salat (Lattich, *lachana*[368]), frisches Gemüse (Rohkost), Salz, Brot (tägliche Ration: zwei Scheiben von je sechs Unzen = ein römisches Pfund # 340 Gramm). ≠ Verbot: gekochte Speisen, Wein, Öl (außer zur Agape am Samstag), Hülsenfrüchte. Öl: der Altvater von Pachomius bemerkt Öl auf zerdrücktem

367 [Ex. 23, 19; Ex. 34, 26; Dt. 14, 21.]

368 Pl. von griech. *lachanon*, Gemüse, Küchenkräuter.

Salz: »Der Herr ist gekreuzigt worden, und ich esse Öl!«[369] (Öl: nicht irgendeine Flüssigkeit, sondern konzentrierte Essenz, nahrhafteste aller Substanzen; vgl. seine Suppe essen + vielleicht euphorisches Thema des Einölens ≠ trocken, rauh, was nicht gleitet, rutscht.) Hülsenfrüchte (Erbsen, Bohnen): stärkehaltig; zweifellos verboten, weil zu nahrhaft. Im Tao hingegen strenges Verbot aller Getreidearten, doch mit einer ganz anderen Symbolik als der der Schwelgerei, der Kasteiung, der Sünde begründet. Getreide verursacht den Tod (Tao strebt die Unsterblichkeit des Körpers – nicht der Seele – an), denn es läßt im Körper Würmer entstehen, die an der Lebenskraft zehren (= übernatürliche Wesen). Drei Würmer[370]: 1. der Blaue Alte: macht blind, taub, kahlköpfig, läßt die Zähne ausfallen, verstopft die Nase; 2. das Weiße Fräulein: Herzklopfen, Asthma, Melancholie; 3. der Blutige Leichnam: Koliken, rheumatische Schmerzen, Welken der Haut, Kraftlosigkeit, Dementia praecox. Kampf: »Schluß mit dem Getreide« (Reis, Hirse, Weizen, Hafer und Bohnen). »Die Fünf Getreide sind die Scheren, die den Lebensfaden abschneiden, sie lassen die fünf Eingeweide vermodern, sie machen, daß das Leben kurz ist. Wenn ein Korn in deinen Mund gelangt, laß die Hoffnung auf das Ewige Leben fahren! Wenn du nicht sterben möchtest, sei dein Darm frei!« Zerealien bringen Unheil, denn als Essenz der Erde sind sie ausschießlich *yin*, während der Himmel *yang* ist.

Amand, S. 43

Maspero, *Le Taoïsme*, S. 367

Ich habe das Tao angeführt, weil das Verbot dort nicht unmittelbar mit einer Sünde (und folglich mit einem »Freikauf« durch Kasteiung) in Zusammenhang gebracht wird, sondern mit einer metaphysischen Anatomie des Körpers (die im übrigen untersucht werden müßte: Unser Körper ist historisch).

2. Eine weitere subtile Spaltung: Almosen der buddhistischen Mönche (vgl. oben). Dürfen (in ihrer Schale) alles annehmen – außer Wein –, wenn es fertig zubereitet gespendet wird (Gemüse, Fisch, Fleisch). Ist das Essen nicht fertig zubereitet, so dürfen sie weder Fleisch noch Fisch, noch Eier annehmen. Die Bediensteten dürfen Fleisch und Fisch, aber keine Eier kaufen, denn indem man sie aufschlägt, tö-

369 Draguet, *Les Pères du désert*, a.a.O., S. 61.
370 [Würmer (*vers*) – und nicht Verse (*vers*), wie es in der Übersetzung von *Das Neutrum*, a.a.O., S. 295 f., fälschlich hieß.]

tet man Leben = die gleiche Scheu vor Verantwortung wie bei der Bitte um Essen. Man lehnt die Gabe nicht ab, scheut aber davor zurück, irgend etwas damit zu *tun*: vgl. *Wu wei*, Bareau, S. 66 das Nichthandeln. Die Gleichung lautet: Nicht handeln und trotzdem leben (gar nicht einfach zu lösen!).

b) Die Konnotation von Nahrung (die konnotierende Nahrung)

1. Sobald man es sieht oder davon erzählt, nimmt ein Menü einen Sinn an, der seine bloße Funktion überschreitet. Es ist nicht dasselbe, ob man »Schinken + Salat + Kartoffeln« oder »Gänseleberpastete, Wachteln mit Trüffeln, Fasan, Spargel« usw. liest. Es ist nicht bloß der einfache Mechanismus der Transformation vom Faktum zum Index und vom Index zum Zeichen: Das Teure zeigt das Seltene an, und dieser Index wird Zeichen, Zeichen für Luxus (oder Festlichkeit). Denn sobald das Zeichen Zeichen ist, ist es in ein komplexes System einander antwortender Bilder eingebettet, das ganz von allein funktioniert.[371] Eintopf = Rustikalität, Volkstümlichkeit (früher in Paris: Ochsenfleisch in Grobsalz in den Kutscherkneipen); kann sich via Snobismus in ein demonstratives Zeichen für Luxus verwandeln. Ein ganzes System sozialer Bilder der Nahrung. Zum Beispiel die bewegte Geschichte der Pizza: ganz gewöhnliche Speise (der kleinen Leute in Neapel) → in Paris: snobistische *italianità* → wird wieder Zeichen bescheidener Ernährung, nicht teuer, um abends preiswert auszugehen: Pizzerien in Saint-Germain.[372] Dieses System muß offensichtlich für jede Epoche neu geschrieben werden. Bei Brillat-Savarin, S. 156f. Brillat-Savarin typische Menüs (»gastronomische Probierschüsseln«), die jeweils einem bestimmten Lebensstandard korrespondieren, eine echte soziale Codierung der Menüs; aber wie jedes Sprachsystem weist auch dieses eine Diachronie auf (Brillat-Savarin # 1825)[373]:

371 Barthes kommentiert mündlich: »Es wäre sehr wahrscheinlich möglich, eine alimentäre Semiologie als Zweig der Semiologie zu begründen; man könnte durchaus eine Semiologie der Nahrung entwickeln. Freilich wäre das eine komplexe Semiologie, die sich nicht damit begnügen könnte, einfache Listen, simple Lexiken aufzustellen.«

372 Barthes kommentiert mündlich: »Womit die Dialektik der Pizza endet«.

373 Barthes verliest den Text; im Vorlesungsmanuskript nicht enthalten.

»Erste Reihe. Mittleres Einkommen: 5000 Franken. (Mittelmäßigkeit.)

Ein tüchtiger Kalbschlegel, dick mit Speck gespickt und in seiner Sauce geschmort;

Ein Truthahn von der Meierei, mit Lyoner Kastanien gefüllt;

Fette Tauben vom Schlag, gut in Speckscheiben gebraten;

Eierschnee;

Sauerkraut mit Würstchen und geräuchertem Straßburger Speck.

Ausruf: Donnerwetter! Das sieht gut aus! Da müssen wir uns tüchtig daranmachen!

Zweite Reihe. Mittleres Einkommen: 15 000 Franken. (Wohlhabenheit.)

Ein innen rotes, gespicktes Ochsenfilet in seiner Sauce geschmort;

Ein Rehschlegel, Sauce mit gehackten Cornichons;

Ein gesottener Steinbutt;

Ein Schafschlegel von den Salzwiesen, nach Provencer Art zubereitet;

Ein Truthahn mit Trüffeln;

Erstlings-Zuckererbsen.

Ausruf: Ah, lieber Freund! Welch angenehme Erscheinung! Es geht ja zu wie bei der Hochzeit von Kanaan!

Dritte Reihe. Mittleres Einkommen: 30 000 Franken und mehr. (Reichtum.)

Ein siebenpfündiger Kapaun, bis zur vollständigen Kugel mit Trüffeln aus Perigord gestopft;

Eine ungeheure Straßburger Gänseleberpastete, die wie ein Festungsturm aussieht;

Ein großer Rheinsalm à la Chambord, *mit reichen Zutaten schön aufgeputzt;*

Wachteln mit Ochsenmark und Trüffeln auf gerösteten Butterschnitten mit Basilienkraut;

Ein gespickter und gefüllter Flußhecht in einer Krebssauce nach den Regeln der Kunst;

Ein Fasan auf der Höhe seines Geschmacks, als Haarschopf gespickt, auf einem Bratsockel à la sainte alliance;

Hundert frühe Spargel von fünf bis sechs Linien Durchmesser mit Fleischbrühsauce [sauce à l'osmazôme[374]];

Zwei Dutzend Ortolanen nach Provencer Art, wie es in dem ›Sekretär und Koch‹ beschrieben ist.

Ausruf: Gnädiger Herr, welchen Ausbund von Koch haben Sie! So etwas findet man nur bei Ihnen!«

Die Gerichte sind Werte, die an der Börse der Geschichte notiert werden. Für Brillat: »Eierschnee«: Zeichen der Mediokrität → heute in guten Restaurants. Das System der Konnotationen = laizistische Spuren der großen Symbolik der Nahrung, imaginär verschoben von der (metaphysischen, religiösen) »Natur« zum sozialen Schein (die »Gesellschaft« ist unsere »Natur« geworden).

2. Eine Semiologie der Nahrung? Die Codes der Konnotation = ihre erste Abteilung. Aber das ist nicht alles: ein weiteres semiologisches Problem: das Profil (die »Anmutung«) des alimentären Wortes. Generell bin ich davon überzeugt, das sich die Beziehung des Wortes zum Referenten nicht ein für allemal auf ein allgemeingültiges Schema zurückführen läßt. Das lesende, hörende Subjekt hat ein differentielles Verhältnis zu den Wörtern, je nach ihren Referenten. Das wäre ein Forschungsweg jener aktiven Philologie, wie Nietzsche sie gefordert hat: eine Philologie der Kräfte, der Differenzen, der Intensitäten. Die Lektüre kann ihre Theorie nur finden (wird sie nur finden können), wenn sie das Verhältnis zum Wort (im Singular) berücksichtigt, insofern dieses Verhältnis vom Affekt, vom Begehren, von Abscheu usw. moduliert wird. In manchen Wörtern blitzt ein Bild auf, eine Vorstellung vom Referenten: Ich kann nicht »Omelette« lesen, ohne eine flüchtige Anwandlung von Appetit oder Ekel zu empfinden. In jeder Erzählung oder jedem Bericht befindet man sich, wenn man von Speisen liest, am Schnittpunkt zweier semiologischer Achsen: der Konnotation und des Affekts.

3. Einige Beispiele für Menüs, die man lesen muß, insofern sie in eine semiologische Lektüre eingebettet sind. (Natür-

374 »[...] eine (wegen ihrer Würzigkeit) wertvolle Substanz, die naturgemäß mit dem Rind-, Pferde- und Hammelfleisch (oder mit dem abgehangenen Fleisch) zusammenhängt. Diese Substanz ist das *Osmazom.*« »Brillat-Savarin-Lektüre«, in: *Das Rauschen der Sprache*, a.a.O., S. 291.

lich darf die affektive Lektüre nicht von irgendeiner Deutung bevormundet werden; ihre Urteile sind von der Art »macht Lust / ist abscheulich«.) → Übungsmaterial für symbolische Deutung, auf das ich hier einfach nur hinweise:

- Buddhistische Klöster in Ceylon. Frühstück: Tee oder Kaffee mit Zucker, Brot, Fladen, Butter, Konfitüren, Honig. Mittagessen: Reis mit Curry, Gemüse, frische oder saure Milch, Früchte. Abendessen: gezuckerter Tee oder Kaffee, doch ohne Milch, oder Fruchtsaft. → Kargheit, Vegetarismus, doch okzidental und behaglich: nichts Asketisches. Bareau, S. 67
- Kommunarden, Frankreich # 1970. Mittags: Pilzomelette, Salat, Ziegenkäse. Abends: Kartoffeln mit Knoblauch oder ungeschälter Reis, geröstete Eßkastanien. → Echte französische Rustikalität, Halbvegetarismus, Kult der Makrobiotik. Droit/Gallien, S. 20
- Mélanies Ernährung. Lebt in unglaublichem Dreck, eingesperrt, doch paradoxerweise: sorgfältig gewählte, ultrabourgeoise, teure Nahrung (während die Mutter ansonsten geizig ist). Frühstück: nur eine Tasse Schokolade von der Kolonialgesellschaft[375], kein Brot. Mittagessen: gebratene Seezunge, Kotelette mit Kartoffeln; manchmal vom Hôtel de France (in Poitiers) geliefert: gedünstetes Huhn mit Pilzen oder Huhn in roter Sauce, Austern, Gänseleberpastete + erstklassiger Wein (Bordeaux zu zwei oder drei Francs die Flasche). Abends: fast nichts außer einer Brioche oder einem Stück »Jesuitenkuchen« (?[376]). → Echt französische, gehoben bürgerliche, kapriziöse Speisen. *Die Eingeschlossene von Poitiers*, S. 265 ff.
- Das Abendessen bei den Josserand: Typ eines bürgerlichen Haushalts in Geldverlegenheit, der zum »Bluff«, zur »Fassade« gezwungen ist und den anderen »Sand in die Augen« (Titel eines Stücks von Labiche[377]) streut: Um sich Onkel Narcisse geneigt zu machen, um ihm 50 000 Francs für die Aussteuer einer der Töchter zu entlocken: Rochen in brauner Butter, von zweifelhafter Frische, in Essig ertränkt + *Ein feines Haus*, # S. 52

375 Barthes erläutert mündlich: »eine Marke«.

376 Barthes kommentiert mündlich: »Ich schätze mal: mit Mandeln, aber das ist bloß eine Vermutung.«

377 *La Poudre aux yeux*, Boulevardstück von Eugène Labiche und Édouard Martin (1861): Zwei kleinbürgerliche Familien, die Malingear und die Ratinois, spielen sich gegenseitig die Komödie des Reichtums vor, um ihre Kinder zu verheiraten.

eine fette Pastete (Blätterteigpastete *à la reine*) + ein in der Kasserolle geschmortes Stück Kalbfleisch + aufgeweichte grüne Bohnen + Vanille-Johannisbeer-Eis. Man beachte, daß Zola, dem epischen Verfahren gemäß, selbst die Signifikate liefert oder zumindest den Signifikanten aufspaltet in: den scheinbar objektiven sozialen Status, wenn man sich an die Nomina hält (Fisch, Vorspeise, Braten, Eis = gehobene Lebenshaltung) + abwertende Attribute (fett, in Essig ertränkt, aufgeweicht). Das ist das epische Thema. Bourgeoisie: Fassade des falschen Scheins vor einer Realität, die anders aussieht (Ehebruch, Geldverlegenheit) = die soziale Lüge.[378]

– Das Essen einsamer Männer (Junggesellenthema). Düstere Beschreibungen von Mahlzeiten in billigen Kneipen um die Ecke: *Stromabwärts* von Huysmans[379] (dasselbe epische Verfahren wie bei Zola). Die gesamte Ernährung konnotiert den Verfall, die Verkommenheit des Junggesellen im städtischen Milieu – und, im Negativ sozusagen, den Aufruf zur mystischen Regeneration im Kloster. ≠ Ernährung des einsamen Philosophen: maßvoll und glücklich. Spinoza, am Ende seines Lebens zurückgezogen in einem Zimmer in Voorburg lebend. Kommt einen ganzen Tag mit einer Milchsuppe, mit einem Stich Butter verfeinert, und einem Krug Bier aus. An einem anderen Tag: nichts als Grütze mit Weintrauben und Butter – ein Liter Wein pro Monat. → Mäßigkeit, Einfachheit, Natürlichkeit (vgl. die Mönche von Ceylon).

Jean Colerus, »Vie de Spinoza«, Pléiade, S. 1319

Selbstverständlich handelt es sich um Konnotationen. Es geht nicht um objektive Eigenschaften, die mit einer bestimmten sozialen Lage verbunden wären (das fiele dann in den Bereich der Soziologie), sondern um Zeichen (Semiologie). Ein Spiel von Bildern, von Spiegeln: Speisen als narrative Elemente, Textbestandteile (Hagiographie, Journalismus, Roman, Biographie): die Nahrung, wie wir sie lesen. Doch tun wir je etwas anderes, als uns gegenseitig zu lesen? Wir lesen uns, wenn

378 In der Vorlesung erinnert sich Barthes an seine Erfahrungen als junger Lehrer im Ausland: Bei den Essenseinladungen unter Kollegen galt der gleiche kulinarische Code, der gleiche soziale Statuszwang wie bei den Josserand.

379 Joris-Karl Huysmans, *Stromabwärts*, übersetzt von Else Otten, Frankfurt am Main/Berlin: Ullstein 1996.

wir essen: die Nahrung als Privatgeheimnis (wie in dem Seminar an der École pratique des hautes études[380], 1963-64). Gibt es ein Reales ohne Bild? Das begleitende Bild ist sofort da, das Bedürfnis bricht sich im Begehren, der Index im Zeichen, die Funktion im Symbolischen.

3. Die Praktiken

= das Problem des Zusammen-Essens: die Tisch-Gesellschaft [*convivialité*] im buchstäblichen Sinne. Da es sich um ein riesiges ethnologisches Dossier handelt, sei an diese Rubrik wiederum nur erinnert: das ganze Ritual der Bankette, der Versammlungen oder Treffen zum gemeinsamen Essen. Ein paar Ausgangspunkte dieses Dossiers:

- Der Schrecken davor, allein zu essen, ist offenbar allgemein. Hat etwas von einem Fluch: Einsamkeit in ihrer reinsten Essenz. Daher Lieblingsthema philosophischer oder mystischer Umkehr (Eremiten, Spinoza) + manchmal narzißtischer Genuß, lesend allein zu essen (Gide im Lutetia[381]).
- Die Riten der Kommunion: gemeinsame Aufnahme eines symbolischen Nahrungsmittels, wobei diese Gemeinsamkeit selbst bereits Symbolcharakter besitzt. ≠ Man speist nicht mit seinem Feind. Abendmahl: Ritus der Inklusion, Integration, Imitation (vgl. Tischrede: integrativer Sprechakt).
- Ekstatische Kommunionen: befreien das Subjekt mit Hilfe von Speisen (Getränken) sowie durch die Vergemeinschaftung der Körper von seinem individuellen Panzer. Extrem-

380 Das Seminar, an das Barthes in der Vorlesung erinnert, trug den Titel »Inventar der zeitgenössischen Bedeutungssysteme«. Bei dem Versuch, ein Korpus von Menüs zusammenzustellen, bemerkte Barthes bei seinen Studenten »eine sehr große Zurückhaltung, davon zu berichten, was man zu Hause, in der Familie etwa, ißt. [...] Öffentlich darüber zu sprechen, was man ißt, grenzte fast an ein sexuelles Tabu.«

381 Das Pariser Hotel-Restaurant Lutetia ist am Boulevard Raspail im 6. Arrondissement gelegen. In dem Fragment »Der Schriftsteller als Phantasma« berichtet Barthes, er habe in jener Brasserie einmal Gide gesehen, »wie er eine Birne aß und in einem Buch las«. Roland Barthes, *Über mich selbst*, a. a. O., S. 85.

form: die Orgie. In unserer Zivilisation meist nur abgeschwächte Ersatzformen dieser provozierten Ekstase: Bankette, Familienessen. Alkohol, Nahrung + endlose Dauer → eine Art Intoxikation durch die Zeit; das Eigentümliche einer Orgie ist, daß sie unermeßlich dauert; vgl. die Kiefs auf dem Balkan.[382]

- Die Tischgesellschaft als Ort der Begegnung: Die gemeinsame Mahlzeit ist eine kryptoerotische Szene, bei der »etwas passiert«. *Der Zauberberg*: »die Mahlzeiten [...], die er doch [...] um der Spannungen und Sehenswürdigkeiten willen, die sie mit sich brachten, so wohl zu schätzen wußte« + Platzwechsel bei Tische: Die Wahl der Plätze ist erotisch (vgl. Platons *Gastmahl*). Das Zusammensein an der Tafel hat zweierlei Folgen: 1. die Überdetermination der Lüste (nach Brillat-Savarin besteht sie nur in der ersten Stunde[383]), 2. Eros wird – gegenüber dem »offiziellen« gastronomischen Vergnügen – an die Seite gerückt, das heißt in die Position der Perversion (sekundärer Genuß).

Der Zauberberg, S. 160

S. 513

- Zur koinobitischen Praxis gehört die gemeinsame Mahlzeit (seit dem hl. Benedikt). Durch monodische Lektüre eines frommen Textes wird die Nahrung der Beachtung entzogen (vgl. oben), aber nicht nur sie, sondern auch das Vergnügen am Zusammensein.

FAZIT oder zumindest letzte Bemerkung:

- Nahrung: verknüpft mit dem Leben, dem (biologisch) Lebensnotwendigen. Durch metonymische Umkehrung übertragen sich alle Metaphern des Lebens, insofern sie mit einem Sinn, einem Wert versehen sind, auf die Nahrung. Es besteht ein symbolischer Austausch zwischen den Veränderungen des Lebens und der Ernährung. Wiedergeboren werden = eine andere Nahrung zu sich nehmen: Intussuszeption (Wachstum durch Einlagerung einer Substanz) des Embryos / Muttermilch für den Säugling / Entwöhnung.
- Die Kranken im Sanatorium des *Zauberbergs*: Sie sind dort, um ihr Leben zu retten, um nach der Krankheit wie-

382 Barthes erinnert in der Vorlesung an seinen Aufenthalt in Rumänien im Jahr 1947.

383 So »bei den Tafelfreuden: ›Nur an der Tafel‹, sagt B.-S., ›ist gleich die erste Stunde amüsant.‹« »Brillat-Savarin-Lektüre«, in: *Das Rauschen der Sprache*, a.a.O., S. 293.

dergeboren zu werden. Man setzt ihnen mächtig schwere, nahrhafte Mahlzeiten vor, man stopft sie mit Essen voll, um aus ihnen neue Menschen zu machen. Doch umgekehrt (das ist logisch, alles hängt vom Blickwinkel ab) sind auch Schlankheitskuren[384] oft mit dem intensiven Wunsch verknüpft, »sein Leben zu ändern«, zu einem neuen Leben geboren zu werden, in einen Jungbrunnen zu steigen, sein Begehren und also die Welt zu beherrschen.

- Übergänge von einer Ernährungsweise zur anderen. Heiraten: von der Nahrung der Mutter zu der der Frau übergehen (deren Nahrung, wenn sie bereitwillig angenommen wird, zu der einer zweiten Mutter wird: Kleinbürger nennen ihre Frau »Mutti«). Der Übergang kann eine regelrechte Anstrengung bedeuten: zugleich Trauerarbeit und Wiedergeburt.

384 Barthes mündlich: »Eine Schlankheitskur ist ein religiöser Akt.«

Sitzung vom 20. April 1977

Die Eingeschlossene von Poitiers. *Mélanie: Schokolade und sogenannter »Jesuitenkuchen«. Hinweise, die jedoch zu keinem rechten Ergebnis geführt haben, was bei »Jesuiten« kaum wundernimmt:*

- *mit einer Art Mandelcreme gefüllter Kuchen (Evidenzbeweis: Mir wurde ein Stück angeboten);*
- *Kuchen, der scheinbar ganz aus Schokolade besteht, innen jedoch aus übereinanderliegenden Schichten von Baiserschaum und Schokolade. Der Kuchen spielt also mit verdeckten Karten, wie ein Jesuit. Wahrscheinlich: das Dunkle der Schokolade = das Schwarz des Jesuiten* (Rot und Schwarz).

Proxemie

Abend: Ich gehe zu Bett, lösche das Licht, vergrabe mich zum Schlafen unter der Decke. Doch ich möchte mir die Nase putzen. Ich strecke im Dunkeln den Arm aus, erreiche zielsicher die oberste Nachttischschublade und finde in der Schublade, nicht minder unfehlbar, auf der rechten Seite ein Taschentuch. Ich lege es wieder hin und schließe die Schublade mit der gleichen Sicherheit.

Das ist die typische Episode, an der man den Begriff Proxemie erläutern kann.

Der Begriff

Dictionnaire des sciences sociales

Von Edward Twitchell Hall eingeführter Neologismus (*The Hidden Dimension*, 1966; französische Übersetzung 1971[385]). *Proxemics*: »Gesamtheit der Beobachtungen und Theorien zum menschlichen Gebrauch des Raumes als eines kulturspezifisch erzeugten Phänomens«: Dialektik der Distanz.

385 Deutsch: Edward T. Hall, *Die Sprache des Raumes*, übersetzt von Hilde Dixon, Düsseldorf: Pädagogischer Verlag Schwann 1976.

Ich werde meinerseits das Wort nur für den sehr begrenzten Raum verwenden, der das Subjekt unmittelbar umgibt: Raum des vertrauten Blicks, der Objekte, die man mit dem Arm erreichen kann, ohne sich sonst zu bewegen (beinahe blind; vgl. unser Ausgangsbeispiel); bevorzugter Raum des Schlafes, der Ruhe, der Arbeit am Schreibtisch zu Hause: die Sphäre der »unmittelbaren Gebärde« (Moles[386]), der Kubikmeter Raum, der dem sonst unbewegten Körper in Reichweite liegt: Mikroraum. Beispiele von Moles: das Kind in seinem Bettchen, der Geschäftsmann in seinem Büro, der Intellektuelle an seinem Schreibtisch, der Rentner in seinem Sessel (Fernsehen, Pfeife, Brille, Zeitungen).

La Perception de l'habitat, S. 16

Proxemie: Teil einer Typologie subjektiver Räume, insoweit das Subjekt sie affektiv bewohnt >[387] 1. Territorium (Revier, Gebiet) → 2. Refugium (Zimmer, Robinsons Hütte, in die Granitwand gehauene Wohnung der Kolonisten in *Die geheimnisvolle Insel*). (Chombart: Familie = »Gesamtheit der Personen, die hinter demselben Türschloß leben«[388]). 3. Proxemischer Ort: Nische, Nest. In gewissem Sinne also: *a)* so weit der Blick reicht (oder der Geruch oder das Geräusch)[389]; *b)* wo man etwas hinbringt oder versteckt[390]; *c)* so weit man mit der Hand langen, was man berühren kann.[391]

Ekambi, S. 10

Es gibt zwei Objekte, die ihrer Bestimmung nach Proxemie (proxemischen Raum) erzeugen: die Lampe, das Bett = Zentralobjekte, mit denen sich das Subjekt tendenziell identifiziert.

386 Zitiert von Jésabelle Ekambi-Schmidt in *La Perception de l'habitat*, Paris: Éditions Universitaires 1972. Siehe Abraham-André Moles und Élisabeth Rohmer, *La Psychologie de l'espace*, Paris: Casterman 1972.

387 Barthes erläutert das Zeichen »>« mündlich: »absteigende Liste der vom Menschen bewohnten Räume«.

388 Zitiert von Moles in seinem Vorwort zu dem Buch von Ekambi-Schmidt. Siehe Paul-Henry Chombart de Lauwe, *Des Hommes et des villes*, Paris: Payot 1965, S. 104.

389 Barthes erläutert mündlich: »das Territorium«.

390 Barthes erläutert mündlich: »das Refugium«.

391 Barthes erläutert mündlich: »die Nische«.

Hier als ein typisches Zentralobjekt verstanden, an dem sich Proxemie festsetzt:

- Allerdings variieren diese Objekte im Lauf der Geschichte. Jahrtausendelang: die Feuerstelle, das Feuer, der Quell der Wärme; sichtbare Quelle (Symbolik des Feuers). Ein Ofen = weniger proxemisch als ein Holzfeuer (Geruch, sanftes und lebendiges Licht + Geschäftigkeit des Feuers als Schauspiel mit unerwarteten Zwischenfällen). Heute ersetzt das Fernsehen tendenziell das Herdfeuer. In der Zwischenzeit ein wichtiges Objekt, das häuslichen Mikroraum erzeugt: die Lampe.
- Lampe als proxemischer Mittelpunkt. Je nach Zivilisationsstil: 1. Glühbirne: Bauernstuben; 2. Hängelampe: kleinbürgerliches Eßzimmer; 3. Steh- oder Tischlampe (oft mit dem Wegfall der zentralen Deckenbeleuchtung verbunden). Eine ganze Geschichte der Beleuchtung, eine Diachronie, die man sich noch während einer Eisenbahnreise vergegenwärtigen kann, auf der man in unterschiedliche Wohnungseinrichtungen, unterschiedliche Zivilisationsniveaus eintaucht.
- Man beachte, daß Proxemie sich je nach dem Stand der Zivilisation verändert: 1. nackte Glühbirne an der Decke: Nullproxemie, keine Innerlichkeit des »Interieurs«; 2. Hängelampe: Beginn der Proxemie. Familiäre Proxemie: um den Eßtisch (ist er abgeräumt, erfüllt er weiterhin seine proxemische Aufgabe: Zeitungslektüre, Schularbeiten, Spiele); 3. Steh- oder Tischlampe: starke Proxemie; isoliert den Schreibtisch, den Sessel, erzeugt ein helles Sein und ein dunkles Nichts. → Mittels einer paradoxen, trotzdem logischen Umkehrung bringt vollständige Dunkelheit die habituelle Gebärde ans Licht: vermag Proxemie in Reinform zu erzeugen (vgl. unser Eingangsbeispiel). Das Wesen meiner selbst ist das, was ich nicht einmal zu sehen brauche, um es zu genießen.
- Es gibt Situationen, in denen die Proxemie überprüfbar ist.[392] Im Hotel: schlechte Nachttischlampe, keine Arbeits-

392 Barthes mündlich: »Ich weiß von mir selbst, daß ich ziemlich proxemisch bin und die Wonnen der Proxemie schlückchenweise genieße.«

lampe, Dunkelheit ohne Vertrautheit ≠ künstliche und umständliche Wiederherstellung einer Proxemie; die Liege im Schlafwagen: individuelle Lampe, »Handschuhfach« für den Inhalt der Hosentaschen, Aufhängung für die Armbanduhr.

Das Bett

Krankenbett: stärkste, am intensivsten erlebte, oftmals bestorganisierte Proxemie (Matisse am Ende seines Lebens: sein langer Bettisch, auf dem er zeichnete).

Typisches Beispiel: das Bett von Tante Léonie. Proust, I, S. 73, 69

→ gelbe Kommode

Straße ← Bett

→ Anrichte und Hausaltar

Tante Léonie hat sämtliche Phasen der Proxemie durchlaufen: wollte »zunächst Combray« (= Territorium), »dann auch ihr Haus [...] nicht mehr verlassen« (= Refugium), »endlich sogar nicht einmal mehr ihr Bett« (Nische, Nest).

Das Bett, der innerste Kern der Proxemie, ist gewissermaßen ein Körperteil, eine Körperprothese, gleichsam die fünfte der Gliedmaßen: das Glied, das Organ des ruhenden Körpers:

1. Mönche von Athos (vor der Gründung der Lauren): besaßen absolut nichts, hatten weder eine Bleibe noch Besitztümer, sondern wanderten zu Fuß mit ihrem einzigen Mobiliar auf dem Rücken: der Matte, auf der sie sich abends zur Ruhe legten.[393] *Le Millénaire du mont Athos*, S. 108

2. Seltsame Bindung Spinozas an sein Bett: Beim Tod des Vaters Aufteilung des Erbes unter den Kindern: »Als es jedoch um die Verteilung ging, ließ er ihnen <seinen Brüdern und Schwestern> alles und behielt zu seiner Verwendung nur ein einziges Bett, das in der Tat sehr gut war, und den Bettkasten, der dazugehörte.« Spinoza, ein Philosoph der Proxemie? Jean Colerus, »Vie de Spinoza«, Pléiade, S. 1321

393 Siehe Leroy, »La conversion de saint Athanase l'athonite et l'idéal cénobithique et l'influence studite«, in: *Le Millénaire du mont Athos (963, 1963). Études et mélanges*, Bd. 1, a. a. O.

Bett = Mittelpunkt der phantasmatischen Erweiterung des Subjekts: 1. durch Lektüre; 2. wenn möglich, durch das Fenster; Bett = ein bequemer Aussichtsposten; Léonie überwacht vom Bett aus die Straße, sieht die Leute beim Krämer eintreten; 3. durch Ausschweifen der Phantasie: Léonie erfindet zu ihrer Zerstreuung imaginäre Zwischenfälle, denen sie leidenschaftlich nachgeht (zum Beispiel: daß Françoise sie bestiehlt) = »das Schauspiel in einem Bett«.[394]

Proust, I, S. 157

(Unter diesem Gesichtspunkt ließen sich vielleicht bestimmte Menschentypen unterscheiden: Leute, die ein gutes Verhältnis zu ihrem Bett haben[395] – ein reiches, multifunktionales Verhältnis – ≠ Leute, die kein Verhältnis dazu haben: gleichgültiger, unpersönlicher, rein funktionaler Gegenstand. Vgl. Menschen, die sich eine Proxemie herstellen müssen, um zu arbeiten ≠ Menschen, die überall arbeiten können.[396])

Rechter Winkel

Zivilisation des Rechtwinkligen

Aussehen von Wohnsiedlungen: überwiegend Winkel von 90° und 180° = Häuser, Gebäude, Türen, Fenster, Dächer, Aufzüge. Alles ist rechtwinklig ≠ »Natur«: kennt keine rechten Winkel (außer bei einigen Felswänden). → Und da man heute Stadt, Siedlung, Menschheit mit Umweltverschmutzung assoziiert, wird der rechte Winkel zur Umweltseuche. Schuld daran: die Architekten. Bedeutung (Tyrannei) der »geraden Linien«: »Jeder Architekt muß sich ihrer bedienen« (Le Corbusier). Entspricht offenkundig der »Vernunft« (»geometrische«, »griechische« Ideologie): Hütte im Gegensatz zum kreisförmigen, radialen Zelt (vgl. oben, »Zimmer«) + vielleicht – wer weiß? – ferne Erinnerung an die königliche und

Ekambi, S. 55

Rykwert

394 Siehe oben, S. 127-129. Das Zitat ist von Proust.
395 Barthes erläutert mündlich: Das Bett ist »kein Symbol der Trägheit«.
396 In der Vorlesung schlägt Barthes vor, eine Typologie der Schriftsteller je nach ihrem Verhältnis zur Proxemie zu erstellen. Karteikarte 84: »Ordnen. [...] Taxonomische Probleme. Lévi-Strauss. ›Sage mir, wie du klassifizierst ...‹ Proxemie: *eine eigene Unordnung haben*, in der das Subjekt sich zurechtfindet. Idiolektale Ordnung.«

religiöse Funktion: *Rex* = derjenige, der gerade Linien zieht (*regula*, *orego*[397], siehe unten). → Rechter Winkel: gleichsam die Grundform der Macht.

Der Rahmen

Zwei Tatsachen – oder Probleme –, zwei Untersuchungsthemen gestatten es, die vollständige Künstlichkeit des rechten Winkels festzustellen. Künstlich = historisch, kulturell, ideologisch, vielleicht sogar: neurotisch. Diese zwei Themen hängen beide mit dem Verhältnis des rechten Winkels zum Bild, zur Verbildlichung, zur Bilderwelt zusammen.

1. Rechter Winkel = archetypische Form der Rahmung eines Bildes. Man setzt das Bild in einen Rahmen. Rahmen[398] = rechtwinkliges Viereck oder Quadrat. Das Quadrat ist jedoch letztlich nur die (oftmals esoterische) reine Gedankenform des rechten Winkels. (Siehe die Dissertation von Yve-Alain Bois[399] sowie Meyer Schapiro: »Champ et véhicule dans les signes iconiques«[400], in: *Critique*, August/September 1973.)

Rahmen: späte Erfindung. Prähistorische Kunst: paläolithische Felszeichnungen: unmittelbar auf die Höhlenwand, ohne präparierten Hintergrund. Homogene Schließung des Bildes (ähnlich einer Stadtmauer): ungefähr zweites Jahrtausend v. Chr. Offenes Dossier. Zu untersuchen: italienische Bühne, Kinoleinwand. Das macht den Rekurs auf Psychisches erforderlich:

2. Meyer Schapiro schreibt: »Ein solches <rechteckiges> Feld findet keine Entsprechung in der Natur oder *in der mentalen Bilderwelt*, wo die Phantome der visuellen Erinnerung in einer unbegrenzten Woge erscheinen.«[401] Das ist nicht ganz richtig. Es gibt in der »mentalen Bilderwelt« durchaus einen Rekurs auf das rechteckige, gerahmte Bild. Genauer gesagt,

397 Griech. *orego*, gerade richten, strecken.

398 Frz. *cadre*. Barthes erinnert mündlich an die Etymologie des Wortes: lat. *quadratio*, die Teilung ins Geviert, die Vierung, das Viereck, das Quadrat [*carré*].

399 Siehe oben, S. 152.

400 So der Untertitel des Aufsatzes »Sur quelques problèmes de sémiotique de l'art visuel«, ebd.

401 Ebd., S. 843.

in bestimmten Episoden der Einbildungstätigkeit, derjenigen, die das Subjekt in sich verfestigende Bilder hineinzieht, an denen es haftet. Der Rahmen = gleichsam der Superlativ des Bildes, seine Vollendung. Man könnte sagen, daß die imaginäre Perversion gebieterisch nach einem Rahmen verlangt, nach dem rechtwinkligen Passepartout, nach der Randlinie. Vgl. die verliebte Verzückung, die Liebe auf den ersten Blick, die jähe Faszination = von einem Bild hingerissen sein. Doch ein solches Bild ist im allgemeinen gerahmt.[402] Das geliebte (zu liebende) Objekt erscheint plötzlich *a)* als ausgeschnittene Silhouette – oder als ein bestimmtes, zur Fetischisierung geeignetes Detail des Körpers, *b)* in einem Rahmen, *c)* »in Situation«, bei irgendeiner Tätigkeit.[403] Beispiel: Charlotte, Brot schneidend, im Türrahmen.[404] Gruscha, das Kindermädchen des Wolfsmanns.[405] Die schreitende Gradiva, einen Fuß senkrecht erhoben, auf ihrem Relief.[406]

402 Barthes erinnert in der Vorlesung an den Umschlag der Originalausgabe der *Fragments d'un discours amoureux*, Paris: Seuil 1977, auf dem ein Detail des Gemäldes *Tobias und der Engel* (Schule von Verrocchio) abgebildet ist [der dritte Band der OC_1 und die Erstausgabe der deutschen Übersetzung übernehmen das Motiv].

403 Barthes kommentiert mündlich: »Es ist schwierig, sich in jemanden zu verlieben, der nichts tut.« Nur Märchenfiguren, fügt er hinzu, könnten sich in ein Porträt verlieben.

404 Johann Wolfgang Goethe, *Die Leiden des jungen Werther*, in: ders., *Werke in sechs Bänden*, Bd. 4, Frankfurt am Main: Insel 1965. Werther begegnet Lotte, als sie gerade den Kindern ihr Vesperbrot schneidet; »und da ich [...] in die Tür trat, fiel mir das reizendste Schauspiel in die Augen, das ich je gesehen habe« (Erstes Buch, Am 16. Junius, ebd., S. 20).

405 Sigmund Freud, »Aus der Geschichte einer infantilen Neurose (Der Wolfsmann)«, in: *GW*, Bd. 12, S. 27-157. Den jungen Mann überfällt Begierde nach dem Kindermädchen Gruscha, als er ihr »beim Aufwischen des Bodens zu[sieht]« (ebd., S. 125).

406 Sigmund Freud, »Der Wahn und die Träume in W. Jensens ›Gradiva‹«, in: *GW*, Bd. 7, S. 29-122. Ein junger Archäologe verliebt sich in eine Gestalt auf einem [rechteckig gefaßten] Reliefbild, das »ein reifes junges Mädchen im Schreiten dar[stellt]« (ebd., S. 35). Barthes erläutert mündlich: »Gradiva, die Vorschreitende, Gehende«. Eine Figur der *Fragmente einer Sprache der Liebe* trägt den Titel »Gradiva«, a. a. O., S. 117-120.

Den rechten Winkel unterlaufen? Auch hier wieder ein riesiges Dossier: Schauspielkunst, bildende Künste (Malerei / Bildhauerei), Architektur. Noch einmal die Funktion des Runden (Gerundeten) überprüfen. Zu leisten wäre (hier und da schon getan, doch das Material müßte zusammengestellt werden) eine Analyse der runden Formen, insofern sie das Rechteck verdrängen (oder von ihm verdrängt werden):

1. Antikes Theater: Zuschauerraum kreisrund (griechisch), halbkreisförmig (römisch). Szene = anfangs ein Zelt für die Schauspieler. Sie treten heraus und spielen davor: das *Proszenium*: Kampf des Rechtecks mit dem Kreis.

2. Das Runde ist schwer herzustellen: mythische Erfindung des Rades als Kulturleistung, Geheimnis der Übernatur (die androgynen Wesen sind rund, Aristophanes beharrt darauf[407]). Robinson Crusoe fertigt jeder Art Möbel an. Es fällt ihm leicht, rechteckige Tische, Stühle, Bretterborde herzustellen, doch bringt er es nicht fertig, eine Schubkarre zu bauen oder ein Faß zu binden. *Robinson Crusoe*, S. 133

In der bildenden Kunst gibt es sehr viele Versuche, den Rahmen zu entfernen oder zu zerbrechen. Das zeigt die ganze Geschichte des bildlichen Raums seit Cézanne und darüber hinaus der östlichen Malerei. Weniger bekannte Tatsache: In der Geschichte der Comics gibt es raffinierte Bemühungen, den Rahmen (das Rechteck) zu unterlaufen. Pinchon *(Bécassine)* rahmt seine Bilder mit Konturlinien: aber von sehr unterschiedlicher Form (nicht unbedingt rechteckig). Und der Zeichner Fred[408] läßt seine Figuren sogar über Rahmengrenzen hinweg Gespräche führen oder streiten. (Metaphorisch interessant: Die Subversion einer Form, eines Archetyps, verläuft nicht unbedingt über ihre Ersetzung durch eine konträre Form. Raffinierter ist es, die Form beizubehalten und sie einem Spiel von Überlagerungen, Aufhebungen, Überschreitungen auszusetzen.)

407 Siehe Platon, *Symposion*, 189 e.
408 Der Comiczeichner Fred war an der Gründung der satirischen Zeitschrift *Hara Kiri* beteiligt.

Regel

Regula

Benveniste hat schlüssig nachgewiesen (*Vocabulaire des institutions indo-européennes*, II, Anfang): *Rex*: nicht Anführer, sondern derjenige, der sakrale Räume bestimmt (Städte, Hoheitsgebiete), der Linien zieht. *Rego* < griech. *orego* = gerade richten, (sich) ausdehnen (≠ ausbreiten, griech. *petannumi*). Von dem Punkt aus, an dem man sich befindet, eine Gerade nach vorn ziehen, voranstreben. Pferde (Homer): im vollen Lauf ausgreifen.[409] → *Regio*: der Punkt, der in gerader Linie erreicht wird. *Regula*: Instrument zum Ziehen gerader Linien (Lineal). Der ganze etymologische Vorgang gestattet es, was mir aufschlußreich scheint, Regel[410] und Territorium miteinander zu verknüpfen (Territorium läßt sich mit »Schließung« in Verbindung bringen – wie ich es oben getan habe –, aber vielleicht besser noch mit »Regel«).

Robinson Crusoe, S. 97, 128, 129

Robinson: Als er sich einzurichten beginnt, sein Leben in einer Einsamkeit von ungewisser Dauer in die Hand nimmt: schlägt er Pflöcke ein, um sich ein Haus zu bauen, und legt gleichzeitig eine Tageseinteilung *(timing)* fest. Wir müssen hier also noch einmal auf den ethologischen Begriff des Reviers zurückkommen.

Revier

1. Revier; wie wir gesehen haben: ein angeeignetes, gegen Eindringlinge verteidigtes Territorium (Mensch, Rotkehlchen, Hirsch[411]), in dem das Individuum zu Hause, wo es Herr ist. Doch auch: Raum, der mit wiederkehrenden Funktionen – in menschlichen Begriffen: mit Gewohnheiten – verbunden ist. Mehrere Arten von Revieren.

409 In der *Ilias* wird das Verb *orego* mehrfach benutzt, um galoppierende Pferde zu beschreiben. Siehe etwa XXII. Gesang, V. 22 f.: »ungestüm wie ein Roß [...] / Welches behend und gestreckt einhersprengt«. Homer, *Ilias / Odyssee*, übersetzt von Johann Heinrich Voß, München: Winkler 1976, S. 377.

410 Barthes erläutert mündlich: »im monastischen Sinne«.

411 Siehe oben, S. 110.

– Fortpflanzung, Parade, Paarung, Nestbau, Nahrungssuche: Grasmücken, Rotkehlchen. *Encyclopædia Universalis*
– Nur Fortpflanzung und Nestbau. Rivalen begegnen sich an der Grenze (Kiebitze).
– Nest plus einige Quadratdezimeter der Umgebung (die Paare berühren sich fast): Möwen.
– Revier: besteht das ganze Jahr über (Rotkehlchen) ≠ temporär (Zeit der Fortpflanzung). Siehe unten zu den überlagerten *timings*.

2. Verbindung Raum / Funktion (Gewohnheiten) → auf menschlicher (anthropologischer) Ebene = Begriff der Domäne, des Landguts. *Robinson Crusoe:* richtet sich ein Landgut ein. Funktionen: festungsartig geschützte Wohnung + Kornvorräte für zwei Jahre (Subsistenz) + Landhaus + Pferch für das Vieh + Liegeplatz der Piroge. (Vgl. Defoe selbst: Haus in Stoke Newington, das er herausputzte: Stall, Wirtschaftsgebäude, Obstgarten, großer, von Defoe selbst gezeichneter Garten.) *Der Zauberberg:* zwei Lokalitäten: das Flachland / die Leute hier oben (der Regel unterworfen). *Ein feines Haus:* zwei Raumteilungen, die einander schneiden: *a)* Herrschaften / Dienstpersonal (Innenhof, der die Küchen mit Licht versorgt = Abflußrohr), Müllschacht der Dienstmädchen, gleich zu Beginn: Kanincheneingeweide.[412] *b)* Herrschaften: entsprechend der sozialen Stellung (Geld – Wohlanständigkeit) nach Stockwerken hierarchisierter Raum. All diese Bereiche: mit spezifischen Lebensregeln verbunden. *Robinson Crusoe*, S. 284 ff. *Der Zauberberg*, # S. 282 *Ein feines Haus*, S. 139 ff.

3. Gattungsgeschichtliche Funktion des Reviers (daran ist zu erinnern). Hat nicht nur mit Sicherheit, sondern auch mit einem Zwang zur Distanz zu tun: räumliche Verbreitung der Individuen über Reviergrenzen hinaus + eine gewisse geregelte Distanz zwischen zwei Individuen innerhalb eines Territoriums. Der intraterritoriale Abstand nimmt bei Gefahr ab (Fischschwärme, Starschwärme), doch wenn sie vorüber ist, nimmt jedes Individuum wieder seine Distanz ein. Begriff der kritischen Distanz regelt die Beziehungen zwischen Indivi- *Encyclopædia Universalis*

412 »›Herr Campardon‹, erwiderte die Zofe ganz aufgeregt, ›es war wieder mal Adèle, diese Schmutzliese. Sie hat die Eingeweide eines Kaninchens zum Fenster hinausgeworfen …‹« Émile Zola, *Ein feines Haus*, a. a. O., S. 13.

duen → Eine Funktion der Regel ist es, diese kritische Distanz zu verwirklichen (zu inszenieren).

Man kann in der Tat metonymisch jedes Regelsystem als Territorium, als Revier verstehen: entweder zeitlich *(timing)* oder gestisch (Verhaltensweisen).

Regel und Brauch

Regel = System von Gewohnheiten (Betonung auf dem Aktiv: Systematisierung von Gewohnheiten). Regel entspringt aus dem Üblichen: wichtig, weil es dadurch möglich wird, am Anfang Regel und Gesetz zu unterscheiden und sogar einander entgegenzusetzen.

Encyclopædia Universalis

1. Die Hauptbegründer der Mönchsregeln haben sie zunächst als bloße gewohnheitsmäßige Praxis *(consuetudo)* dargestellt: der hl. Basilius, der hl. Augustinus, der hl. Benedikt und der hl. Antonius (für die Eremiten): »keine Regel, sondern Sitte, Brauch«.[413]

2. Die Regel: Funktion und Instrument von Herrschaft. In Verbindung mit der Askese, doch nicht zu vergessen: *askesis:* methodische Anstrengung, Übung (nicht bloß Kasteiung). Regeln heißt der Idee nach = lenken, führen, steuern: die Zeit, die Begierden, den Raum, die Objekte. Berücksichtigt man diese mitgedachte Beherrschung, Meisterschaft, stößt man wieder auf die etymologischen Vorstellungen von *orego.* Regel = eine Art, die Zeit geradlinig auszudehnen, Regionen (zeitlich, gestisch) zu markieren – und sogar die Metapher der homerischer Rosse paßt sehr gut zu der paradoxen ursprünglichen Regel der Idiorrhythmie. Im vollen Galopp »gestreckt einhersprengen«, das ist die idiorrhythmische Zeit: gleichmäßig und doch (leicht) springend – im Gleichsprung.[414]

Encyclopædia Univer-

3. Die Regel als Brauch entwickelt sich zur Regel als Gesetz (Hinzufügung eines repressiven Systems), vermittelt durch die Idee eines Vertrags. Hl. Benedikt (sechstes Jahrhundert)[415]: Nach einjährigem Noviziat das Gelübde = zweiseitiger Vertrag zwischen der Gemeinschaft und dem Profeß:

413 *Encyclopædia Universalis*, Artikel »Monachisme«, S. 208.

414 Siehe oben, S. 192.

415 *Encyclopædia Universalis*, Artikel »Monachisme«.

Seßhaftigkeit, Beständigkeit (damals kostbar; vgl. heute Sicherheit des Arbeitsplatzes) gegen Gehorsam gegenüber der Regel (und Begriff von Verletzung, Bestrafung). Schon der Nachfolger des Pachomius läßt die Mönche eine Verpflichtung unterzeichnen, in der sie Gehorsam gegenüber der Regel geloben. Ladeuze, S. 208

Regel und Gesetz

Sobald die Regel vertraglich gefaßt wird → Verletzung → Ungehorsam → Bestrafung = der *circulus vitiosus* ist etabliert.

1. Der Nachfolger des Pachomius, Schenute von Atripe: Gruppe von Klöstern: erstellt eine Liste von Vergehen: das Kloster regelwidrig verlassen; sich des Nachts entfernen, um mit ausgeschlossenen Mönchen zu sprechen; zuviel Sorgfalt auf die äußere Erscheinung legen; Leckereien aus dem Krankensaal stehlen; einen Teil der gemeinschaftlich erzeugten Produkte für Verwandte oder Freunde abzweigen. Man kann also sagen: Wir haben es bereits mit einem Internat, einer Kaserne, einer Fabrik zu tun. Ladeuze, S. 215

2. Unter der Regel kehrt das Gesetz mit unwiderstehlicher Gewalt zurück. Man könnte sagen, daß es im menschlichen Subjekt so etwas wie einen Gesetzestrieb gibt: einen paradoxen, weil ideologischen Trieb, insofern das Gesetz die ideologische Wiederkehr der Macht, ihr Kleid, darstellt:

- *Herr der Fliegen:* Sobald die Jungen entdecken, daß sie auf der Insel auf sich selbst gestellt sein werden, sofortiger Übergang vom Naturzustand zum Zustand der Vorschriften, also des Gesetzes. Jack: »›Und Vorschriften müssen wir erlassen‹, rief er erregt, ›'ne ganze Masse Vorschriften. Und wenn einer nicht pariert, dann – ‹« Golding, S. 48
- Eine kalifornische Kommune: *Synanon.* Zweihundert Jungen und Mädchen, die aus der Drogenwelt zurückkehren → Phalanstère mit präzisen Regeln. Zum Beispiel: eine Zeitlang kein Recht auf Sex. Später möglich in dafür vorbehaltenen Zimmern. Noch später: Paare. Olievenstein, S. 300

Aus diesen beiden Beispielen wird ersichtlich, wo die Verbindungsstelle zwischen Regel und Vorschrift liegt:

a) *Die Regel:* ein ethischer (in manchen Fällen könnte man

sogar sagen: ein mystischer) Akt, der – ich wiederhole es – darauf zielt, das Leben, den Alltag transparent werden zu lassen. Es ist ein individueller Akt, der (in sehr kleinen Gruppen) unter gewissen einfachen Bedingungen zu einem gemeinsamen werden kann – wie etwa: Einführung gemeinsamer Gewohnheiten, die allmählich angenommen werden. Zu einer gewohnheitsmäßigen Ordnung gehört, daß sie nicht schriftlich niedergelegt ist (≠ Vorschrift, Gesetz: immer schriftlich). Der bevorzugte Raum der Regel = die Idiorrhythmie. Kein Entwurf einer idiorrhythmischen Utopie (einer kleinen Gemeinschaft von Freunden zum Beispiel) kommt an dem grundsätzlichen Problem vorbei, eine Regel zu entwerfen, die kein Reglement, keine Vorschrift wäre.

b) *Vorschrift:* Durchsetzung des Sozialen als Macht. Durch Schriftform vermittelt: Schrift (man beachte die bezeichnende Ambivalenz des Begriffs: Schrift als Gesetz ≠ Schreiben als Genießen) erzeugt den Verstoß, das heißt das Vergehen.

Trennlinie zwischen Regel und Reglement (Gesetzesvorschrift):

a) Das Sadesche Universum: beruht auf der vergegenwärtigten (und gegenwärtig gehaltenen) Opposition zwischen Regel und Vorschrift. Herren = Regel (in gegenseitigem Einverständnis, vorwiegend auf Gegenleistung: Man willigt ein, für den anderen zu tun, was dieser mit Gleichem vergelten wird). ≠ Opfer: Reglement, erbarmungslos, schriftlich (vgl. *Hundertzwanzig Tage von Sodom*), Quelle von Genuß, wenn es den Herren dient – und Genuß, wenn es aus der Perspektive der Regel betrachtet wird. → Aristokratie und Paradies des Genießens der Regel ≠ Hölle des Reglements. Exemplarische Erscheinungsform des äußersten Abstands zwischen Regel und Reglement.

b) Umgekehrt der kritische Gedanke, daß jede Regel den Keim eines Reglements in sich birgt, daß jeder Brauch (dank einer ideologischen Pirouette sozusagen) eine verhüllte Form des Gesetzes ist. Brechtscher Gedanke: »Was die Regel ist, das erkennt als Mißbrauch.«[416] Regel hier: Gesamtheit der

416 »Was nicht fremd ist, findet befremdlich! / Was gewöhnlich ist, findet unerklärlich! / Was da üblich ist, das soll euch erstaunen. / Was die Regel ist, das erkennt als Mißbrauch / Und wo ihr den Mißbrauch erkannt habt / Da schafft Abhilfe!« Bertolt Brecht, *Die Ausnahme und die Regel*,

vorgefaßten Meinungen, der stereotypen Verhaltensweisen (ich hatte erwogen, diesen Satz den *Mythen des Alltags* voranzustellen) = das, was Brecht den »großen Brauch«[417] nennt. Vielleicht verwandelt sich jede Regel, selbst wenn sie eine innere ist, nach einer gewissen (geschichtlichen, lebensgeschichtlichen) Zeit in Mißbrauch? Vielleicht muß man in bestimmten Momenten seine eigene Regel abschütteln? In jeder Gemeinschaft, jeder Gruppe entsteht schleichend ein »großer Brauch«. Den »großen Brauch« abschütteln wird dann zu einer unverständlichen (unlesbaren) Handlung. *Die Brüder Karamasow:* der Starez Sosima und Aljoscha. Die Eigenschaften Aljoschas – Gesundheit, Reinheit, Schamhaftigkeit, Urteilszurückhaltung, Gleichmut gegenüber weltlichen Gütern – prädestinieren ihn naheliegenderweise zu einem mönchischen Dasein. Doch der sterbende Sosima befiehlt ihm, in der Welt zu leben. → Protest des Metropoliten Antonius, zu Beginn des neunzehnten Jahrhunderts Repräsentant der jungen russischen Mönche: »Dostojewski hat hier unter einem pädagogischen Vorwand gegen die Wahrheit gesündigt; denn niemals hätte der Starez eines Klosters einen so glühenden Novizen wie Aljoscha Karamasow in die Welt zurückgeschickt.«[418] Repressive Stimme des *großen Brauchs* (derer, die wissen, »was man tut« / »was man nicht tut«) ≠ Sosima, die einsame Stimme der mystischen Regel.

Le Millénaire du mont Athos, S. 356

in: ders., *Gesammelte Werke in zwanzig Bänden*, Bd. 2, Frankfurt am Main: Suhrkamp 1967, S. 822 (Schluß des Stücks).

417 Mündlich definiert Barthes den »großen Brauch« als Gesamtheit jener »feststehenden Weisheiten«, die jedem einzelnen sein Verhalten diktieren. In *Der Neinsager* weigert sich der Knabe, der den Anstrengungen einer Reise in die Berge nicht gewachsen ist, sich gemäß dem »großen Brauch« ins Tal hinabschleudern zu lassen. Bertolt Brecht, *Der Neinsager*, in: ders., *Gesammelte Werke in zwanzig Bänden*, Bd. 2, a. a. O., S. 628 f.

418 Zander, »Le monachisme – réalité et idéal – dans l'œuvre de Dostoïevski«, in: *Le Millénaire du mont Athos (963, 1963). Études et mélanges*, Bd. 1, a. a. O.

Sitzung vom 27. April 1977

Schmutz

In zwei Werken unseres Textkorpus werden Kot und Schmutz thematisiert: bei den orientalischen Mönchen (den Styliten) und in *Die Eingeschlossene*.

Beachtenswert

Gewiß, seit Freud sind wir daran gewöhnt und finden es natürlich, dem Exkrement einen Sinn zu verleihen, ihm einen Platz im Symbolischen einzuräumen. Und man sollte nicht vergessen, daß auch schon vor Freud die Literatur (immer allem ein Stück voraus) mit dem Kot wohlvertraut ist: Die Skatologie düngt mit ihrer Sprache viele große Werke. Siehe Norman Brown, *Zukunft im Zeichen des Eros*, den zweiten Teil des Buches.[419]

Bevor wir jedoch (auf der Ebene unseres Textkorpus) Bedeutungen postulieren und weil der Kot (der Schmutz) in besonderem Maße der Verdrängung unterliegt, müssen wir, wenn man so sagen darf, beachten, daß diese Objekte beachtenswert sind. Bevor er einen Sinn hat, wird der Kot als Ereignis zur Kenntnis genommen (in strukturalen Termini: er ist markiert, merkmaltragend; von einer Sache sprechen heißt ja bereits, vor jedem Inhalt, ihr einen Sinn geben).

Was macht, auf der Ebene unseres Textkorpus, den Kot zum Ereignis? Unter anderem:

1. Intensitätsmerkmal: Das Übermaß an Schmutz zwingt dazu, ihn zur Kenntnis zu nehmen und zu beschreiben. Gemessen an welcher Norm? Ab wann ist eine Umgebung schmutzig? Was ergäbe eine »historische« Geschichte des

419 Norman O. Brown, *Zukunft im Zeichen des Eros*, übersetzt von Melitta Wiedemann, Pfullingen: Neske 1962. Barthes kommentiert mündlich: »ein freudianisch inspiriertes Werk«, welches »das Exkrement als Thema in der Literatur« behandelt.

Drecks? Vgl. Geschichte der Tränen.[420] Uns fehlt eine Geschichte der Körper. *Die Eingeschlossene von Poitiers:* Beschreibung, die sich auf Polizeiberichte stützt. Das Zimmer: verbrauchte Luft, zwingt dazu, den Raum sofort wieder zu verlassen + abstoßender Schmutz: Insekten, Würmer, die sich von den Exkrementen auf dem Bett ernähren + verfaulter Strohsack + umgeben von einer Art Kruste aus Exkrementen und verfaulenden Überresten von Fleisch, Gemüse, Fisch, Brot und Austernschalen. Die Haare: kompakte, verklumpte Masse, ein dichter Filz aus Haar, Exkrementen und Speiseresten → verbreitet einen so erbärmlichen Gestank, daß die Ärzte (bei der Entdeckung des Zimmers) den Anwesenden gestatten zu rauchen. Hier haben wir wohlgemerkt eine Definition für ein Übermaß, einen Begriff, der in der strukturalen Methodologie sehr schwer zu umreißen, einzugrenzen ist.[421] Ein Übermaß, ein Exzeß liegt vor, wenn eine stetige Zunahme eine unstetige Verhaltensänderung zur Folge hat (Verhalten: Ordnung von Gesten, diskreten Elementen; also, ebenso wie der Ritus, der strukturalen Analyse zugänglich). Hier haben wir es mit einem sehr klaren strukturalen Ablauf zu tun, der nicht ohne Pikanterie ist: Polizei, Richter, die Welt des »Rauchen verboten« → das Gesetz autorisiert seine Verletzung; damit ist nun wirklich deutlich, daß der Schmutz ein Übermaß erreicht hat.

Die Eingeschlossene von Poitiers, S. 217 ff.

S. 239 f.

2. Plötzliche und deshalb höchst bedeutsame Aufhebung der allgemeinen Verdrängung des Exkrements. Daniel Stylites (der Säulensteher): Kontext inbrünstigen Glaubens, höchster Spiritualität, Sublimation und Reinheit. Verbindung des Heiligen mit dem Corpus gloriosum (= dem »Körper, der nicht scheißt«: gereinigt von der Ausscheidungsfunktion, der Ver-

420 »Wer schreibt eine Geschichte der Tränen? In welchen Gesellschaften, zu welchen Zeiten hat man geweint? Seit wann weinen Männer (und nicht die Frauen) nicht mehr? Warum hat sich die ›Sensibilität‹ zu einem bestimmten Zeitpunkt in ›Gefühligkeit‹ verwandelt?« »Lob der Tränen«, in: *Fragmente einer Sprache der Liebe*, a. a. O., S. 251 f.

421 Barthes kommentiert mündlich: »Diese Methodologie kümmert sich nicht um Quantitäten, sie beschäftigt sich mit Oppositionen zwischen zwei Termen und weniger mit Quantitätsveränderungen; das Mehr und das Weniger, + und – sind strenggenommen keine Begriffe, die in eine strukturalen Analyse eingehen; was in eine strukturale Analyse eingeht, ist das Ja oder Nein, aber nicht + oder – .«

gänglichkeit enthoben: der verherrlichte Auferstehungsleib, unser verewigter Körper im Paradies). Zahllose Anekdoten über den intakten, nicht vermoderten Körper von Heiligen, deren Sarg man wieder öffnet). Doch Daniel erkennt bescheiden die menschliche Natur seines Körpers an: häufige Variante des »Heiligen, der sich ganz menschlich gibt«, der »wie jeder andere« ist: »Glaube mir, Bruder, ich esse und ich trinke, soviel es meinen Bedürfnissen entspricht. Denn ich bin kein reiner Geist, nicht dem Körper entflohen, ich bin ein Mensch aus Fleisch. Was das andere Bedürfnis angeht, das der Entleerung, so gleicht mein Kot dem der Ziegen, wegen meiner äußersten Trockenheit.«

Festugière, II, S. 136

Sinn

Ereignis → also: Sinn. »Sinn« des Exkrements (des Schmutzes): in unserem Textkorpus deuten sich mehrere Bedeutungen an:

Dictionnaire des sciences sociales

1. Zuallererst *(Die Eingeschlossene von Poitiers)* wäre noch einmal auf den ethologischen Begriff des *Reviers* zurückzukommen. Tiere mit Revier (Hirsch, Nilpferd, Mensch).[422] Dieses Territorium kann nun gezielt (intentional, bedeutsam) mit Exkrementen abgesteckt werden (Nilpferd). In der vergleichenden Biologie gibt es die Vorstellung eines Raumes, der Geruch ausströmt und der sich dreidimensional so weit erstreckt, wie der Geruch wahrnehmbar ist. Geruch: verbunden mit einem Individuationsprozeß, mit der Markierung benachbarter Reviere, mit Aneignung. Hunde auf der Straße erforschen Territorien. Auf einem schon reichlich bespritzten Reifen markiert jeder sein Revier, indem er frühere Markierungen überlagert. Gerüche: Kampf der Zeichen; es geht darum, wer das Zeichen des anderen durch sein eigenes löscht. Geruch als sexuelle Anziehung: ein territorialer Wink (Paarungsreviere). Das Exkrement ist der eigentliche (symbolische) Ursprung des Parfüms. In *Die Eingeschlossene von Poitiers* häufen sich starke Gerüche: entspricht der Verstärkung des Reviers: die Höhle, die große tiefe Malampia-Höhle.

2. *Sezession:* Studitenmönche (Kloster von Studios, bei

422 Siehe oben, S. 110, 192.

Konstantinopel). Waschen sich nicht, jedoch nicht als Kasteiung, sondern weil sie die Bräuche der Welt ablehnen. Wie schon erwähnt: Schmutz wirkt als Gegen-Norm, Gegen-Verschmutzung; dient dazu, sich von der Welt abzusondern (ein Thema, das von manchen Hippie-Gruppen wiederaufgenommen wurde).

Le Millénaire du mont Athos, Décarreaux, S. 35

3. *Intimität*. Hier im starken Sinne verstanden: das innerste Wesen der Familie (*intimus* ist ein Superlativ: der innerste). Die Familie Bastian – als Genotyp – ist von zwei Merkmalen geprägt: der Neigung zu freiwilliger Abgeschiedenheit und der Vorliebe für Schmutz:

a) Der Großvater lebt eingeschlossen in seinem Zimmer, verläßt es nicht einmal, als sein Schwiegersohn im Zimmer nebenan im Sterben liegt.[423] Das Haus: empfängt keine Besucher. Die Mutter legt zwei Besuche auf den Samstagnachmittag, um den Rest der Woche im Schlafrock verbringen zu können.

b) Vorliebe für Schmutz: noch »sonderbarer« (beachtenswert → Übermaß, vgl. oben). Beim Bruder alle klassischen Merkmale einer Perversion (Skatophilie), ein Fall wie bei Krafft-Ebing.[424] Will nicht, daß man sein Bettzeug wechselt. Im Zimmer mehrere halbvolle Toiletteneimer; in der Mitte ein randvoller Nachttopf. Bringt den Toiletteneimer in die Küche, wo die Köchin gerade zu Mittag ißt. Stellt seinen Nachttopf auf den Nachttisch seiner Frau, »damit sie es gut riechen kann«. Der Bruder besucht seine Schwester täglich in ihrem Zimmer, sitzt ziemlich lange am Fenster und liest das *Journal de la Vienne*: niemals durch den Gestank gestört. Man sieht: gemeinsam geteilter Schmutz als äußerstes Zeichen des kollektiven *intimum* (noch immer geht es um den Begriff des Reviers).

Die Eingeschlossene von Poitiers, S. 229, 265, 280ff.

4. Schließlich nimmt das Exkrement natürlich den Sinn seines Gegenteils an: die Reinlichkeitsdressur = Erziehung. Eine von Freud erforschte, ergründete und mit einem ganzen Hof symbolischer Transformationen versehene Funktion. In unserem Textkorpus: das Recht der Gesellschaft auf das Exkrement: repräsentiert vom Krankenhaus (den Schwestern),

423 Siehe oben, S. 116f.

424 Vgl. Richard von Krafft-Ebing, *Psychopathologia sexualis* [1886]; Nachdruck der 14. Auflage, München: Matthes & Seitz 1993.

in das Mélanie eingeliefert wird, nachdem man sie aus ihrer Höhle herausgeholt hat. In ihrer Höhle macht Mélanie »unter sich«; auch im Krankenhaus verrichtet sie ihre Notdurft zunächst ins Bett; doch sie »erzieht sich« und ist zur großen Zufriedenheit der Schwestern bald bereit, ein Nachtgeschirr zu verwenden. Die Gesellschaft hat Mélanie wieder.

Die Eingeschlossene von Poitiers, S. 242

Zartgefühl

Die »Natur« ist nicht sauber (so wenig, wie sie schmutzig ist).

Sauberkeitsverhalten: führt einen ganzen Komplex symbolischer und kultureller Werte, ideologischer Alibis mit sich.

Die »Sauberkeit« hat sich in »Natur« zurückverwandelt = das »Natürliche«. Allen entgegengesetzten Behauptungen zum Trotz neigt die Gesellschaft dazu, den »technischen Fortschritt« der Natur anzuähneln, zu etwas Natürlichem zu machen. Doch das Subjekt weiß in dieser Masse von »Natürlichem« durchaus Unterscheidungen zu treffen: Es kann hier sauber und dort schmutzig sein. Es wählt nach Maßgabe einer komplexen Ökonomie:

Mélanie – ein Ausbund an Dreck, wie wir sahen – weckt Erstaunen bei den Assistenzärzten im Krankenhaus. Bevor sie die Mahlzeit anrührt: »Ist das auch schön sauber?« Ißt mit den Fingern, »aber mit viel Behutsamkeit [*délicatesse*]«, wie der Krankenhausverwalter sagt; wenn sie eine Orange ißt, bewahrt sie die Kerne so lange in der hohlen Hand auf, bis sie ihr jemand abnimmt.

Die Eingeschlossene von Poitiers, S. 245

Und gerade zum Thema Schmutz – aus Anlaß einer Schmutzige-Wäsche-Geschichte – hat Sade das Prinzip des Zartgefühls [*délicatesse*] aufgestellt (*Sade Fourier Loyola*, S. 193 f.)[425]:

425 Das Zitat wird mündlich vorgetragen; es ist im Manuskript nicht enthalten. [In der Vorlesung des folgenden Studienjahres, am 25. Februar 1978, kommt Barthes auf das Sadesche »Prinzip des Zartgefühls« zurück; vgl. *Das Neutrum*, a. a. O., S. 68.] Karteikarte 36: »Initiation *Zauberberg* 266. Der Aufenthalt (das Zusammenleben) als *Initiation* (Liebe). ›Worte [...], für deren Bedeutung der Aufenthalt hier oben seinen Geist empfänglich gemacht hatte‹; Hans lernt sehr feine Nuancen des Unerhörten, Unerwarteten und Unaussprechlichen wahrzunehmen. Siehe die folgenden Passagen: im Grunde Lehrjahre des Zartgefühls.«

»›Liebenswürdiges Geschöpf, Sie wollen meine schmutzige, alte Wäsche? Wissen Sie, daß das von vollendetem Zartgefühl ist? Sie sehen, wie ich den Preis der Dinge fühle. Hören Sie, mein Engel, nichts auf der Welt gibt mir mehr Lust, Sie hierin zufriedenzustellen, so wahr ich Neigungen und Einfälle achte: so barock sie auch sein mögen, ich finde sie alle achtenswert, weil man nicht Herr über sie sein kann und weil der sonderbarste und sonderlichste von allen, wenn man es richtig betrachtet, immer auf das Prinzip des Zartgefühls zurückgeht.‹«

Xeniteia[426]

Wir haben mit einem griechischen Wort begonnen: *akedia*, Überdruß. Wir enden mit einem griechischen Wort und Begriff.

Semantisches Netz

Erinnern wir uns, daß streng nach Saussurescher Lehre jedes Semantem (jedes Wort, insofern es bedeutet) mit einem Sinn versehen ist, aber auch mit einem Wert: daher die Notwendigkeit, es zu vernetzen.

1. *Xeniteia:* wesentliches Element der Askeselehre des altchristlich-orientalischen Mönchtums.[427] = Fremdheit, Unvertrautheit, Emigration, freiwilliges Exil (*xenos:* fremd[428]) = *peregrinatio*[429] (> Pilger): militärischen Ursprungs: Aufenthalt des Söldners außerhalb seines Landes. (Wie, wenn wir alle uns als Söldner in der Welt, in die wir gestellt sind, verstünden und empfänden: bezahlt für Dienste, abkommandiert aus Gründen, die nicht die unseren sind, und ihretwegen immer wieder in Gebiete entsandt, die uns fremd sind?) Guillaumont

Entsprechungen:

426 Griech. *xeniteia*, Aufenthalt im Ausland, Fremde.
427 Guillaumont, »Philon et les origines du monachisme«, a. a. O.
428 Griech. *xenos*, fremd; Fremdling, Ausländer, Söldner.
429 Lat. *peregrinatio*, Aufenthalt im Ausland; Pilgerschaft, Wallfahrt.

Guillaumont a) Erste Stufe der Ordination buddhistischer Mönche: *pabbaja*[430]: der Abschied von der bisherigen Lebensweise.[431]

Droit/Gallien, S. 203 b) Anfänge der Kommunebewegung, USA: Drop-outs: Aussteiger, die alles aufgegeben, sich aus allem ausgeklinkt haben (≠ Drop-ins: Einsteiger, die irgendwo eintreten, sich integrieren[432]). Aussteigen als Versuchung. (Die entsprechende Phantasie zum religiösen Ritus: alles aufgeben, arm werden, um etwas anderes zu beginnen. Angenehmes Gefühl bei der Vorstellung, wie man es anstellen wird, seinen Abschied zu organisieren, dabei zu berechnen, auf welche Gegenstände man für immer verzichtet, welches Minimum man behält usw. Phantasie des »seine Angelegenheiten ordnen«. Zum Beispiel: aufs Land ziehen usw.)

Guillaumont 2. *Stenochoria*[433]: der Weg, die Wegenge, das eingeengte Leben = eine Form des Exils wie die *xeniteia*, doch eine so tief innere Emigration, daß die Welt davon kaum etwas bemerkt. Weisheit, die unerkannt bleibt, Wissen, das sich nicht verbreitet, Leben im verborgenen, Unkenntnis der anderen über das Ziel, das ich verfolge, Ablehnung von Ruhm, Abgrund von Schweigen. Ich erwähne die *stenochoria*, zunächst weil sie mit der *xeniteia* verwandt ist, dann aber auch, weil sie ziemlich genau dem »schmalen Weg« des Tao[434] entspricht: tiefgegründetes Verhalten, das darauf zielt, unauffällig zu bleiben.

3. Nun zwei Begriffe, die in paradigmatischem Kontrast zur *xeniteia* stehen:

Guillaumont a) *Thlipsis*[435], *thlibo*[436]: einengen, drücken, bedrücken, zerreiben, ängstigen. Dabei handelt es sich um eine Heimsu-

430 Siehe Bareau, *La Vie et l'organisation des communautés bouddhiques modernes de Ceylan*, a. a. O., S. 63.

431 Wenn nicht anders angegeben, beziehen sich die Verweise auf Guillaumont im folgenden auf dessen Artikel »Le dépaysement comme forme d'ascèse dans le monachisme ancien«, in: *Annuaire de l'École pratique des hautes études*, Bd. 76, 1968/1969.

432 Siehe oben, S. 119.

433 Griech. *stenochoria*, Enge, Engpaß; Bedrängnis, Not.

434 Barthes kommentiert mündlich: »Weisheit, die unerkannt bleibt, Wissen, das sich nicht verbreitet, die Ablehnung von Ruhm usw.: all das sind Verhaltensweisen, die vom Tao sehr gut beschrieben und empfohlen werden. Dessen Verhaltensgrundsatz ist ja, daß man nicht auf sich aufmerksam machen darf.«

435 Griech. *thlipsis*, Druck, Bedrängnis.

436 Griech. *thlibo*, einengen, (be-)drücken, (be-)drängen.

chung, die der *xeniteia* auferlegt wird, ein Bruch mit der *xeniteia*, wenn sich der Mönch innig zur Welt zurücksehnt, sich dem Zauber der Erinnerung an die Eltern ergibt, sich in seiner Einsamkeit dem Mitleid mit dem Vater, der Mutter überläßt, Zärtlichkeit für die Kinder, den Wunsch nach Liebe empfindet usw. *Thlipsis* = der gute Dämon, der in der *xeniteia* wiederkehrt: der die Welt zärtlich in die Fremde heimholt. *Thlipsis*: verwandt mit Nostalgie; Heimweh nach einem Sehnsuchtsort (≠ Schwermut: endlose, ziellose Sehnsucht; Exil ohne positive Phantasie; Schwermut = eher *akedia*, Niedergeschlagenheit).

Guillaumont

b) *Parresia*.[437] Während *thlipsis* zwar in Opposition zu *xeniteia* steht, aber die Vornehmheit ihres Gefühls, der Liebe bewahrt ≠ Gegenbegriff: *parresia*: ohne Größe, engstirnig, rein gesellschaftlich, mondän. Tatsächlich ist die *xeniteia* = Neigung ohne Vertraulichkeit (gegenüber den Menschen, den Dingen, der Erinnerung, der Welt) ≠ *parresia* (Freimut, Geradlinigkeit; doch das ist nicht der religiöse Sinn): Ungezwungenheit, Vertraulichkeit, Unverblümtheit, Aufdringlichkeit = derjenige, der sich überall zu Hause oder unter seinesgleichen fühlt. → *Parresia*: letztlich verbunden mit einem sozialen Überschuß an Sprache, einer sprachlichen Anmaßung, einem Habenwollen[438] mit sprachlichen Mitteln (ich werde meinerseits sagen: *parresia*: die dogmatische Form der Sprache). Im Gegensatz dazu: *xeniteia:* wenn ein Mensch seine Zunge hütet / seine Sprache beherrscht (und nicht die der anderen). Beispiel für *xeniteia* (in diesem Sinne): Spinoza: »Er verstand es, sich in seinem Zorn zu beherschen, und von dem Mißfallen, das er empfand, ließ er sich nichts anmerken; und wenn es ihn überkam, durch eine Gebärde oder ein paar Worte seine Verärgerung zu zeigen, versäumte er nicht, sich alsbald zurückzuziehen, um keinesfalls etwas Unschickliches zu tun.« Schicklichkeit: hier nicht einfach Anpassung an die Gepflogenheiten der Welt, sondern eine tiefe Haltung, Sorge, die anderen nicht beschämen (≠ *parresia*: Unverschämtheit). Insgesamt ist die *xeniteia* der Höflichkeit nicht unähnlich. Nicht der oberflächlichen und weltgewandten, klassenbeding-

Jean Colerus, »Vie de Spinoza«, Pléiade, S. 1370

437 Griech. *parresia*, freie Sprache, Unverblümtheit, Unverschämtheit.

438 Das »Habenwollen« und das »Nichthabenwollen« (»ein dem Osten nachgeahmter Ausdruck«): Ausdrücke, die Barthes in den *Fragmenten einer Sprache der Liebe* verwendet, a. a. O., S. 121-123.

ten »Höflichkeit« des Abendlands, sondern der Höflichkeit des Ostens (vgl. *Das Reich der Zeichen*[439] und *bushido*[440]).

Das ist das Netz – oder ein Teil des Netzes – der *xeniteia*. Wie jedes Netz zeigt es – deshalb ist es von Belang –, daß der Sinn lebendig ist, das heißt metaphorischen Transformationen und Anpassungen offensteht, sich unseren Interessen anpassen läßt – durch die Geschichte hindurch und oft gegen sie –, nicht in der Tiefe, sondern indem er sich aufsplittert.

Falsches Bild

Hat sich die *xeniteia* einmal (in einem Subjekt) festgesetzt, entwickelt sich eine unendliche Dialektik, sich *xenos* zu machen. Ein Begriff, welcher der *xeniteia* sehr nahesteht, ist (wie wir sahen) die *stenochoria* = radikale Auslöschung all dessen, was es in der *xeniteia* an Attitüde, an Pose geben mag oder zu geben droht. *Xenos* sein, ohne es sich anmerken zu lassen.

Guillaumont

→ Beharrliches Problem des Konflikts, des Kampfs mit dem Bild. Um sich von einem *Image* zu lösen oder es zu vermeiden, muß man ein falsches Gegenbild entwickeln. Es gibt keinen Nullpunkt des Bildes. Gäbe es diesen Nullpunkt, so wäre er gewissermaßen die *xeniteia* selbst. Im Bereich jenes frühen orientalischen Christentums etwa (aus dem ein Teil unseres Textkorpus stammt) entfremdet man sich der Welt, indem man sich jeder Wertschätzung von seiten der Menschen entzieht. Man versucht sogar, Verachtung und Schande auf sich zu ziehen:

1. Wir sprachen bereits über die Geschichte vom Wischtuch und das Thema »sich wahnsinnig stellen, um seine tiefe Weisheit zu bewahren«: Evangelium und Tao.

2. Johannes von Ephesos: *Leben der östlichen Heiligen*. Geschichte zweier junger Leute aus Antiochia, eines Mannes und einer Frau; geben alles auf, führen ein Wanderleben. Er gekleidet wie ein Gaukler, sie wie eine Kurtisane; leben »sorglos« wie Bruder und Schwester; verbergen gegenüber

439 Roland Barthes, *Das Reich der Zeichen*, übersetzt von Michael Bischoff, Frankfurt am Main: Suhrkamp 1981, S. 87ff.

440 Barthes erläutert mündlich: »mit bestimmten Aspekten der Samurai-Moral«; das *bushido* ist die »Moral der Samurai«.

der Welt ihr frommes und enthaltsames Leben. + Den Wahnsinn vortäuschen, eine Form der *xeniteia*: Abba Or (Mönch in Nitrien, viertes Jahrhundert): »Entweder fliehe ernstlich die Menschen oder halte die Welt und die Menschen zum Narren, indem du es dir zur Gewohnheit machst, den Narren zu spielen.«

Entwirklichung

Xeniteia: zweifellos eine gewisse Erfahrung von Entwirklichung und insofern Nähe zu mystischen und psychotischen Erfahrungen.

Unwirklichkeit / Entwirklichung [*irréalité / déréalité*]. Von der Psychoanalyse (Lacan[441]) mit typologischen Begriffen erläuterte Opposition. Vgl. *Fragmente einer Sprache der Liebe*, S. 90 f., § 6. Nicht dieselbe Art von Zurückweisung der Realität:

1. Unwirklich werden lassen: Ich verweigere mich der Realität im Namen einer Phantasie.[442] Meine ganze Umwelt verliert im Verhältnis zu einem Imaginären an Wert. Beispiel: Für den Verliebten wird die Welt (die ihn langweilt) irreal gegenüber dem geliebten Bild, das sein Reales ist. Die Welt irrealisieren heißt in diesem Sinne: die Wechselfälle und Utopien der Liebe zur Realität machen.

≠

2. Entwirklichen[443]: Auch hier geht mir das Reale verloren, doch kein Ersatz wird diesen Verlust kompensieren. Ich bin überhaupt nicht mehr im Imaginären, ich träume nicht (auch nicht vom geliebten Objekt). Alles ist erstarrt, versteinert, unbeweglich, das heißt: nicht ersetzbar. Wer die Wirklichkeit irrealisiert, ist neurotisch ≠ wer die Wirklichkeit derealisiert, ist verrückt. Der Verliebte überschreitet die Grenze in beiden Richtungen. Wahrscheinlich ist auch die *xeniteia* bald Un-

441 Jacques Lacan, *Freuds technische Schriften* (Seminar, Buch I, 1953-1954), übersetzt von Werner Hamacher, Olten: Walter 1978, S. 151 f.

442 Barthes präzisiert mündlich: »im etymologischen Sinne des Wortes« [griech. *phantasia*, geistiges Bild, Vorstellung].

443 Barthes kommentiert mündlich: »das heißt, außerstande sein, ein Bild an die Stelle eines anderen zu setzen«.

wirklichkeit (Besetzung der Liebe zu Gott), bald Entwirklichung (Verlust jedes Vater- oder Mutterlands).

Xeniteia: kann also bis zur inneren Verbannung [*dépatriement*] ohne irgendeine kompensatorische Besetzung gehen. Diese radikale Form der *xeniteia* verkörpert Mélanie. Eine solche Ausschließung schließt Einschließung nicht aus: Exil
Guillaumont an Ort und Stelle. Die Mönche erleben die *xeniteia* in ihrer Zelle = *peregrinatio in stabilitate*.[444] Mélanie praktiziert die radikale *xeniteia*: *a)* Sie bewohnt nicht einmal mehr ihren
Die Eingeschlossene von Poitiers, S. 294, 297 Namen (das höchste und letzte Vaterland): »›Heißen Sie nicht Mélanie Bastian?‹ – ›So heißen doch viele.‹« Und: »Ich selbst hatte gar nicht so viele Haare, das war eine andere; es gibt noch andere, die genauso heißen.« *b)* Sie macht sich eine Haltung zu eigen, die von der Welt als »Egoismus« bezeichnet
S. 252, 251 würde (beinahe ein taoistisches Thema[445]): Mélanie sagt über alle – über alle Mitglieder ihrer Familie: »Er soll doch bleiben, wo er ist, dort gehört er hin.« »Ich weiß nicht, was aus denen geworden ist; aber das ist ganz gut so.«

FAZIT. Die *xeniteia*, die in uns ist – wenn sie in uns ist, in uns, heute: warum nicht? –, kann als Phantasma in zweierlei Gestalt auftreten:

1. Ein trauriges oder zumindest bedrückendes Phantasma. Sich fremd in seinem Land, seiner Klasse, seiner Kaste, innerhalb der Institutionen fühlen, in die man gestellt ist. Etwa, wenn mir dieses ganz persönliche Beispiel gestattet sei, jedesmal, wenn ich *Le Monde* lese, überkommt mich eine Anwandlung von *xeniteia*.[446] Diese *xeniteia* breitet sich galoppierend aus, sie kann das gesamte soziale Umfeld des Sub-
Guillaumont jekts erobern. Abba Pistos definiert die *xeniteia* folgendermaßen: »Was ist die *xeniteia*? – Schweige; und sage dir, wohin du auch immer gehst: Ich habe hier nichts zu schaffen; genau

444 Lat. *peregrinatio in stabilitate*, Reise ohne Ortsveränderung. Barthes übersetzt mündlich: »in die Verbannung gehen, ohne den Ort zu wechseln«.

445 »Der Weise sucht nicht nach Ehre noch Reichtum, noch nach irgendeinem Vorteil, welcher es auch sei. Er lebt nur für sich: er ist also vollkommen egoistisch.« Grenier, *L'Esprit du Tao*, a. a. O., S. 107.

446 Barthes kommentiert mündlich: »Diese Anwandlung hat mit dem Stil dieser Zeitung zu tun.« Barthes hat ein »Gefühl von Fremdheit gegenüber dieser Sprache«; er verspürt eine »innere Schreibhemmung«, wenn *Le Monde* ihn um einen Artikel bittet.

das ist die *xeniteia.*« Meine erste Vorlesung: ein Moment von *xeniteia.*

2. Ein aktives Phantasma: ein Fluchtbedürfnis, wenn sich eine Struktur verhärtet. Zum Beispiel: jahrelanger Aufenthalt in einem Kloster, Last der Gewohnheiten, Rücksicht auf die Umwelt, Bequemlichkeit → sich entfernen, wieder fremd werden. Ebenso, wenn um uns herum – auch wenn wir selbst daran beteiligt waren – eine Sprache, eine Lehre, eine geistige Bewegung, ein Ensemble von Positionen sich allmählich verfestigt, verhärtet, auskristallisiert, zu einer dichten Masse von Gewohnheiten, Komplizenschaften, Bequemlichkeiten (linguistisch gesprochen: ein Soziolekt) wird, kann uns eine Anwandlung von *xeniteia* überfallen: anderswohin zu gehen und so in einem Zustand des intellektuellen Nomadentums zu leben.

Und an dieser Stelle kehrt die Utopie einer Gruppenbildung zurück, die auf Zuneigung gründet, das Phantasma der idiorrhythmischen Gemeinschaft. Sie würde es erlauben, gegenüber dem großen Anderen[447] als dem gemeinsamen Vaterland eine gewisse *xeniteia* einzunehmen und dabei jedes Subjekt vor der Angst vor emotionaler Verlassenheit, affektiver Ausbürgerung zu bewahren: *xeniteia* ohne *thlipsis.*

Wenn ich diese Figur, diesen Kampf zwischen *xeniteia* und *thlipsis*, zum Schluß noch mit einer »Zueignung« versehen müßte (wie eine alte Ballade), so wäre es ein Merkmal, das ich dem mönchischen Klosterleben entlehne (der Regel des hl. Benedikt zum Beispiel). Die zeitlichen Rhythmen der Mönche sind bekanntlich sehr dicht, sowohl im Jahresablauf (der Zyklus beginnt und endet mit dem Osterfest; der Küster oder Kantor arbeitet alljährlich einen Kalender aus) als auch im Ablauf der vierundzwanzig Stunden[448]:

Duby, *Die Zeit der Kathedralen*, S. 141

Encyclopædia Universalis

Laudes: beim ersten Morgengrauen.

Primes: bei Sonnenaufgang.

Am Ende des Tages: Vesper.

Bei Eintritt der Nacht: Komplete (Abendgebet, vor dem Schlafengehen).

447 Lacanscher Ausdruck: Der große Andere ist die Ordnung der Sprache, insofern sie die transindividuelle Kultur und das Unbewußte des Subjekts ausmacht.

448 *Encyclopædia Universalis*, Artikel »Bénédictins«.

Die Idee der Komplete: schön. Die Gemeinschaft faßt Mut, der Nacht zu trotzen (dabei wäre an eine abgeschiedene Gegend zu denken, ohne Licht, wo nach Einbruch der Nacht die Finsternis wirklich eine Bedrohung ist). → Zusammenleben: vielleicht nur, um sich gemeinsam gegen die Trostlosigkeit des Abends zu wappnen. Fremde sein, das sind wir unvermeidlich, notwendig[449], außer wenn der Abend hereinbricht.

449 Barthes fügt mündlich hinzu: »das ist wünschenswert«.

Sitzung vom 4. Mai 1977

Die Utopie

Ich hatte mir vorgenommen, von den dreizehn Vorlesungen, die ich über das Zusammenleben halten wollte, die letzte Sitzung darauf zu verwenden, vor Ihnen eine Utopie des idiorrhythmischen Zusammenlebens zu entwerfen – da die Vorlesung ja von diesem Phantasma ausgegangen war.[450] Ich hatte also vor, Utopie

a) die positiven Merkmale des durchlaufenen Parcours auszuwählen: all das, was mir an der Lebensweise der ganz unterschiedlichen Subjekte, die im Textkorpus vorkommen, gefallen hätte, worauf ich Lust gehabt hätte – und was ich dann zusammenstellen und ordnen wollte, um eine (fast romanhafte) Fiktion des Zusammenlebens zu schaffen: das Zusammenleben einer zugleich kontingenten und anonymen Gruppe;

b) ich wollte aber auch Sie dazu auffordern, Ihrerseits Elemente, Brocken, Bruchstücke zur Gestaltung einer idiorrhythmischen Gemeinschaft zu liefern, denn ich bin immer mehr davon überzeugt, daß man die Arbeit an einem Projekt, einem Werk, einem Diskurs, einer Vorlesung als gemeinsame Projektion ansetzen und fördern muß.

Diese dreizehnte Vorlesung wird nicht stattfinden – jedenfalls nicht in der reinen, das heißt subjektiven Form, die ich mir vorgestellt hatte. Warum? Zunächst aus kontingenten Gründen: Mangel an Zeit, Ihre Beiträge zu sammeln; Mangel an persönlichem Elan, mit leichter Hand eine glückliche Utopie zu entwerfen. Es gibt jedoch auch einen theoretischen Grund, der mir erst allmählich deutlich geworden ist: Die Utopie des idiorrhythmischen Zusammenlebens ist Hochstes Gut

450 Karteikarte 280: »Für die Utopie des *Zusammenlebens* ist das beste Modell der buddhistische Mönch auf Ceylon. Siehe noch einmal Bareau zu den Einzelheiten.« – Karteikarte 283: »Die dreizehnte Sitzung: eine Utopie verfassen: mein *Wie zusammen zu leben sei* (ACs Bibliothek: ein guter Handapparat!).« Die Initialen »AC« weisen auf Antoine Compagnon, einen Freund Barthes'.

keine Utopie einer Gesellschaft. Alle Utopien, die bisher von Platon bis Fourier verfaßt wurden, waren soziale Utopien: die Suche nach einer idealen Organisationsweise der Macht. Was mich angeht, habe ich oft bedauert, daß es keine häusliche Utopie gibt, und oft hatte ich Lust, sie zu schreiben: eine ideale (glückliche) Art und Weise, das richtige Verhältnis des Subjekts zum Affekt, zum Symbol zu gestalten und vorauszusagen. Nun ist dies aber eigentlich keine Utopie. Es ist nur – oder vielmehr nicht nur, mehr als eine Utopie – die gestaltende Suche nach dem höchsten Gut. Hier: nach dem höchsten Gut, was das Wohnen angeht. Doch dieses höchste Gut – seine Gestaltung – erschüttert das Subjekt von Grund auf, seine Individuation, das heißt seine persönliche Geschichte. Nur eine Schrift könnte davon Rechenschaft geben – oder, wenn man lieber will, ein romanhafter Akt (wenn nicht gar ein Roman). Nur das Schreiben kann die äußerste Subjektivität auffangen, denn im Schreiben besteht eine Übereinstimmung zwischen der Indirektheit des Ausdrucks und der Wahrheit des Subjekts – ein Einklang, der auf der Ebene der mündlichen Rede (und also der Vorlesung) unmöglich ist. Denn die mündliche Rede ist, ob man will oder nicht, stets direkt und theatralisch zugleich. Das Buch über die Sprache der Liebe mag ärmer sein als das Seminar, doch ich halte es für wahrer. → Ich werde hier also nur einige vermeintlich objektive Prinzipien des idiorrhythmischen Guts vorlegen – zumindest über das, wovon mich die Analyse des untersuchten Textkorpus überzeugt hat:

Hauptziele

Bion, S. 18 f.

1. Erinnern wir uns an ein Beispiel für die Bedingungen des zufriedenstellenden Funktionierens einer Gruppe. Wilfred Ruprecht Bion *(Erfahrungen in Gruppen)*: *a)* ein gemeinsames Ziel (siegen, verteidigen usw.); *b)* Anerkennung der Grenzen der Gruppe; *c)* Fähigkeit, Mitglieder aufzunehmen oder zu verlieren (Elastizität); *d)* Fehlen von Untergruppen mit starren Grenzen; *e)* jeder einzelne: frei und geschätzt; *f)* mindestens drei Mitglieder: interpersonale Beziehungen (zwei = persönliche Beziehungen). Sprichwörtliches Gefühl eines qualitativen Sprungs zwischen zwei und drei Personen: »Zu zweit ist man intim, zu dritt beginnt die Masse.«

Bareau

2. Dies leitet über zum Problem der Anzahl. Optimale Größe einer idiorrhythmischen Gruppe. Wir haben im Zu-

sammenhang mit den Idiorrhythmien auf Athos einige Vorschläge kennengelernt. Hier noch zwei Hinweise. Klöster von Ceylon: ein Dutzend wohnhafter Mönche. Moderne Hippie-Kommunen = in den USA durchschnittlich zwanzig oder dreißig; in Frankreich etwa fünfzehn. (Ich halte diese Zahlen für zu hoch – auch wenn sie im Vergleich zu koinobitischen Klöstern sehr gering sind. Ich meine, daß die optimale Zahl unter zehn liegen sollte – sogar unter acht.)

Droit/Gallien, S. 204

3. Wir wissen aus der Ethologie, daß selbst sehr dichtgedrängt lebende, kaum individualisierte Tiergruppen (Schwärme von Fischen und Vögeln) sowie Tierarten mit dem scheinbar stärksten Herdeninstinkt ihren interindividuellen Abstand regeln: die kritische Distanz. Zweifellos liegt hier das Hauptproblem des Zusammenlebens: die kritische Distanz zu finden und zu regeln, die, wenn sie unter- oder überschritten wird, eine Krise hervorruft. (Wann immer man das Wort gebraucht: niemals vergessen, auf den etymologischen Zusammenhang zwischen Kritik und Krise hinzuweisen: Der »Kritik«, namentlich der Literaturkritik, geht es darum, eine Krise auszulösen.) Ein Problem, das sich in unserer heutigen Welt (der industrialisierten Welt der sogenannten Konsumgesellschaft) um so schärfer stellt: Das teuerste, wertvollste, allerhöchste Gut ist Platz. In Häusern, Wohnungen, Zügen, Flugzeugen, Vorlesungen, Seminaren besteht Luxus darin, Platz um sich herum zu haben, das heißt »ein paar Leute«, aber wenige: typisches Problem der Idiorrhythmie. → Wollte man, nach dem Muster der Mönchsregeln, eine Art thelemitische Regel[451] der idiorrhythmischen Utopie entwerfen, so ginge es dabei vielleicht um folgendes: Benediktusregel: Der Abt händigt jedem Mönch einige Gegenstände als Eigenbesitz aus: Kukulle, Tunika, Schuhe, Socken, Gürtel, Messer, Griffel, Nadel, Taschen-

Hl. Benedikt, Kap. 55

451 [François Rabelais entwirft in seinem Roman *Gargantua und Pantagruel*, hg. und übersetzt von Horst und Edith Heintze, Frankfurt am Main/Leipzig: Insel 2003, Kapitel 52-58, die »Abtei Thelema« als humanistische Utopie eines »Antiklosters« ohne Mauern und ohne routinierten Tagesablauf, in dem »schöne, wohlgebildete Leute beiderlei Geschlechts« leben sollten. Die Gelübde von Armut, Keuschheit und Gehorsam werden ins Gegenteil verkehrt: Jedes Mitglied der Abtei darf Besitztümer ansammeln, heiraten und in Freiheit leben. Die Ordensregel dieser Abtei – die »thelemitische Regel« (von griech. *thelema*, Wille) – beschränkt sich auf den Satz: »Fais que voudras«, »Tu, was du willst«.]

tuch, Schreibtafeln = Gabe entspricht dem Lebenswichtigen; lebensnotwendiges, aber auch bezeichnendes Minimum (denn was in jener Epoche teuer war und darum zu dieser Gabe gehörte, waren handwerklich angefertigte Gegenstände). Nun, heute ginge es bei der thelemitischen Regel nicht mehr um Gegenstände (allzu leicht zugänglich, zu wenig Wert, als daß sie ein geweihtes Geschenk darstellen könnten), sondern um Raum. → Platz als Geschenk: das wäre es, was die (utopische) Regel heute beinhalten würde.

4. Distanz als Wert. Darf nicht aus niederer Perspektive als bloße Abgrenzung betrachtet werden. Nietzsche macht aus der Distanz einen starken Wert – einen seltenen Wert: »<…> die Kluft zwischen Mensch und Mensch, Stand und Stand, die Vielheit der Typen, der Wille, selbst zu sein, sich abzuheben –, das, was ich *Pathos der Distanz* nenne, ist jeder *starken* Zeit zu eigen« *(Götzendämmerung)*.[452] → Die utopische Spannung – die in dem idiorrhythmischen Phantasma liegt – kommt daher: Was ersehnt wird, ist eine Distanz, die den Affekt nicht zerstört (»Pathos der Distanz«: ausgezeichneter Ausdruck). → Quadratur des Kreises, Stein der Weisen,
Massebieau, S. 287
große, helle Vision der Utopie (*hypar*[453]): eine von Zartheit durchdrungene, durchströmte Distanz; ein *pathos*[454], in dem sich *Eros* und *Sophia*[455] verbinden (großer tagheller Traum). Wenn man von den historischen und ideologischen Unterschieden absieht, vielleicht etwas von der Art dessen, was Platon mit dem Namen *sophronisterion*[456] bezeichnet (vgl. *Asketerium* und *Phalansterium*) (*sophron*[457]: maßvoll, weise).

Man stößt hier wieder auf jenen Wert, den ich nach und nach unter dem Namen »Zartgefühl« [*délicatesse*] zu bestimmen versuche (ein Wort, das in der heutigen Welt ein wenig aufreizend klingt). Zartgefühl möchte besagen: Distanz und Rücksichtnahme, eine Beziehung ohne gewichtige Tiefe und

452 Nietzsche, *Götzendämmerung*, in: *Werke*, a.a.O., Bd. 2, S. 1014 (Streifzüge eines Unzeitgemäßen, § 37).

453 Griech *hypar*, wirkliche Erscheinung; im Wachen, im Wachzustand.

454 Karteikarte 64: »*Pathos*, das ist im Grunde das (affektive) Imaginäre.«

455 Griech. *sophia*, Klugheit, praktische Kenntnis, sodann Weisheit.

456 Von griech. *sophronisterion*, in der Übersetzung von Franz Susemihl: »Besserungshaus«. Vgl. Platon, *Nomoi*, 908 a, in: ders., *Sämtliche Werke*, Bd. 9, a.a.O., S. 849.

457 Griech. *sophron*, verständig, besonnen, weise.

dennoch von lebendiger Wärme. Ihr Grundsatz wäre: den anderen nicht lenken, nicht manipulieren, sich von Bildern (der einen, der anderen) fernhalten, alles vermeiden, wovon sich das Imaginäre der Beziehung nähren könnte. = Utopie im strengen Sinne, da eine Form des höchsten Gutes.

Und die Methode?

Nicht-Methode

Deleuze, S. 119-121

Zu Beginn dieser Vorlesung wurde an eine Nietzschesche Opposition erinnert: zwischen Methode und *paideia* (»Kultur«[458]). Methode: »ein guter Wille des Denkers«, »eine vorher bedachte Entscheidung«, ein geradlinig vorgehendes Mittel, um zu einem beabsichtigten Resultat zu gelangen. → Methode: fetischisiert das Ziel als privilegierten Ort, zum Nachteil anderer möglicher Orte. ≠ *Paideia*: exzentrische Spur von Möglichkeiten, Schwanken zwischen Wissensblöcken. Natürlich haben wir uns hier nicht auf die Seite der Methode, sondern der *paideia* geschlagen oder, um es vorsichtiger (und vorläufiger) zu sagen, auf die Seite der Nicht-Methode. Das bedeutet einen Wechsel der Einstellung; man optiert für eine Einstellung und gegen die andere. Methode = phallische Einstellung des Angreifens und Absicherns (»Wille«, »Entscheidung«, »Vorbedacht«, »geradlinig vorgehen« usw.) ≠ Nicht-Methode: Einstellung des Reisens, der äußersten Wandelbarkeit (Unstetigkeit, Nektarsammeln). Man verfolgt keinen Weg, sondern führt vor, was man gerade gefunden hat. »Hysterische« Struktur? Erzeugt jedenfalls Lampenfieber[459]; keine dieser Vorlesungen ohne Lampenfieber → »Ich führe vor«, ich exponiere = »Ich führe mich vor«, exponiere mich + die Frage des Hysterikers, in jedem Moment: *Was bin ich wert?*

Also: keine Methode, sondern eine Vereinbarung über die Darstellung (der Ausbeute). Dieses Protokoll umfaßt hier, wie mir scheint, fünf Punkte:

458 Barthes ergänzt mündlich: »aber das Wort ist schlecht«.

459 Barthes ergänzt mündlich: »Das Lampenfieber ist ein hysterisches Phänomen.«

Vgl. *Fragmente einer Sprache der Liebe*.[460] Diskursfiguren: nicht im rhetorischen, sondern eher in einem gymnastischen Sinne: griech. *schema*. Nicht »Schema« (Phallik der Methode), sondern Gebärde *in actu* (des Athleten, des Redners, der Statue). Jede »Figur« = die bewegte Gebärde eines arbeitenden Körpers (ohne Rücksicht auf das Ergebnis). Zwei Konsequenzen:

1. Ein Raum wird in Felder aufgeteilt = eine Topik (Raster von Orten). Es bleibt jedem selbst überlassen, sie zu füllen; ein Spiel zu mehreren: Puzzle. Ich bin der Hersteller (der Handwerker), der die Stücke ausschneidet. Sie sind die Spieler. = Prinzip der Unvollständigkeit: Die Exposition einer Figur ist nicht erschöpfend.[461] Ich werde noch einen Schritt weitergehen (vielleicht eine Art, mich zu entlasten). In einer idealen Vorlesung wäre der Professor – der Redner – vielleicht weniger geistreich als seine Zuhörer, bliebe das, was er sagt, hinter dem zurück, was er evoziert. Typisches Beispiel aus jüngster Zeit: das Exkrement und *Die Eingeschlossene von Poitiers*. Ich hätte klüger sein, weitergehen sollen. Doch wenn die Vorlesung eine Symphonie aus einzelnen Sätzen ist, muß ein Satz unvollständig sein – sonst wäre er eine Setzung, eine phallische Besetzung des idealen Raumes. Mein Traum: eine federleichte, luftige Banalität (vgl. »Zartgefühl«).

2. Betrachten wir eine vage Allegorie: das Zusammenleben. Ein Pinselstrich nach dem anderen: ein Tröpfchen von diesem, einen Schimmer von jenem. Solange das so geht, kann man nicht wissen, was daraus wird. Vgl. in der Malerei: Tachismus, Divisionismus (Seurat), Pointillismus. Man setzt die Farben auf der Leinwand nebeneinander, statt sie auf der Palette zu mischen. Ich setze die Figuren im Vorlesungssaal nebeneinander, statt sie zu Hause, am Schreibtisch, zu mischen. Der Unterschied besteht darin, daß es am Ende kein fertiges Gemälde gibt; es läge allenfalls an Ihnen, es herzustellen.[462]

460 Siehe »Wie dieses Buch aufgebaut ist«, a.a.O., S. 15 ff.

461 Barthes weist mündlich darauf hin, daß die Liste der Figuren nicht erschöpfend ist.

462 Barthes mündlich: »Ich habe keine Philosophie des Zusammenlebens.«

2. *Sortierung*

Wenn man sich weigert, einer Folge von Figuren einen Sinn zu geben, wenn man am Nicht-Sinn festhält, wäre das scheinbar angemessenste Verfahren der Zufall: Man müßte die Figuren aus dem Hut zaubern. Doch der Zufall kann Ungeheuer gebären (sagt ein Mathematiker).[463] Das Ungeheuer wäre ein Fragment einer logischen Folge, nähme also die Gestalt dessen an, was gerade vermieden werden sollte: eine über mehrere Schritte entwickelte Abhandlung. Daher der Rückgriff auf ein schöpferisches Verfahren, das schon der chinesischen Malerei vertraut war: der kontrollierte Zufall, die leichte Kontrolle des Zufalls beim Sortieren: die alphabetische Anordnung. In der Tat bedeutet die alphabetische Folge nichts, ist keiner fingierten Logik unterworfen. Dennoch wird dieser Zufall zweifach korrigiert: *a)* Man kann über den Titel entscheiden; ich kann zwar keine beliebige Überschrift verwenden, doch zwischen drei oder vier Titeln bleibt mir die Wahl; zum Beispiel zwischen »Schmutz«, »Gestank«, »Kot«, »Exkrement«; daher die auffälligen Lücken in der alphabetischen Folge meiner Figuren.[464] *b)* Die alphabetische Ordnung ist aus der Sicht der Vernunft, doch nicht historisch zufällig: jahrtausendealte Ordnung, also: der Zufall im Kampf mit der Vertrautheit.

3. *Abschweifung*

Diese neue Rhetorik (der Nicht-Methode): hat ein unbeschränktes Recht auf Abschweifung. Tendenziell wäre sogar ein Werk, eine Vorlesung vorstellbar, die aus nichts als Abschweifungen bestünde: ausgehend von einem fiktiven Titel, dem »Thema« (der *quaestio*), das (die) durch die List einer unaufhörlichen Flucht zerstört würde. Vgl. die Diabelli-Variationen: Das Thema ist beinahe inexistent, eine sehr vage, blitzartig aufleuchtende Erinnerung im Durchgang der zwei-

463 Vgl. Benoît Mandelbrot, *Les Objets fractals*, Paris: Flammarion 1975, 3. Kapitel, »Die Rolle des Zufalls«.

464 Siehe oben, Anm. 360.

unddreißig Variationen, deren jede insofern eine völlig eigenständige Abschweifung darstellt.[465]

4. Ein Dossier aufschlagen

Immer wieder (fast bei jeder Figur) habe ich gesagt: »Wir schlagen hier nur ein Dossier auf.« Ein Dossier aufschlagen: die enzyklopädische Gebärde par excellence. Diderot hat sämtliche Dossiers seiner Epoche aufgeschlagen. Damals jedoch war diese Gebärde wirkungsvoll, denn das Wissen war noch beherrschbar, wenn nicht von einem Menschen (wie zur Zeit Aristoteles' oder Leibniz'), so doch von einem Team. ≠ Heute: kein erschöpfendes Wissen mehr möglich, völlig pluralisiert, auseinandergebrochen in verschiedene Sprachen, die nicht miteinander kommunizieren. Die enzyklopädische Gebärde ist nicht mehr möglich (vgl. den Niedergang der heutigen Enzyklopädien) – doch für mich hat die enzyklopädische Gebärde ihren fiktionalen Wert, ihren Genuß: ihr *skandalon*.

5. Die Textgrundlage

Die ganze Arbeit stützte sich auf einige Texte. Die stützenden Texte: das, was das Sprechen überhaupt erst ermöglicht → der (hier offengelegte) Intertext, der für jede Äußerung konstitutiv ist. Unter diesen Texten waren zwei – gegen meinen Willen – immer beharrlich präsent: *a) Die Eingeschlossene von Poitiers:* Text der absoluten Marginalität, eines Alleinlebens von so schneidender Härte, daß dabei die heimlichen und schmerzenden Aspekte des Miteinander-Lebens ans Licht kommen. *b)* Der Text der Mönche; darauf war ich nicht gefaßt. → Gewiß eine dunkle Faszination. Warum?

1. Vor allem als Kontrast: gegenüber dem allzu bekannten Mönchtum des Abendlands und gegenüber dem kasernierten Koinobitentum (Anachoreten, Idiorrhythmiker): der gleiche Wert einer verstörenden Projektion (für mich jedenfalls) wie der Ferne Osten.

465 Barthes hatte das *Beethoven*-Buch von André Boucourechliev gelesen (Paris: Seuil 1963). Siehe »Les variations«, ebd., S. 77.

2. Oder aber, tiefer gehend: das Religiöse – die Kategorie des Religiösen – nicht in seinem Verhältnis zur Religion, sondern als privilegierte Darstellung des Symbolischen. Durch den Kampf zwischen der Marginalität und der Institution (Kirche, Gesellschaft) wird das Symbolische hier gleichsam ins Breitwandformat vergrößert.

3. Und schließlich entsteht aus Realitätsbrocken, die wir ungeniert hier und dort aufgesammelt haben, eine Utopie (vor allem für den Alltag). Schmelztiegel dessen, was sehr unterschiedliche Zivilisationen, Gedankengebäude, Bräuche an Gutem enthalten. Die orientalischen Mönche haben hierzu ihren Anteil beigetragen.

Das sind, wie ich glaube, die Hauptmerkmale des Darstellungsprotokolls, das an die Stelle der Methode tritt. Ich sagte zu Beginn: Nicht-Methode. Wie stets ist das Nicht zu einfach. Es sollte besser heißen: Prä-Methode. Ich sammle gleichsam vorbereitend Materialien für eine spätere methodische Behandlung, ohne mich wirklich darum zu kümmern, von welcher Methode sie dann aufgegriffen werden. Alles ist möglich; sie könnten der Psychoanalyse, der Semiologie, der Ideologiekritik dienen – was es (wie gewiß deutlich geworden ist) der Präsentation dieser Materialien erspart hat, ihrerseits psychoanalytisch, semiologisch, politisch zu sein. Dennoch – und an dieser Stelle möchte ich schließen – kommt diese Vorbereitung einer Methode zu keinem Ende; sie dehnt sich ins Unendliche aus, verzögert endlos ihre Vollendung. Die Methode ist eine Fata Morgana, nur so ist sie akzeptabel: Sie gehört zur Ordnung des *Später*. Die ganze Arbeit wird demnach so betrachtet, als würde sie von einem *Später* geleitet. Der Mensch = zwischen dem *Nie mehr* und dem *Später*. Es gibt keine Gegenwart: Das Präsens ist eine unmögliche Zeit.

So.

Danken – das ist keine rhetorische Formel –, da mir die lästigen Umstände besonders zu Beginn dieser Vorlesung wohl bewußt sind.

Für diejenigen, die im nächsten Jahr wiederkommen wollen, wird die Situation – hoffe ich – angenehmer sein:

a) Wahrscheinlich am Samstagvormittag (Doppelstunde).

b) Hörsaal 8: macht einen angenehmen Eindruck.

c) Eine öffentliche Vorlesung. Nun ist Öffentlichkeit: eine Realität, die sich erst noch bewähren muß. Daß ein Publikum kommt, sich um den Redner schart, versetzt diesen in die seltsame Lage eines Verurteilten auf Bewährung: eine liebenswürdige, als Gunst gewährte Anwesenheit (darin liegt übrigens der Genuß). Gezeitenwechsel, Mondphasen: Das Publikum kann sich zurückziehen. Jedes Jahr rechne ich damit.

Welches Thema? Ich weiß es noch nicht. Was ich über die Nicht-Methode gesagt habe, läßt ahnen, daß das »Thema« (die *quaestio*) im Grunde irrelevant ist. Was immer ich als »Thema« wähle (selbst wenn es dem Anschein nach ein sehr literarisches wäre): Praxis der Abschweifung, Recht auf Abschweifung. Im Grunde werde ich immer das gleiche sagen. Das Indirekte, das zum Bereich des Ethischen gehört, wird eine Rolle spielen. Es wird sich um eine *Ethik* handeln.

Was heißt: einen Diskurs führen?

Untersuchung über das besetzte Sprechen

1. Einen Diskurs führen
2. Der Charlus-Diskurs

Seminar

Sitzung vom 12. Januar 1977

Einen Diskurs führen[466]

»Also, wie ich schon sagte…«

Mit diesen Worten beginnt jemand, den ich kenne, regelmäßig seine psychoanalytischen Sitzungen.

Aus dieser Geschichte (ich möchte sagen: aus dieser Epiphanie) springt (mir) ein signifikanter Zug ins Auge. Ich möchte diesen Gedanken sogleich verallgemeinern. Wir führen den immergleichen Diskurs (fort) – und den Personen unserer Umgebung wird ziemlich viel Geduld abverlangt, um diesen immer wieder einsetzenden, diesen unerschütterlichen Diskurs zu ertragen, der uns unser ganzes Leben begleitet. Solange wir leben, sprechen wir ein und denselben Diskurs, und der Tod ist die einzige Macht, die unseren Diskurs abbrechen, beenden kann. Der Diskurs ist das, was niemals abreißt. Er ist das, was immer wieder einsetzt, immer aufs neue entsteht. Und es ist diese Zähigkeit des Diskurses, die jener Freund dreimal wöchentlich auszusprechen wagt, wenngleich mit der Hilfe eines etwas seltsamen Auditoriums, der des Analytikers.

Anders gesagt: Das Wort ergreifen heißt stets, auf irgendeiner Ebene des Themas [*sujet*], anschließen. Anschließen woran? An das, was ich zuletzt gesagt habe. Ich schließe an das Gesagte an. Wo? An der École pratique des hautes études. Wann? Im letzten Jahr, anläßlich eines Seminars mit beschränktem Teilnehmerkreis, welches das Thema gestellt, wenn nicht gar behandelt hatte: »Die Einschüchterungen der Sprache«. »Also, wie ich schon sagte…«: Indem ich dieses Wort hier wieder ergreife, möchte ich deutlich machen, daß es für mich keine Diskontinuität zwischen École und Collège, »Schule« und »Kolleg«, gibt (kuriose Abkürzungen!).

466 Die Manuskriptseiten dieses Seminarvortrags werden von einem gefalteten Blatt gebündelt, auf dem – grob strukturiert – der Seminarablauf verzeichnet ist. Nach »Einen Diskurs führen« folgt die Ergänzung: »Auftreten des Kraftbegriffs im Feld der Methode«.

Frage: Gibt es in einem Leben disruptive Elemente, die einen Bruch des Diskurses herbeiführen? Und wenn ja, welche wären es? Bekehrungen, Konversionen? Objekte mögen austauschbar sein, aber Diskurse sind nicht konvertierbar.

Einschüchterung durch Sprache

Vgl. Antrittsvorlesung: bereit sein, eine Untersuchung von einem Phantasma ausgehen zu lassen.[467] Ich gehe dem Phantasma einer Erregung nach: der Sprache des anderen (der anderen: wäre zu prüfen), insofern sie eine Reizung hervorruft, eine Unterwerfung bewirkt, vermöge bestimmter (noch zu bestimmender) Operatoren in ein Kräfteverhältnis eingeht, von dem ich mich bedroht fühle. Also etwas von dem, was Platon Misologie nannte (*Phaidon* 89d).[468] Bei ihm pejorativ: Haß auf Argumente, auf logisches Denken. Bei uns weitergefaßt: Widerstand dagegen, vom Diskurs des anderen genötigt zu werden (und ein solches Zwangsmittel ist natürlich das Argumentieren).

Methode: sehr freie Exkurse (um so freier, als ich den Gastreferenten nicht vorgreifen kann), die einen Ausgangs- und Endpunkt umkreisen: die Sprache als Kraft. Immer zum Phantasma zurückkehren (es nicht aus den Augen verlieren). Das Phantasma = ein Szenario, ein abgegrenztes Bild, das mir den Diskurs des anderen (gewisse Diskurse gewisser anderer) als mit Attributen (Operatoren) der Macht versehen zeigt; einer Macht, die ich nicht will oder – denn man darf keinem Subjekt vorgreifen – die ich im Gegenteil will, weil ich es genieße, ihr unterworfen zu sein.

Nun ist es mir noch nie wirklich gelungen, diese existentielle (oder phantasmatische) Situation, die Einschüchterung durch Sprache, in eine semiotische Situation zu transformieren. Ist das möglich/unmöglich? Das in Erfahrung zu brin-

467 Vgl. oben, S. 39.

468 [»Daß wir ja nicht Redefeinde *(misologoi)* werden, sprach er, wie andere wohl Menschenfeinde. Denn unmöglich, sagte er, kann einem etwas ärgeres begegnen, als wenn er Reden haßt. Und die Redefeindschaft entsteht ganz auf dieselbe Weise wie die Menschenfeindschaft.« Platon, *Phaidon*, übersetzt von Friedrich Schleiermacher, in: *Sämtliche Werke*, a.a.O., Bd. 4, S. 275.]

gen wäre ungefähr die Aufgabe dieses Seminars. Ich wiederhole das Phantasma, ohne es zu transformieren (das wäre beinahe die Definition des Phantasmas).

Diese Wiederholung verläuft über Signifikanten (verliefe sie über Begriffe, wäre sie keine Wiederholung mehr): sprachliche Einschüchterung → verbunden mit »Diskursführen«, »Schwadronieren« [*le discourir*].

Man beachte: Es ist ein Mangel des Französischen, daß es Verben nicht zu substantivieren erlaubt, wie es das Griechische [oder das Deutsche] vermag, das sie im Neutrum dekliniert: *to diexerchesthai*[469] – es sei denn als rein intellektuelles Verfahren. Im Französischen kann ich mit Handlungen sprachlich nur so verfahren, daß ich sie an ein präexistentes Subjekt binde, dessen Attribut, dessen Prädikat sie zwangsläufig werden. Ich kann die Handlung nicht darstellen und ihr ihren Handlungscharakter belassen, dabei aber vom handelnden Subjekt absehen oder es verallgemeinern: das wäre »das Schwadronieren«. Aber wir [Franzosen] haben den Diskurs nur als Objekt, als Sache, mit der jemand hantiert – erst recht, wenn man in altertümelnder Redeweise die Beredsamkeit, »die Gabe, sich über etwas zu ergehen« [*talent de discourir*], als Handlungsdisposition, als reines Attribut eines Subjekts behandelt. Diderot: »Augustus verfügte über eine flinke und gewandte Rede [*discours*], wie es einem Herrscher geziemt.«[470]

Bei diesem intuitiven Herumtasten zwischen Wörtern, mit denen ich mein Phantasma auszudrücken versuche, hat sich mir der Ausdruck »einen Diskurs führen« [*tenir un discours*] aufgedrängt. (= Ich bin eingeschüchtert, wenn man auf mich einredet [*si l'on me tient un discours*] – und darüber hinaus bin ich, kleine Paranoia, sehr empfindlich gegen das »Redenschwingen« [*au »tenir un discours«*]. Ich habe sehr rasch das Gefühl, daß man mich zur Rede stellt [*qu'on me tient un discours*]. Und es macht mir auch angst, selbst »eine Unterredung zu führen« [*»tenir un discours«*].)

469 Griech. *to diexerchesthai*, die Tatsache, etwas zu durchlaufen, (insbesondere in der Rede) durchzugehen, durchzunehmen, im einzelnen auseinanderzusetzen. [Lat. *discurrere*, hin und her laufen, sich in Worten ergehen.]

470 Dieses Zitat blieb unauffindbar.

»Einen Diskurs führen« = das Untersuchungsfeld. Es handelt sich um einen Idiotismus (= ein Gallizismus? Ich kenne mich in anderen Sprachen nicht aus[471]). Ein locker gefügter, schwach markierter idiomatischer Ausdruck; das heißt, daß seine Bestandteile eine gewisse semantische Unabhängigkeit bewahren – die wir uns gleich zunutze machen werden (≠ *pomme de terre*, Erd-Apfel / Kartoffel). Trotzdem handelt es sich um eine feststehende Wendung. Beweis: Der Ausdruck kommt im Littré vor, hat also lexikalische Weihen erhalten und Eingang ins Sprachsystem (die *langue* im Saussureschen Sinne) gefunden: »einen Diskurs führen«. Häufiger jedoch: »Diskurse führen«.[472] Man beachte, daß das nicht dasselbe ist. Der Plural verharmlost, entwertet, objektiviert, theatralisiert. Der Singular verweist auf eine geballte, emphatische Wirkung: das ist eher *unsere* Bedeutung.

Wir müssen uns für einen Moment bei dem Umstand aufhalten, daß es ein idiomatischer Ausdruck ist, der dem Seminar sein Sujet, seinen Titel gibt, den Titel seiner *quaestio*, der strittigen Frage. Ich fände es schön, wenn eines Tages einmal jemand eine Arbeit über die Titel von Vorlesungen, Vorträgen, Abhandlungen, Schulaufsätzen, Doktorarbeiten oder Habilitationen schriebe – das heißt über die Titel von »Diskursen« (das Wort hat, wie wir sehen werden, im Rahmen der Schule eine besondere Bedeutung). Ich würde gern folgende Hierarchie aufstellen:

1. Von einem (zu kommentierenden) Satz aus denken: wie im Schulaufsatz. Folterqual, einen Satz zu »kommentieren«, da die ästhetische Funktion des Satzes darin besteht, dem »Endgültigen«, nicht mehr Kommentierbaren eine syntaktische Form zu geben. Man kann das, was ein guter Satz sagt, niemals besser sagen oder noch einmal sagen oder anders sagen; daher sind Schulaufsätze ihrem tiefsten Wesen nach steril. Der Schüler leidet daran, zu einer Aufgabe gezwungen zu werden, die nichts Neues hervorbringen und nicht einmal

471 [Frz. *idiotisme*, dt. »Idiotismus«: kennzeichnender, eigentümlicher, idiomatischer Ausdruck; Spracheigenheit; von griech. *idiotes*, Eigentümlichkeit, Eigenart.]

472 [Frz. *tenir des discours*, »Reden schwingen«].

etwas verändern kann. (Ich weiß nicht, ob man in den Gymnasien heute immer noch Sätze kommentieren läßt. Zu meiner Zeit war das beinahe die Regel.)

2. Von einem Wort aus denken. Das ist besser. Denn das Wort ist reiner Signifikant. Er bläht sich nicht zu »Kommentaren« auf, sondern »zündet« andere Signifikanten. Dafür gibt es zwei Wege, nach meinem Verständnis Königswege:

a) Die Etymologie, die vermeintliche Herkunft, das Trugbild des Ursprungs, das Werden, das diachronische Erzittern der Vokabel, ihre Kehrtwendungen und Paradoxien. Beispiel: »Diskurs« selbst; hin und her laufen und dabei Sprachepisoden unterscheiden und trennen: »Sprache der Liebe« [*discours amoureux*] → homogene Schicht einschläfernder, konstruierter Rede (aus undifferenzierten Bestandteilen).

b) Die Konnotation, das konnotative Feld, das heißt der Niederschlag gebräuchlicher Verwendungen, das soziale Erzittern des Wortes. All das bewirkt, daß ein gut gewähltes Wort (auszuschließen: Stadt, Nahrung, Kleidung usw.) als Titel einer *quaestio* eine Arbeit des Signifikanten erlaubt: weit entfernt vom Schulaufsatz. Vgl. die Zeitschrift *Première Livraison* (Mathieu Bénezet und Lacoue-Labarthe. Unfall. Trauer. Nachahmung.[473])

3. Von einem Idiotismus aus denken. *Idios:* was einer Sprache [*langue*] eigentümlich zugehört. Nicht als abstrakte, universelle Struktur, sondern als Idiom: Die *langue* ist gerade der historische, gesellschaftliche Körper einer Nation; bereitwillige Rückkehr von der *langue* zur Metapher, das heißt zum Körper. Das Assoziationsfeld (das Feld der Signifikanten) öffnet sich in seiner ganzen Breite, weil die *langue* selbst es vorbereitet hat.

Unser Idiotismus: »einen Diskurs führen«. Ich habe gesagt: ein locker gefügter idiomatischer Ausdruck, das heißt relativ leicht zerlegbar. Das heißt nicht, daß der Sinneffekt nicht auf der Ebene des Gesamtsyntagmas läge. Wir werden ihn daher vorläufig, künstlich zerlegen → Das entscheidende Wort ist

473 Die Zeitschrift *Première Livraison* wurde im Herbst 1975 von dem Linguisten Mathieu Bénezet und dem Philosophen Philippe Lacoue-Labarthe gegründet. Sie erschien drei Jahre lang zwölfmal im Jahr mit vier Seiten Umfang. Die Autoren wurden aufgefordert, ihre Beiträge ausgehend von zwei oder drei Schlüsselwörtern zu verfassen.

meiner Ansicht nach (wie Antaios komme ich hier wieder mit meinem Phantasma in Berührung[474]) = »führen« [*tenir*] und nicht »Diskurs«. Ich werde mit »Diskurs« beginnen, um zu prüfen, ob darin ein Sem zu finden ist, das zu unserem Phantasma passen könnte.

»Diskurs«

Ich habe schon angedeutet: die französische Bedeutung, seit der Entstehung des modernen Französisch (im sechzehnten Jahrhundert), ist die einer Sprachschicht. »Diskurs«: 1503 (im Mittelalter selten). Genau umgekehrt zur Wortherkunft: *discurro* = hierhin und dorthin laufen (*dis* = Trennung, Entfernung in entgegengesetzte Richtungen). Nur in der Spätzeit bildlicher Sinn (*dielthein*[475]). Man müßte die mittelalterliche Bedeutung von *discursus*, insbesondere in der Scholastik, nachschlagen: eine interessante Karteikarte, die ich verloren habe, doch ich erinnere mich an die Bedeutung von Abstand, Bruch.

Lat. *discursus*: das Umherlaufen, abgebrochene Streifzüge. Dieses Wort zeigt den Übergang zur modernen Bedeutung an. »Diskurs«: eine Art Exkursion, Ausflug, Abschweifung [*divagation*]. Mallarmé: *Divagations*, 1897 (Sammlung: »Richard Wagner«, »Im Theater gekritzelt«, »Vers-Krise«, »Das Buch betreffend«). In seinen Vorbemerkungen zu diesem Band hält Mallarmé – hellsichtig, wie gewöhnlich – die beiden widersprüchlichen Bedeutungsstränge des Wortes »Abschweifung« (für uns die Projektionsfläche, das Deckwort für »Diskurs«) in Händen: »Ein Buch von der Art, wie ich sie nicht liebe, hingestreut und bar jeder Architektur…«[476] (das wäre der *dis-cursus*, die Zerstückelung). Jedoch »behandeln die offensichtlichen Divagationen einen einzigen Gedanken-Gegenstand – wenn ich sie als Fremder wiedersehe, wie ein wiewohl

Mallarmé, S. 131

474 [Der Riese Antaios pflegte Fremde zum Ringkampf aufzufordern. Wann immer er in Kontakt mit dem Boden – das heißt seiner Mutter Erde (Gaia) – kam, gewann er neue Kräfte. Herkules besiegte ihn, indem er ihn in die Luft hob.]

475 Griech. *dielthein*, durchqueren, durchlaufen.

476 Stéphane Mallarmé, *Divagations*, in: ders., *Gesammelte Werke*, Bd. 2: *Kritische Schriften*, französisch und deutsch, übersetzt von Gerhard Goebel, Gerlingen: Lambert Schneider 1998.

brüchiger Kreuzgang dem ihn Durchwandernden seine Lehre zuhauchen würde«. (Der Singular »geführt« erscheint.)

Der vermittelnde Sinn, zwischen der etymologischen und der modernen Grenze: »Exkursion«, Ausflug = ein Stück Sprache, das außerhalb ist (von etwas, doch außerhalb wessen? Wessen »Außerhalb« ist der Diskurs?) und das dennoch eine gewisse Dauer, Konsistenz, Physiognomie besitzt. Eine »Exkursion« bleibt im Gedächtnis. Swanns Welt, die Welt der Guermantes: das sind im Grunde Ziele von »Exkursionen«.

Das allgemeine Sem gibt Littré an: »Bezeichnet alles, was in irgendeiner Weise methodisch und ausführlich dargelegt wird.« Demnach also:

1. Ein Stück »draußen«. Ich habe schon gesagt: »Anflug«, so wie man von einem Anflug von Fieber oder von Wahnsinn spricht; etwas, das bald eine Schwelle von »Normalität« überschreiten wird. Oder auch: was im Verhältnis zu etwas »Unmarkiertem« (Merkmallosem) »markiert« ist.

2. Intern konstruiert: Der »Exzentrizität« des »Diskurses« – im Verhältnis zu seiner Umgebung – entspricht, in umgekehrter Gestalt, ein innerer »Zusammenschluß [...] durch eine gemeinsame Kraft«. Er »haucht« uns »seine Lehre zu«, etwas, im Verhältnis zu dem er sich bestimmt, das er methodisch in Anspruch nimmt.

3. Hat eine beträchtliche Länge; das heißt: ein Stück Sprache, von dem man nicht sagen würde, es sei »kurz« (all dies ist in strukturalen, paradigmatischen Termini zu verstehen).

Unter den verschiedenen Bedeutungsvarianten von *Discours* im Littré – es sind wenige und miteinander verwandte – gibt es eine, die mich mehr interessiert = eine besondere, historisch und technisch zur Welt der Schulen gehörige Bedeutung: »Als Schulaufgabe gestellte Abhandlung, die darin besteht, ein vom Lehrer vorgegebenes Thema auszuarbeiten, das sich auf den Diskurs einer Person in einer bestimmten Situation bezieht« (Littré). Dieser lateinische (Jesuitenkollegien, Preisaufgaben), später französische Diskurs: Vorläufer der Hausarbeit und des Besinnungsaufsatzes. Parodistisches Beispiel: Proust (*Im Schatten junger Mädchenblüte*[477]): »Sophokles schreibt aus der Unterwelt an Racine, um ihn über

477 Proust, *Auf der Suche nach der verlorenen Zeit*, a. a. O., S. 1197-1201 *(Im Schatten junger Mädchenblüte).*

den Mißerfolg von ›Athalie‹ zu trösten.« Gisèle: schreibt alles, was sie weiß, in einem Zug herunter. ≠ Überlegene und ironische Korrektur Andrées: »Erst einmal hätte ich [...] mir in aller Ruhe auf einem Blatt Papier eine Gliederung gemacht« (Prinzip der »Konstruktion«). Für mich dabei interessant: Der Diskurs ist Kopie, »Simulation«, Theater: eine historische Vorführung der Nachzeichnung einer Vorzeichnung des Lehrers (und vielleicht auch: ein Stück Leistungswettbewerb, Leistungsnachweis).

»Führen«

Aktiv / Passiv

Ich komme zu »führen« – und implizit natürlich zu »geführt werden« (von einem Diskurs). »Einen Diskurs führen« heißt in der Tat (wir werden zweifellos darauf zurückkommen), einen schon tausendmal gesagten und gehörten (abgedroschenen) Diskurs mit der größten Inbrunst so zu vertreten, als hätte man ihn eben erfunden: die Callas mit Leidenschaft: »Ich bin eine Frau ... Wenn man uns die Weiblichkeit nimmt, was bleibt uns dann noch« usw. Anders gesagt: Sie »führt«, weil sie geführt, zu sagen genötigt wird [*est tenue*] (von dem, was schon gesagt worden ist).

»Führen«: das starke Wort der Redewendung; braucht dennoch nicht viele Worte zur Erläuterung.

Littré. 72 Bedeutungsvarianten von *tenir* [»halten«, »führen«], darunter (ich überfliege sie): In der Hand haben – Jemanden zurückhalten – Besitzen – Einen Raum besetzen (militärische Bedeutung) – Im Warensortiment führen – Machtbefugnis über bestimmte Dinge innehaben – Dafür sorgen, daß jemand oder etwas in einem bestimmten Zustand bleibt – Zügeln, an etwas hindern – Eine Spur, einen Kurs verfolgen – Etwas Versprochenes ausführen – Festhalten an.

Durch all diese Bedeutungen ziehen sich offenkundig zwei grundlegende Seme:

- Macht, Kraft, Unterwerfung, Einfluß.
- Dauer, Beharrlichkeit.

Deutlich erkennbar wird das an den idiomatischen Ausdrükken (darunter: »einen Diskurs führen«): *tenir maison* (»hofhalten«: Macht des Prestiges, der Prahlerei), *tenir tête* (»die

Stirn bieten«), *tenir pied* (»standhalten«), *tenir l'œil* (»ein Auge haben auf«: durch Permanenz erzwingen, Permanenz erzwingen), *s'en tenir à* (»sich beschränken auf«), *en tenir* (»es dabei bewenden lassen«: etwas »einstecken«, einen Akt der Gewalt hinnehmen müssen und vergelten können), *tenir sous le charme* (»jemanden im Bann halten«: unterjochen und so lange unterm Joch halten, bis der Widerstand erlahmt ist).

Doch das ist noch nicht alles: am proto-etymologischen Horizont ein anderes Sem. Tatsächlich hat *teneo* dieselbe Wurzel wie *tendo*: *tendre* = eine Kraft ausüben und in höchster Anspannung aufrechterhalten. Das zugrundeliegende Sem hat also zweifellos mit der Idee einer Spannung zu tun: sich am Leben halten [*se tenir, se tendre vivant*] (im emphatischen Sinne *sein*: auf gut sichtbare, spektakulär angespannte Weise lebendig sein). Um es kurz zu machen: »Sind Sie Marxist, Lacanianer?« = »Führen Sie einen marxistischen, lacanianischen Diskurs?«

»Diskurs führen«

All diese Seme finden sich also in »einen Diskurs führen«. Der Ausdruck deutet also in der Tat an:

1. Ein Streben nach Kraft, Zwang, Unterwerfung;
- eine Dauer, eine Beharrlichkeit;
- eine Spannung, eine gespannte, systematische Festigkeit.

Anders gesagt: ein Streben nach Totalität, Ewigkeit, Sein.

2. Eine theatralische Wirkung: durch den »Diskurs« als ostentative Vor-Führung eines Sprechens + »halten«, einen Ort besetzen, der nicht der eigene ist. Eine Rolle spielen → einen Diskurs führen = eine sprachliche Maske tragen.

Semiologische Bemerkung:

»(Einen) Diskurs führen« = Redewendung, Idiotismus, erstarrtes Syntagma. Erinnern wir uns nun an die Zeit, als man Saussure las und praktizierte. Das erstarrte Syntagma[478]: ein Störfall für Saussures erhellende Dichotomie *langue / parole*,

478 Ein erstarrtes Syntagma ist ein lexikalisch gewordener Ausdruck, der also zugleich der *langue* (als Sprachcode) und der *parole* (als Sprachverwendung) angehört. Beispiel: *le qu'en-dira-t-on*, das Gerede [eigentlich »das Was-man-darüber-sagen-wird«].

Sprache / Sprechen. Gehören solche Syntagmen zur Sprache oder zum Sprechen? Man rührt hier an die Grenze des Saussurismus (die ihm übrigens bewußt ist). Grenze, von der aus die aktuelle Sprachwissenschaft einige theoretische Vorstöße unternommen hat (in das Gebiet des Performativen, Delokutionären[479]). »Diskurs führen«: zweideutige Figur, da Sprach-»Akt« [*»acte« de langue*], Sprach-Äußerung [*parole de langue*].

Es sieht ganz so aus, als geriete mit dem »Diskurs führen« die rhetorische, Saussuresche (und selbst die Chomskysche) Taxonomie durcheinander, aus dem Gleis. Rhetorik:

1. *Heuresis / inventio*[480], *taxis / dispositio*[481], *lexis / elocutio*[482]: der Diskurs als Sprache [*langue*]: kombinatorische strukturale Elemente (Sprache, Kompetenz, Aristotelische »Geometrie«[483]).

Baldwin, I, S. 23

2. *Pronuntiatio*[484], *hypokrisis / delivery / actio*[485]: Sprechen [*parole*], Performanz: nebenbei gesagt, ein Bühnenbegriff. *Actio*: das ist das Theater; Redner = rhetorische Schauspieler. Cicero hat übrigens den Charakter diese Nähe des Redners zum schlechten Schauspieler gesehen. Er forderte, daß der Redner nicht den Komödianten oder Possenreißer nachahmen sollte, sondern das Benehmen der Kriegsleute[486] (Virilität!). Das hieße, das Theater zu verlassen und sich der bloßen Kraft zuzuwenden. Beim »Führen eines Diskurses« agiert, schauspielert jedoch die Sprache selbst. Das »Führen«,

479 Siehe unten, Anm. 488.

480 Griech. *heuresis*, lat. *inventio*, Entdeckung, Auffindung.

481 Griech. *taxis*, lat. *dispositio*, Anordnung, Stellung.

482 Griech. *lexis*, lat. *elocutio*, Redeweise, Ausdrucksweise.

483 Die räumliche Metaphorik verweist auf die »Gemeinplätze« der Rhetorik. Siehe Roland Barthes, »Die alte Rhetorik«, in: ders., *Das semiologische Abenteuer*, übersetzt von Dieter Hornig, Frankfurt am Main: Suhrkamp 1988, S. 15-101, hier S. 66 f. (B.1.18, »Der Ort, *topos*, *locus*«).

484 Lat. *pronuntiatio*, Vortrag, Deklamation.

485 Griech. *hypokrisis*, engl. *delivery*, lat. *actio*: Schauspielerei, Aktion (Gebärdensprache) des Redners oder Schauspielers, rednerischer Vortrag. Charles Sears Baldwin, *Ancient Rhetoric and Poetic: Interpreted from Representative Words*, Westport, Conn.: Greenwood Press 1971.

486 Vermutlich von Barthes selbst übersetzt. [Vgl. Marcus Tullius Cicero, *Orator / Der Redner*, lateinisch und deutsch, hg. und übersetzt von Harald Merklin, Stuttgart: Reclam 2004, S. 59 (18, 59): »Auch wird er es bezüglich der Bewegung so halten, daß nichts übertrieben wirkt [...] eine männlich wirkende Art der Bewegung.«]

»Vorführen«, die Ordnung der Performanz ist codiert (und es ist nicht zuletzt dieser Code, den wir wiederfinden müssen). Man könnte sich übrigens fragen, ob es nicht das »Theater« als allgemeine Kategorie des Subjekts ist, das die große Saussuresche Dichotomie unterläuft. In der Tat wird diese Dichotomie von dem Augenblick an ausgehöhlt, wie die klassische soziologische Opposition der Epoche Saussures theoretisch an Eindeutigkeit verliert (vergessen wir nicht die Beziehung Saussures zur Soziologie seiner Zeit: Tarde und vor allem Durkheim) = Individuum / Gesellschaft. Diese Komplikation verdankt sich nun aber einer neuen Kategorie, die heute im Vordergrund steht: die Äußerung [*l'énonciation*]. In gewissem Sinne gibt es nichts außer der Äußerung. Die Sprache [*langue*] ist eine Art Artefakt, das seinen operativen, taxonomischen Wert verliert: Die Spur dieser Entwicklung findet sich in Lacans »lalangue«[487] wieder sowie in den Forschungen über die performativen, delokutionären Akte (Flahaut, Milner[488]).

487 »Lalangue dient ganz anderen Dingen als der Kommunikation. Es ist das, was die Erfahrung des Unbewußten uns gezeigt hat, insofern es gemacht ist aus lalangue, jener lalangue, die ich, wie Sie wissen, in einem einzigen Wort schreibe, um zu bezeichnen, was unser jeder Affäre ist, sogenannte lalangue maternelle, und nicht für nichts so genannt.« Jacques Lacan, »Die Ratte im Labyrinth«, in: ders., *Encore* (Seminar, Buch XX, 1972-1973), übersetzt von Norbert Haas, Vreni Haas und Hans-Joachim Metzger, Weinheim/Berlin: Quadriga 1986, S. 150.

488 François Flahaut und Jean-Claude Milner sind Linguisten. In seiner »Présentation« [von Heft 30 der Zeitschrift *Communications*, 1979] definiert Barthes den Begriff des »Delokutionären« folgendermaßen: »Denn wenn die zeitgenössischen Linguisten sich zunächst mit der *Lokution* (oder dem ›Lokutionären‹) beschäftigt haben (und zwar mit Recht; es war nötig, die Fragen der Reihe nach zu stellen), sind sie jetzt dazu gekommen, die *Interlokution* (zu einem anderen, mit einem anderen sprechen), das Gespräch, zu problematisieren. Bleibt noch ein letzter Komplex: Was geschieht, wenn zwei oder mehrere *über* jemanden oder etwas sprechen? Das Problem besteht nicht mehr darin (und das ist neu), diesen Jemand oder dieses Etwas formal zu behandeln (das hatte die Rhetorik bereits getan), sondern zu jener Dialektik zu gelangen, die gemäß einem komplexen Spiel von Bildern die Partner und die Einsätze des Sprechens vereint, oder auch: die Lokution, die Interlokution und die Delokution.« (*OC_1* III, 1001; *OC_2* V, 664)

Dieses Sem der Theatralisierung, das ich aus »einen Diskurs führen« heraushöre (gepaart mit dem Sem der Kraft), hat mich veranlaßt, den Titel dieses Seminars mit dem Begriff des »besetzten Sprechens« oder der »Besetzung des Sprechens« zu erläutern.

»Besetzung« [*investissement*]: ein Freudscher Terminus. »Ökonomischer Begriff: Tatsache, daß eine bestimmte psychische Energie an eine Vorstellung oder Vorstellungsgruppe, einen Teil des Körpers, ein Objekt etc. gebunden ist.«[489] Man bemerkt, daß der deutsche und der französische Begriff sich nicht genau decken. Im Deutschen: einnehmen, okkupieren, Besetzung (im militärischen Sinn). Im Französischen: wie bei Laplanche und Pontalis, aber darüber hinaus eine Bedeutung im Finanzwesen: investieren: Kapital in einem Unternehmen anlegen, plazieren. Wir werden gleich sehen, daß diese französische Ergänzung nicht ausreicht und daß es eine dritte Bedeutung gibt, die uns interessieren wird.

Wie auch immer, erinnern wir uns, daß der Begriff bei Freud physiologischen Ursprungs ist (Versuchung, die dynamische Psychologie an die Neurophysiologie anzubinden): »Erregungssumme« → Unterscheidung zwischen den »Vorstellungen« und dem »Affektbetrag«, mit dem sie besetzt sind. In der zweiten Theorie des psychischen Apparats: das Es → Besetzung von Vorstellungen oder Objekten → die Vorstellungen und die Objekte (des Subjekts) erhalten Werte, werden mit Werten besetzt. Der Wert ist prägend: eine Ladung kann negativ sein, ohne daß die Besetzung entzogen würde. Das phobische Objekt = als etwas zu Meidendes besetzt. Daher könnte man den Begriff der Besetzung unter dem Gesichtspunkt der Intentionalität und der Wertschätzung von Objekten, kurz: im Sinne der Phänomenologie verstehen: affektive Ziele. (All dies bei Laplanche und Pontalis.[490])

Kehren wir noch einmal zur Sprache [*langue*] zurück (denn letztlich hat diese Einführung den Sinn, die Sprache abzusuchen – was nur eine Art und Weise ist, den folgenden Referaten nicht vorzugreifen). Dem Littré ist die finanzielle

489 Laplanche und Pontalis, *Das Vokabular der Psychoanalyse*, a. a. O., S. 92.
490 Ebd., S. 95 f.

Bedeutung von *investir* noch unbekannt. Er kennt die militärische Bedeutung. Vor allem beschäftigt er sich ausgiebig mit dem etymologischen (lateinischen[491]) Sinn, der im Deutschen fehlt. *Investir* = mit einer Bekleidung versehen, einkleiden: »jemandem im Rahmen bestimmter Zeremonien, zu denen das Anlegen eines Kleidungsstücks zählt, eine Vollmacht, eine Würde verleihen«. Das ideale Lehrbeispiel dafür wäre die Investiturszene aus Brechts *Leben des Galilei*[492], in der Kardinal Barberini, der Galilei zunächst wohlgesinnt war, mit jedem Kleidungsstück, das man ihm anlegt, gegen den Astronomen immer feindseliger wird. Mit jedem Kleidungsstück wachsen die Vorbehalte des Kardinals und werden zur Zensur, als er im vollen päpstlichen Ornat steht: Der Kardinal »bekleidet« das Amt des Papstes = der Papst hat den Kardinal »besetzt« [*investi*].

Dieser Gedanke der Einkleidung lenkt die Idee der Besetzung in eine andere Richtung als die Freudsche (ohne dieser zu widersprechen). Sie macht die Besetzung zur Rollenübernahme: gibt ihr theatralische Energie. Ein besetztes Sprechen, ein besetzter Diskurs = ein (im Freudschen Sinne) besetztes Objekt, eine (im militärischen Sinne) besetzte, ausweglos geschlossene Sprache, die (im polizeilichen Sinne, wie ein Stadtviertel) »abgeriegelt« ist und die darauf zielt, daß der andere sie »abriegelt« – sowie eine theatralisch und rituell eingekleidete, mit den Insignien von Autorität besetzte, bevollmächtigte Sprache.

Und sich immer wieder an das Karussell Aktiv / Passiv erinnern. Einen Diskurs besetzen = von einem Diskurs besetzt werden. »Diskurs führen« = die Anweisungen einer Phraseologie befolgen, mit Überzeugung ein schon geschriebenes Buch noch einmal schaffen: *Werther* und Ossian; *Bouvard und Pécuchet*[493] und das Defilee der Diskurse, die sie nacheinander besetzen. Der Flaubertsche Roman: eine Entfremdung in eine Besetzung verwandeln: durch Kopieren.

491 [Lat. *vestire* oder *investire*, bekleiden; *vestis*, Kleidung.]

492 Bertolt Brecht, *Leben des Galilei*, in: ders., *Gesammelte Werke in zwanzig Bänden*, a.a.O., Bd. 3, S. 1321-1325 (12. Bild). Das Stück wurde 1938 geschrieben und 1943 in Zürich uraufgeführt.

493 Barthes hatte diesem Roman von Flaubert 1975 ein Seminar an der École pratique des hautes études gewidmet.

Diese Einführung, so viel wird klargeworden sein, zielt auf nichts anderes, als die Titelwörter zu entfalten. Diese Entfaltung – diese Ex-plikation – ist notgedrungen eine intuitive, subjektive. Ich habe zu sagen versucht, was ich aus diesen Wörtern heraushöre. Jedenfalls gibt es keine Maschinen, welche die Bedeutungen lesbar, vernehmbar machen könnten. Mein Gehör hat sich nur entlang bestimmter Bahnen gebildet – als Wege des Codes: die etymologische, die lexikographische Bahn: Bahnung des Signifikanten.

In diesem Sinne will ich zum Schluß einige Impressionen des »Diskursführens« wiedergeben, die ich bei bestimmten Lektüren, bestimmten Gelegenheiten gewonnen habe. Abermals sind es Epiphanien – ungeordnet (wie es sich für Epiphanien gehört).

Drei Beispiele für verbales »Diskursführen«:

1. Die Ermahnung. Beginn von *Robinson Crusoe*: der Vater hält Robinson eine Mahnrede, er »stellt ihn zur Rede«.[494] Problem der Koinzidenz des »Diskursführens« mit einer Gattung.

2. Der plötzliche Einbruch des »Diskursführens«. Abendgesellschaft: Männer und ihre Frauen. Die Männer plaudern, diskutieren: über Portugal, über China, über das Fernsehen. Die Frauen sind stumm. Plötzlich hält eine – ihr Hündchen war eben erwacht – eine große Rede über Hunde: welcher Zuneigung sie fähig sind, welche Intelligenz sie besitzen. Wir werden auf das Problem der affektiv besetzten Sache zurückkommen; ich werde sie einfach »das Ding« nennen.[495]

3. Ich nehme ein Taxi. Augenblicklich beginnt der Fahrer zu reden, schwadroniert [*tient discours*] über das Thema »Die Franzosen leben über ihre Verhältnisse«. Am Ziel angelangt, kommt der Diskurs abrupt zum Stillstand, ohne daß man den Eindruck hätte, an der Art des »Diskursführens« habe sich etwas geändert (er ist also nicht konstruiert, ohne Peroration als Zeichen des Schlusses?). Diskurs meterweise – taxameterweise: Einen Diskurs bitte von Saint-Germain bis zur Rue Dutot.

494 Defoe, *Robinson Crusoe*, a. a. O., S. 6 ff.

495 Siehe oben, Anm. 168.

Drei Beispiele eines komplexen »Diskursführens«. In der Tat bekomme ich das – unabweisbare – Gefühl des »Diskursführens«, wenn von überall her Zeichen aller Art auf mich einströmen: Sprach-, Gebärden-, Verhaltenszeichen. Also überall, wo der Körper auftrumpft, wo es einen Hochmut des Körpers gibt:

1. Organisierte Ausbreitung eines Lebenwollens: Ich sehe X auf Reisen in einem nordischen Land, vor einem behaglichen Frühstück sitzend, ruhig und konzentriert essend, vor aller Augen mit der Stillung seines Hungers, der Inszenierung seines Vergnügens beschäftigt. Ich habe den lebhaften Eindruck, daß eine solche Frühstücksveranstaltung ein Diskurs ist, den X führt: Kraft, Besetzung eines Raumes, Dauer, Anspannung, eine gewisse Theatralik. Investitur: Das Frühstück bekleidet ihn.

2. Noch eine (persönliche) Epiphanie. Während die erste eher mit Sympathie grundiert war (jemandem, den man liebt, gut essen sehen), ist diese eher entnervend, ätzend. Im Zug eine »junge, fertig ausgebildete Krankenschwester« (reist mit einem jungen Realschullehrer, der sie sichtlich anhimmelt und den sie im Griff hat): eine Serie, ein Zusammentreffen von Zeichen des Auftrumpfens: *a)* großer Ghettoblaster im Abteil, *b)* laute, volltönende Stimme, *c)* Äußerungen ohne jede Diskretionsschwelle, *d)* breitet sich über zwei Sitze aus, *e)* zieht die Schuhe aus, *f)* ißt eine Orange, *g)* mischt sich in mein Gespräch mit meinem Reisebegleiter ein. Kurz, sie »führt einen Diskurs«. Der Sinn dieses Diskurses = ich tue mir keinen Zwang an = ich existiere = ich bin offen, kontaktfreudig, temperamentvoll. Kurz, das »Diskursführen« verweist auf eine codierte Figur. Der Beweis dafür ist, daß diese Figur im Vokabular der orientalischen Mönche einen Namen hatte: *parresia* (Ungezwungenheit, Zudringlichkeit, Freimut ≠ *xeniteia*: eine Haltung ohne Vertraulichkeit).

3. Schließlich: kurze Epiphanie des »Diskursführens«. In Urt[496]: junger Motorradfahrer mit Helm, paradierend, knattert auf dem verlassenen Platz am Hafen herum. Wahrlich, er führt Diskurs. Denn Diskursführen – letztes Sem –, heißt das nicht: »den anderen auf den Geist gehen«?

Diesen Beispielen (Epiphanien) wäre die Gegenkategorie

496 Dorf im französischen Baskenland, wo Barthes ein Haus besaß.

des »Diskursführens« gegenüberzustellen. Jemand, der statusgemäß keinen Diskurs führt, sprachlos ist, dem die Sprache versagt, der also nichts führen kann: der Ratlose. Beim Ratlosen: weder Kraft noch Anspannung, noch Theater.

Schluß

Die Funktion dieser Einleitung = das Seminar mit einem Phantasma zu verknüpfen, das Phantasma mittels einiger sprachlicher Signifikanten zu erforschen. Systematische Exploration des Phantasmas; ein Präzendenzfall: Rat der schönen Gräfin von Donis an Juliette.[497] Wir werden das Phantasma jetzt verlassen, zumindest als Rechtfertigung, und die Semantik des Ausdrucks »Diskurs führen« anhand unterschiedlicher Ansätze verschiedener Subjekte auffächern.

Es wird also eine Reihe freier Wortmeldungen geben, wobei die Redner keine Verpflichtung eingegangen sind außer der, nach eigenem Belieben den vorgegebenen Ausdruck zum Ausgangspunkt zu nehmen. Unser Programm sieht folgendermaßen aus[498]:

19. Januar	Flahaut	Diskurs und Insignie
26. Januar	Lucette Mouline	Der Proustsche Satz: Stanzen und Insistenzen
2. Februar	F. Récanati	Gehaltener, haltbarer, unhaltbarer Diskurs
9. Februar	Cosette Martel	Die gesprochene Frau

497 »[…] Sie wären die unglücklichste aller Frauen, würden Sie nur ein einziges Verbrechen begehen; fangen Sie damit nicht an oder stürzen Sie sich ganz in den Abgrund, sobald Sie am Rande stehen« (Donatien-Alphonse-François de Sade, *Histoire de Juliette*, in: ders., *Œuvres*, Bd. III, Paris: Gallimard 1998, S. 749).

498 Die Referenten waren: François Flahaut (Linguist), Lucette Mouline (Literaturwissenschaftlerin), François Récanati (Linguist), Cosette Martel (Literaturwissenschaftlerin), Jacques-Alain Miller (Psychoanalytiker), Antoine Compagnon (Literaturwissenschaftler), Louis Marin (1931-1992, Essayist).

16. Februar	J.-A. Miller	Der Diskurs des einen und des anderen
23. Februar	Ferien	
2. März	A. Compagnon	Der Enthusiasmus

In den letzten Seminaren (vor Ostern) werde ich noch einmal das Wort ergreifen, sehr wahrscheinlich (Genaueres weiß ich noch nicht: es hängt von dem ab, was ich aus den Referaten der anderen gelernt habe: das ist das Prinzip des Seminars), um einige Analysen zum »Diskursführen« vorzulegen.

9. März	L. Marin	16. März	Flahaut?

Der Charlus-Diskurs
Versuch einer Diskursanalyse

Charlus-Diskurs[499]
Die doppelte Differenz · Diskurstyp ·
Methode: *S/Z*

1. Kinetik

Zufall · Syllogistische Logik · Ableger ·
Sukzessive Markierungen

2. Auslöser

3. Die allokutorische Instanz

Andromache · Charlus-Diskurs:
Die Flexeme

4. Die Kräfte

»Psychologie«: Exploseme ·
»Psychoanalyse« · Intensitäten

Schluß

499 Durchgestrichener Text einer Karteikarte, die den Notizen für die Vorlesung beigefügt war.

Sitzung vom 23. März 1977[500]

Der Charlus-Diskurs

Unterhaltung, die Charlus mit dem Erzähler führt, der ihm eines Abends, nach dem Abendessen bei den Guermantes, einen Besuch abstattet: *Die Welt der Guermantes*, II, 2[501] = Diskurs der Vorhaltungen und des Beziehungsabbruchs + als Ergänzung: *Andromache*, III, 4.[502]

Schon[503] bei der ersten Lektüre ein widersprüchlicher, paradoxer Eindruck: Massiv und subtil

1. Einerseits ein gespannter, dichter, anhaltender Diskurs, der auf den Erzähler niederprasselt und auf dessen kurze Repliken hin mehrmals nur um so heftiger wiedereinsetzt: scheint der ursprünglichen Bedeutung des »Diskursführens« zu entsprechen: Dichte und Spannung.

2. Doch andererseits und gleichzeitig: ein sehr wechselhafter Diskurs, veränderlich wie eine Landschaft unter bewölktem Himmel. Wie ein schillerndes Moiré bei verändertem Lichteinfall: plötzliche, unerwartete Wendungen, biegsamer Diskurs. Wegen dieser beiden Merkmale könnte man gewissermaßen sagen (vgl. die musikalische Textur bei Wagner, stetig und biegsam, massiv und gelöst): Beweglichkeit der musikalischen Gebärden; das, was Nietzsche Tonsemiotik[504] nannte und als Ausdruck der Dekadenz verurteilte.

Der Fall Wagner: »Bei Wagner steht im Anfang die Halluzination: nicht von Tönen, sondern von Gebärden. Zu ihnen sucht er erst die Ton-Semiotik. Will man ihn bewundern, so sehe man ihn hier an der Arbeit: wie er hier trennt, wie er kleine Einheiten gewinnt, wie er diese belebt, heraustreibt, sichtbar macht. Aber daran erschöpft sich seine Kraft: der Rest taugt nichts.«[505]

500 Zur Organisation des Seminars siehe oben, S. 238 f.
501 Proust, *Auf der Suche nach der verlorenen Zeit*, a. a. O., S. 1979-1995.
502 Racine, *Phädra. Andromache.* Zwei Tragödien, a. a. O., S. 106 f.
503 Von hier an ist eine längere Passage im Manuskript gestrichen.
504 Im Original deutsch.
505 Friedrich Nietzsche, *Der Fall Wagner*, in: *Werke*, a. a. O., Bd. 2, S. 917.

Es ist dieses Verhältnis zwischen der Masse (dem Strom) und der Gebärde, der Schroffheit und der Biegsamkeit, das mich interessiert. Daher ein vorwiegend methodologischer Gang der Analyse: große Brocken, eine allererste Entwirrung, weder gründlich noch erschöpfend. Ich werde kein vollständiges Inventar der Strukturelemente aufstellen, sondern nur Fragen zur Methode stellen – oder, noch bescheidener formuliert: operative Fragen. Wie soll man (künftig) vorgehen, um einen Diskurs wie den von Charlus zu analysieren?

Doppelte Differenz

Zuvor ein methodologisches Trugbild zerstören: Der Diskurs von Charlus ist kein Beispiel, kein Muster. Er repräsentiert keine typische Masse, die der »gespannten Unterredungen« [*»discours tenus«*]. Er wird in Abgrenzung bestimmt – und für mich (als ehemaligem Vertreter der strukturalen Analyse) in einer doppelten Abgrenzung, doppelten Differenz: 1. gegenüber dem »Diskursführen« der *doxa*, des Stereotyps; 2. gegenüber einer früheren Analyse: *S/Z*.[506]

Der Charlus-Diskurs

1. Wahrscheinlich (intuitive Forschungshypothese) gibt es einen oder zwei Typen des »Diskursführens«. Ein Eindruck, den wir zum Beispiel gewinnen, wenn wir politische Reden hören = ein Typus, ein endoxaler Code = ein nach klassischen Verfahren der strukturalen Analyse strukturierbarer Diskurs: ein Diskurskorpus. → Man entnimmt daraus die Beschreibung eines Typus (einer Grammatik). ≠ Diskurs von Charlus: scheint untypisch. Man erkennt darin Stücke wieder, doch nicht das Ganze. Sobald man etwas wiedererkennt, gibt es Zeichen (das Zeichen wird wiedererkannt, Benveniste). Es gibt Semiotik im Diskurs von Charlus (das ist der Sinn der Bemerkung Nietzsches über Wagner). Doch dieser Diskurs ist einzigartig (wiedererkannt ≠ wiedergekäut): es ist der »Charlus-Diskurs«. Von dort aus stößt man auf ein epistemologisches Problem: Wie strukturiert man das Einzige? Das Einzige als solches katapultiert sich nicht selbst ins Unstrukturierbare, das heißt Unsagbare; das Einzige = der Text. Der »Charlus-Diskurs« = ein Text, gesprochen von einer Stimme, einem Körper, und was für einem Körper! Der von Charlus ist sehr präsent, sehr prägnant in der gesamten *Suche nach*

506 Roland Barthes, *S/Z*, übersetzt von Jürgen Hoch, Frankfurt am Main: Suhrkamp 1976 [eine strukturale Analyse von Balzacs Novelle *Sarrasine*].

der verlorenen Zeit. Diese Perspektive auf den atypischen Text, der außerhalb jedes Korpus erfaßt werden muß: ist dasjenige, was von *S/Z* übernommen und bestätigt wird.

2. Man wird jedoch zu den Codes des »Charlus-Diskurses« keinen Zugang finden, wenn man sie aus der gleichen Perspektive (und in der gleichen Anordnung) erfassen zu können meint wie die Codes von *Sarrasine* – und das unabhängig von der narrativen Markierung der Balzacschen Erzählung. Wenn Balzac auf einen kulturellen Code zurückgreift (beispielsweise Anspielungen auf Kunstwerke macht), sind das blasse, gleichsam denotative Einheiten; Kultur ist als etwas Natürliches einfach da: Der Code wird ohne Konnotation verwendet. ≠ Charlus: kultureller Code (Stil der Sessel zum Beispiel[507]) + ein Supplement an Affekt, Emotion, Äußerung. Das Subjekt Charlus plaziert sich in der kulturellen Einheit: Arroganz, Aggression. Der kulturelle Code dient ihm dazu, sich dem anderen entgegenzusetzen, in ein Wechselspiel von Bildern, von Plätzen einzutreten. Es kommt zu einer Akkumulation, einer Stereophonie der Codes. *Las Lanzas* von Velázquez[508]: Gemälde + ritterlicher Code + Theatralisierung des Verhältnisses usw. → »Charlus-Diskurs«: ein banales Geflecht von Codes (vgl. *Sarrasine*) + Supplemente. Die Kultur ist zum Beispiel nicht bloß eine Referenz, ein Ursprung (Balzac), sondern eine Äußerungsposition. So die Passage über den jungen Berliner, der mindestens Wagner und die *Walküre* kennt[509]: *a)* musikalischer kultureller Code + *b)* Charlus' Modernität (Wagner damals) + *c)* Charlus' Sympathie für Deutschland + *d)* Code des »Eine-Lehre-Erteilens«. Das ist der polyphone Auslöser der Codes, der unser me- ≠ *S/Z*

507 [Der Baron de Charlus verhöhnt den Erzähler, weil dieser sich nach der Aufforderung, auf einem Louis-Quatorze-Sessel Platz zu nehmen, auf einem Chippendale-Möbel niederläßt.]

508 Auf dem Gemälde *Die Übergabe von Breda* (1635, Prado, Madrid) nähert sich der siegreiche Heerführer dem unterlegenen in demütiger Haltung. [Ebenso »habe ich, da ich alles war und Sie nichts, Ihnen gegenüber den ersten Schritt getan«. Proust, *Auf der Suche nach der verlorenen Zeit*, a. a. O., S. 1982.]

509 [»Ah! antwortete er in verächtlichem Ton, wie schlecht wissen junge Franzosen in den Kunstwerken ihres Landes Bescheid. Was würde man von einem jungen Berliner sagen, der die ›Walküre‹ nicht kennt?« A. a. O., S. 1981.]

thodologisches Problem darstellt (ein Problem, das ich in *S/Z* unterschätzt habe).[510]

Um diese erste (und grobe) Erforschung einer neuen Methode (eines neuen Problems) durchzuführen, werde ich von Bekanntem ausgehen, um ein Tor zu weniger Bekanntem aufzustoßen. Das Bekannte: die strukturale Analyse, das heißt die Gliederung von Einheiten, von Diskursmorphemen. Das weniger Bekannte: das Erscheinen des Kraftbegriffs auf dem analytischen Feld.

In strukturaler Manier[511]

1. Kinetik

Strukturale Analyse (der Erzählung)[512]: zu Beginn. Normal, denn neue und schwierige Analyse = neigt (unter dem Einfluß der Texterläuterung) dazu, die »Konstruktion« des Texts, den Plan, wiederzuentdecken; Herausarbeitung der »Einheiten« (der Erscheinungsmomente des Codes) und einer Kombinatorik, einer räumlichen Anordnung. → Tabellarischer Charakter dieser ersten Analyse. Tabellarischer = statischer, panoramischer, flächenhafter Charakter des Textes als Objekt.

Jedoch sehr rasch: Bewußtsein des eigentlichen Problems. Was treibt den Text voran? Wie keimt er, wuchert er, nachdem er einmal in Gang gekommen ist? Wie vollzieht sich die Veränderung der Situationen, der Lokalitäten *(situs)* des Diskurses (es wäre bereits Fortschritt, von Lokalitäten statt von Einheiten zu sprechen)? Welches ist das Geheimnis seiner Entwicklung, seiner Festigkeit, seines »Zusammenhalts« (dagegen: seine Spannung), des Ineinandergreifens seiner Einheiten (Lokalitäten)? → Solche Fragen würden in eine kinetische Wissenschaft des Diskurses fallen: eine Mechanik (welches sind die Kräfte, die den Diskurs, den *cursus*, der im *dis-cursus* steckt[513], antreiben)? Und auch in das Gebiet einer Kunst der

510 Hier endet die Streichung im Manuskript.

511 Im Manuskript mit Leuchtstift hervorgehoben.

512 [Vgl. Roland Barthes, »Einführung in die strukturale Analyse von Erzählungen«, in: ders., *Das semiologische Abenteuer*, a. a. O., S. 102-143; »Die Handlungsfolgen«, ebd., S. 144-155.]

513 [Strenggenommen also weder eine Mechanik noch eine Kinetik, sondern eine Dynamik!]

Reise. Wie reist der Diskurs? (Hier fände man *hodos*[514], das in *hodoporia*[515], Reise, ebenso enthalten ist wie in Methode.[516]) Abstrakt betrachtet, gibt es (in erster Annäherung) vier mögliche Operationen, vier mögliche Triebkräfte:

Zufall

1. Der Zufall: nicht auszuschließen. Im übrigen hat die Moderne oft mit der Zufallsfolge von Sprachsequenzen gespielt. Wörter, Sätze, Lexeme (welche Einheiten auch immer): in einen Hut geworfen. Die Fortsetzung wird durch Los ermittelt = stochastisches Verfahren. Die einfachste Mechanik, aber auch das platteste Ergebnis, weil es eine Folge erzeugt, deren Elemente ununterscheidbar sind (Nicht-Pertinenz der Plazierung). Ist er einmal in Gang, kann der Zufall aus sich selbst heraus keine typischen Differenzen erzeugen. Jedoch: *a)* wäre es vielleicht interessant, diese Erfahrung an Sätzen (denen des »Charlus-Diskurses«) zu erproben; aus Brocken logischer Sequenzen könnten Zufälle hervorgehen: ein schöner Beobachtungsgegenstand; *b)* wäre nicht zu vergessen: Viele ästhetische Formen sind aus dem Prinzip des korrigierten Zufalls, des kontrollierten Unfalls entstanden; der Zufall liefert den Anfang der Kette – immer schwierig.

Drei weitere Antriebskräfte (was übrigbleibt, wenn's nicht der Zufall war):

Enthymem

2. Zur Erinnerung, weil nicht gut erforscht, außer in der *Rhétorique* von Perelmann[517]: logischer Motor: Der Diskurs schreitet durch Verknüpfung von Argumenten voran. Eine Behauptung zieht die folgende nach sich oder erzwingt sie unter dem Gesetz eines logischen Zwangs oder des Zwangs einer gewissen Logik. Die am meisten benutzte: die syllogistische oder enthymematische[518] Logik. (Unsere geläufigen Diskurse: zweifellos viel enthymematischer, als wir glauben. Wäre zu untersuchen: interessanter Test, weil er beim essayistischen Diskurs und den »neuen Lesbarkeiten« enden würde.)

Ableger

3. Ableger oder Wurzeltrieb. Prinzip der russischen Formalisten: Wenn im ersten Akt ein Nagel eingeschlagen wird, so

514 Griech. *hodos*, Weg, Bahn.
515 Griech. *hodoporia*, Wanderung, Reise.
516 [Griech. *methodos*, Weg, etwas zu erreichen.]
517 Charles Perelmann und Lucie Olbrechts-Tyteca, *La Nouvelle Rhétorique. Traité de l'argumentation*, 2 Bde., Paris: PUF 1958.
518 [Griech. *enthymema*, Argument, rhetorischer Schluß, Beweis.]

mit dem Zweck, daß sich der Held am Ende daran aufhängt.[519] Stellen wir uns eine Art diffuser, überkommener endoxaler Logik vor, eine erfahrungsgesättigte, empirische Logik: Es klopft an der Tür → öffnen / nicht öffnen; Frage → Antwort (oder keine). Es gibt Ableger – oder Wurzeltriebe –, weil von anderen Einheiten herrührende Sequenzen sich mehr oder weniger zahlreich zwischen die erste und die zweite schieben können → Flechtwerk von Sequenzen = Geflecht, Text. Siehe zu all diesen Fragen *S/Z*. Bevorzugte Antriebskraft der klassischen Erzählung.

4. In all diesen Fällen (außer beim Rückgriff auf den Zufall) wird von der Analyse eine Instanz postuliert: eine Art parawissenschaftliche oder empirische Logik »an sich«, die den Diskurs von ganz allein ablaufen läßt, allenfalls mit der minimalen Hilfe eines Managers, des Autors oder Diskursführers [*discoureur*]. Unpersönliche Struktur als einziges Verhältnis zwischen Sprachlogik [*langue*] und performativem Sprechen [*parole*]: Analyse, die das Subjekt – also den anderen – nicht eingreifen läßt.

5. Nun eine vierte (klassische) Antriebskraft, die den anderen einbezieht, struktural (nicht nur implizit): das System der sukzessiven Markierungen:

- Vorbild Platon; geht zurück auf dessen Opposition zwischen schlechter Rhetorik (Sophisten) und guter Rhetorik[520]: philosophische oder dialektische Rhetorik; auch *Psychagogie* genannt (Reinigung der Seele durch das Sprechen).
- Psychagogischer Diskurs: kein schriftlicher, sondern gesprochener: Suche nach dem persönlichen Gespräch, der *adhominatio*. Typisches Beispiel: der Dialog zwischen Lehrer und Schüler, beflügelt von gegenseitiger Liebe. Gemeinsam denken: das ist der Motor des Diskurses. Diese Rhetorik ist ein Liebesdialog.

519 Barthes wandelt offenbar eine berühmte Formel Čechovs ab: »Man darf kein geladenes Gewehr auf die Bühne bringen, wenn niemand die Absicht hat, sich seiner zu bedienen.« Anton Čechov, Brief vom 1. November 1889 an A.S. Lazarev-Gruzinski, in: Tchekhov, *Œuvres*, Bd. 20: *Correspondances (1877-1904)*, Paris: Les éditeurs français réunis 1967, S. 270.

520 Siehe Platon, *Gorgias*, in: *Sämtliche Werke*, a. a. O., Bd. 2.

– Beispiel einer »Übersetzung« (*développement*; bei diesem Wort immer ein wenig an Fahrräder denken = Gangschaltung). Auf der Suche nach der Wahrheit von einer umfassenden, vagen Einheit ausgehen und, den natürlichen Gliederungen der Arten folgend, stufenweise absteigen, bis die unteilbare Art erreicht ist = Treppe. Auf jeder Stufe eine Alternative: Um den Abstieg fortzusetzen, muß immer ein Term (und nicht der andere) selektiert werden. Beispiel: progredierende Definition des Sophisten[521]:

Jäger
auf wilde / auf zahme Tiere
gewaltsame / überredende Nachstellung
öffentlich / privat
Geschenke bringend / Lohn fordernd
Nahrung als Lohn / Geld als Lohn
Schmeichler / Sophisten

– Diese dynamisierte Struktur ähnelt der paradigmatischen Struktur der Sprache: markiert / nicht markiert, merkmaltragend / merkmallos. Das jeweils merkmaltragende Glied bringt den Abstieg auf jeder Stufe erneut in Gang. Welcher Term der markierte ist, wird nun aber durch eine Zustimmung des Antwortenden (des Schülers) festgelegt. Erforderlich ist also, daß zwei Gesprächspartner anwesend sind und daß einer von ihnen einen gedanklichen Schritt oder sein sprachliches Äquivalent billigt: all jene etwas einfältigen oder ermüdenden Partikeln der sokratischen Dialoge. In der Tat diese Partikeln = letztlich Liebesakte oder rhetorische Operatoren.

Das führt uns zu unserem Problem: dem Fortschreiten des Diskurses durch Affektmarkierungen beziehungsweise dem Affekt als Operator.

521 [Platon, *Sophistes*, 221c–223a, in: *Sämtliche Werke*, a.a.O. Bd. 7.] Barthes hatte diese Stufenfolge bereits in »Die alte Rhetorik« kommentiert: *Das semiologische Abenteuer*, a.a.O., S. 23 f. (A.3.3, »Die Spaltung, das Merkmal«).

Wir müssen *a minimo* zugeben, daß es Diskursarten (Modalitäten der Diskursivität) gibt, die nur deshalb fortschreiten, weil in der Situation der Anrede Ereignisse eintreten (Ereigniswörter vorkommen), die in bestimmten Momenten einen Diskurs (plötzlich) erneut in Gang setzen. Es sind Starter, Anlasser, Kupplungen, gewissermaßen *shifter*[522] in einer Unterhaltung. Kupplung = »Herstellung einer Verbindung zwischen Antriebsmotor und Geräteteilen, durch die Kräfte (Drehmomente) übertragen werden«. Der *shifter* in der Unterhaltung stellt abrupt eine Kräfteübertragung zwischen affektivem Antriebsmotor und rhetorischen Geräteteilen des Diskurses her: das diskursive Fahrzeug rollt. Die Auslöser können dem Diskurs Erschütterungen vermitteln. Bei Charlus offenkundig: Sein Diskurs stottert (»stottern« = bei bestimmten Werkzeugen: rhythmische Kontraktionen; bei Maschinen, Motoren, bei einer Bremse oder Kupplung: aussetzen, stocken). Die Metapher (stottern) gibt diese besondere Dialektik ziemlich gut wieder, von der ich zu Beginn sprach: Masse + rasche, unerwartete Wendungen. Charlus spricht wie ein Rasenmäher, wie ein Preßlufthammer: Er speit den Diskurs stockend aus.

Typische Auslöser:

1. Gebärden. Sich auf den falschen Fauteuil setzen → verächtliche, hitzige Tirade. Oder: Geste des Kopfschüttelns → heftiger Tadel.

2. Worte des anderen. Das bloße Wort, in der Form seiner ganz normalen Bedeutung, löst einen affektiven Diskursschwall aus: »in Beziehung stehen«, »verletzen« (S. 1983, 1985). Aischylos: Wörter wie Peitschenhiebe *(Orestie*[523]). Manchmal ist es nicht das Wort, sondern die Vorstellung, das Signifikat. Dann vermittelt über eine Interpretation: »[...] wiewohl ich Ihnen geschworen habe, ich hätte nichts gesagt« →

522 Zum Begriff *shifter* siehe oben, S. 165.

523 Siehe vielmehr Aischylos, *Die Schutzflehenden*, Vers 466, in: ders., *Sämtliche Tragödien*, übersetzt von Johann Gustav Droysen, München: dtv 1977 [dort wiedergegeben als »herzdurchbohrendes Wort«]. In *Sollers écrivain* wird das »Peitschenhiebwort« von Barthes als »sehr altes poetisches Verfahren« bezeichnet (OC_1 III, 943; OC_2 V, 598). [In der Vorlesung des folgenden Jahres kommt Barthes auf diese Aischylos-Stelle zurück; vgl. *Das Neutrum*, a.a.O., S. 183.]

»Dann lüge ich also!« (S. 1988 f.). Doch das affektive Moiré ist so changierend, der Motor so launenhaft, daß er abrupt, auf völlig unerwartete Weise, in einen anderen Gang umschalten kann. → Verblüffende Wendungen: »Sie sind belogen worden.« → »Das ist sehr gut möglich« (kommt plötzlich anstelle von »Ich bin also ein Idiot?«). = Deflationen: zweifellos ein wichtiges Element dieser Semiologie der Diskurskräfte, die wir zu umreißen versuchen.

3. Dem Äußerungssubjekt können eigene Worte zum Auslöser werden. Ein Wort von mir verdoppelt mich und lenkt mich auf einen anderen Diskurs: vgl. Marceline Desbordes-Valmore: »Mit zwanzig Jahren zwangen mich tiefe Leiden, das Singen aufzugeben, weil meine Stimme mich zum Weinen brachte.« »[...] nun weine ich wie ein Kind, da alles das so lebhaft um mich wird.«[524] = Emotion von Charlus, der sich den Tränen nahe fühlt, als er sein Thema entwickelt: »Sie hätten [...] mir dennoch schreiben können« → Autoemotion = Verdopplung des Subjekts als Sprecher und Hörer seiner selbst.

Hugo, *Pierres*, S. 150

Werther, S. 94

4. Unter den Selbstauslösern müßte man sich näher mit den syntaktischen Wendungen beschäftigen. Vorgefertigte Satzbrocken, syntaktische Stereotypien: »Mir selbst steht nicht an, ...«, »Ich verhehle Ihnen nicht, ...« Solche syntaktischen Wendungen oder Konstruktionsweisen = leer, erhalten erst nachträglich einen Inhalt; Fertigbauteile der Diskursentwicklung. Nun aber: ein Dossier: denn sie erinnern an die Worthalluzinationen (Freud, Lacan), die im Traum ausschwärmen (vgl. Seminar über die Sprache der Liebe[525] und Safouan,

524 Barthes hatte diese beiden Zitate bereits im dritten Abschnitt von »Die Redseligkeit« angeführt (*Fragmente einer Sprache der Liebe*, a.a.O., S. 188). Zu Marceline Desbordes-Valmore: Victor Hugo, *Pierres*, Textzusammenstellung und Einführung von Henri Guillemin, Genf: Édition du Milieu du monde 1951; Goethe, *Die Leiden des jungen Werther*, a.a.O.

525 Barthes spielt auf eine Ausarbeitung an, die er über das »Ich-liebe-dich« für das Seminar 1975-1976 formuliert hatte: »Holophrastischer Charakter des *Ichliebedich*. [...] Beziehung zum Schrei (Freud, nach Safouan, *Struk.* 272): Hilferuf: weil das Kind zunächst unfähig ist, die spezifische Aktion herbeizuführen, die nur durch fremde Hilfe erfolgen kann: Stimme (Abfuhr). [...] Freud: Im Hilferuf vollzieht sich die Halluzination. In der Tat halluziniert das *Ichliebedich* die Antwort ›Ich dich auch‹. Als Schrei *schließt das Ichliebedich jede Negativität aus.* [...] Halluzination des Schreis. Man kann nicht *Ichliebedich* sagen und sich eine negative Ant-

Œdipe, 43, 110).[526] Verstümmelte Sätze, die sich auf ihren syntaktischen Teil beschränken: »Obwohl du ... bist«, »Wenn du wenigstens bereit wärst ...«

Eventuell wäre – vielleicht! – anhand dieser internen Diskursauslöser oder Diskursstarter eine vorläufige Klassifikation der »diskursiven Apparate« möglich. Erzählungen (zu denen möglicherweise auch die »intellektuellen Erzählungen«, die narrativen Argumentationen rechnen; das wäre zu prüfen) ≠ Szenen (Diskurse mit inneren Auslösern). Im szenischen Diskurs ist die Triebfeder der Veränderung (des Fortschreitens) der Widerhall: die unmittelbare Antwort des gesamten Imaginären auf einen Reiz-Signifikanten. Genau dies ist die Situation des Subjekts vor dem lockenden Köder – die Situation des Stiers vor der roten Capa. Der szenische Diskurs [*le discours-scène*] (und vor allem der von Charlus): ein Stierkampf. → Der Köder (Wörter, Geste, syntaktische Wendung, *interpretandum*[527]) = ein gewalttätiges Bild, Bild des anderen und/oder Bild, das der andere mutmaßlich von mir hat oder haben wird, oder Bild von mir, das ich mir unter dem Blick, unter der Instanz des anderen selbst vorführe. Das bringt mich zum dritten Punkt:

wort vorstellen. Diese persönliche Deutung ist schon nicht mehr psychoanalytisch.« Vgl. Moustapha Safouan, »Die Struktur in der Psychoanalyse. Beitrag zu einer Theorie des Mangels«, in: François Wahl (Hg.), *Einführung in den Strukturalismus*, übersetzt von Eva Moldenhauer, Frankfurt am Main: Suhrkamp 1973, S. 259-321, hier S. 272-274. [Die Freud-Passage stammt aus dem »Entwurf einer Psychologie«, in: *Aus den Anfängen der Psychoanalyse. Briefe an Wilhelm Fließ*, Frankfurt am Main: S. Fischer 1975, S. 326 f. Über das »Ich liebe dich« als Ein-Wort-Satz vgl. auch *Fragmente einer Sprache der Liebe*, a. a. O., S. 137.]

526 Moustapha Safouan, *Études sur l'Œdipe. Introduction à une théorie du sujet*, Paris: Seuil 1974.

527 Lat. *interpretandum*, das Deutungsbedürftige [das »Deutungsmaterial« im psychoanalytischen Sinne].

Sitzung vom 30. März 1977

Der Charlus-Diskurs (Fortsetzung)

3. Die Instanz der Anrede

Das Spiel der Plätze zwischen dem anderen und mir: Gegenstand der psychoanalytischen Forschung. Wie jedoch könnte man dieser Forschung eine semiotische Version (oder einen semiotischen Aspekt) verschaffen? Wie ließe sich ein szenischer Diskurs analysieren? Wie wären die Plätze, nach dem Grad ihrer Nachbarschaft abgestuft, zu klassifizieren, wie wären die Äußerungs-, die Gesprächspositionen zu bestimmen? Gegenstand einer neuen Sprachwissenschaft (oder Semiologie), die sich noch selber finden muß. Oder auch: da die Plätze im Diskurs beweglich sind (Moiré) = Taktik. »Takteme« kenntlich machen, Manifeste, Platzanweiser. Einen Platz aufweisen heißt in der Pragmatik (≠ strukturale Analyse im strengen Sinne): einen anderen von diesem Platz verdrängen: Jeder Aufweis wird hier transitiviert.

Ich werde mich nicht darauf einlassen, eine Liste oder Klassifikation dieser »Takteme« vorzuschlagen. Nur, als erster Schritt, eine grobe Unterscheidung: *a)* Diskurs mit vernünftiger, kalkulierter Taktik; politische Manipulation des anderen; das wäre das eigentliche Feld der alten Rhetorik (überreden, den anderen zu einem anderen Urteil, zu einer anderen Entscheidung veranlassen) (*Andromache* III, 4); ≠ *b)* wilder Diskurs, gegliedert durch eine Folge von Explosionen; Diskurs ohne Taktik, doch nicht wirkungslos: der Charlus-Diskurs. (Vorläufige, angreifbare Unterscheidung: Vielleicht ist jeder Diskurs taktisch; siehe unten).

a) Andromache

Andromaches Diskurs verfolgt ein Ziel: Hermione möge bei Pyrrhus vorstellig werden, ihren Sohn zu retten.[528] Ihre ganze

528 [Nach dem Sieg über Troia fällt Andromache, die Witwe Hektors, als Kriegsbeute an Pyrrhus, den Sohn des Achilles. Sie lebt mit ihrem Sohn

Taktik besteht darin: narzißtische Wunden zu vermeiden, Einfühlung, ein Gefühl der Solidarität herzustellen (sehr geläufige Situation: etwas bei jemandem erwirken müssen, ohne ihn zu verletzen, gar ihm schmeicheln, ohne ihn zu verletzen; lauernde Gefahr eines peinlichen Mißgriffs; im übrigen wäre zu studieren: die Peinlichkeit als analysierbarer Diskursunfall).

Diskurs der Andromache:

- Ganz und gar auf Anrede gegründet (Hermione). Ein Fall, in dem das Allokutorische unbedingtes Ziel ist. Keinerlei Abschweifung, kein Streuverlust: nichts von sich ausdrükken, nur an das denken, was den anderen erreichen soll: eine Art selbstaufopfernder, reiner Anrede.
- Andromache teilt Hermione strikt in verschiedene Rollen auf und paßt, nachdem sie einmal festgelegt sind, ihren eigenen Platz »wie ein umgekehrter Handschuh« diesen Rollen an. Dieser »umgekehrte Handschuh« ist ein hochkontrollierter Diskurs der Nichtaggression. Ein wahrhaft taktischer Diskurs, der von vornherein allen erwartbaren Reibungspunkten ausweicht, also sämtlichen unausgesprochenen Diskursen Hermiones im voraus antwortet und auf ihre diskursiven Positionen eingeht:

Die Rivalin	Anerkennung ihres Sieges
Die Triumphierende	Selbstdemütigung
Die Feindin	Friedensangebot
Die Bedrohte	Versprechen, auf eine öde Insel zu gehen
Die Mutter	Komplizenschaft

Astyanax als Sklavin an Pyrrhus' Hof und steht in eifersüchtiger Rivalität mit Hermione, dessen Braut. Da die Griechen die männliche Linie des troischen Herrschergeschlechts vernichten wollen, wird Orest an den Hof des Pyrrhus geschickt, um Andromaches Sohn zu entführen. Dort erwacht Orests frühere Liebe zu Hermione wieder. – In der vierten Szene des dritten Akts bittet Andromache ihre Nebenbuhlerin darum, bei Pyrrhus zu erwirken, daß dieser ihren Sohn vor Orest schützen, also Orest töten möge.]

Nur die zweite Spalte ist »diskursiviert« = in die Form von Aussagen gebracht (doch nur zusammen mit der ersten = Äußerung).

Ein zweifelhaftes (riskantes) »Taktem«: die Erinnerung an Dankesschuld, der Appell an Dankbarkeit, an Gegenleistung (niemals den anderen nötigen, sich erkenntlich zu zeigen).[529]

Antwort Hermiones: läßt sich auf keine dieser Rollen ein und übernimmt nur eine: die der Rivalin in der Position der Stärke. In gewissem Sinne ist sie es, die den Diskurs führt: Ihr Diskurs ist nicht taktisch, sondern expressiv, angespannt, bejaht eine Kraft.

Die »Takteme« Andromaches verfügen über sehr empfindliche grammatische und stilistische Instrumente, mit deren fein differenzierten Klangfarben sie virtuos umzugehen versteht: die Pronomen, die auf die Partner Bezug nehmen und einer Umschrift [*réécriture*] der Situation dienen:

- »Ich« → »Hektors Witwe« (vgl. »mein Hektor«). Betont das eheliche Verhältnis, nimmt Andromache aus dem Spiel (aus der Sprecherposition).
- »Unser«, »wir« → mütterliche Komplizenschaft.
- »Man« (»und man auch ihn uns rauben will«, »was fürchtet man ein Kind«): euphemisiert Pyrrhus und Agamemnon, blendet ihre üble Rolle aus.

Dagegen Hermione, brutal, schonungslos: »ich / Ihr« (»Begreifen kann ich Euren Schmerz, doch [...]«).

Über[530] das »ich« / »man« oder vielmehr »ich« → »man« (die Umschrift ins Man). Berühmtes und einfaches Beispiel: die Artikel Brichots während des Krieges (*Auf der Suche nach der verlorenen Zeit*, S. 3827-3830).[531]

529 [Andromache erinnert Hermione daran, daß sie sich einst bei ihrem Mann Hektor für Helena, Hermiones Mutter, verwandt hatte, als sich die öffentliche Meinung in Troia während des langen Krieges gegen Helena, den Kriegsgrund, zu richten begann.]

530 Die folgenden Passagen sind im Manuskript gestrichen.

531 [Professor Brichot, Mitglied von Madame Verdurins »kleinem Kreis«, wird bei dieser zum Gespött, als er 1914 beginnt, prätentiöse Zeitungsartikel über den Krieg zu schreiben. Einmal wirft sie ihm vor, er verwende zu häufig das Wort »ich«. »Von diesem Augenblick an ersetzte Brichot ›ich‹ durch ›man‹; dieses ›man‹ hinderte freilich den Leser nicht daran, zu erkennen, daß der Verfasser von sich selber sprach, erlaubte diesem aber, nunmehr unablässig von sich zu reden [...].« Proust, *Auf der Suche nach der verlorenen Zeit*, a. a. O., S. 3829 *(Die wiedergefundene Zeit)*.]

Die Umschrift des »ich« ins »man«: mögliche Eröffnung einer Stilistik der Schreiberei, die sehr notwendig wäre (sofern man den Vorschlag einer Unterscheidung zwischen Schreiben und Schreiberei billigt[532]). Schreiberei, wissenschaftliche: Der Text schreibt sich unter dem einschüchternden Blick Madame Verdurins.

Auf diffuse, abgestufte Weise wird das Problem »ich« / »du« (denn zu jedem Diskurs gehört der Gedanke an eine Antwort, wenn er sie nicht gar strategisch einkalkuliert; vgl. unten) über mehrere Ersetzungsschritte hinweg in unpersönliche, abwesende Formen umgeschrieben. Es ist das Problem der Äußerung überhaupt. Der Vorteil, es vorläufig auf die Umschrift des »ich« → »man« zu begrenzen, liegt darin, daß das riesige logische, psychoanalytische, pragmatische Dossier (Platz des Subjekts in der Äußerung, zwischem dem Anderen und dem anderen[533]) an dieser Stelle der Semiologie einen schmalen Zugang bietet. In der Tat ist die Umschrift des »ich« ins »man« letztlich eine Frage des Stils. Der »Stil« (ein tief gesunkener Begriff, ebenso wie der der Stilistik, die sich in Luft aufgelöst hat) würde sich schon bei der geringsten Drehung des Diskurses zeigen, die »ich« in »man« verwandelt (und die übrigens keine syntaktische sein muß, sondern auch eine lexikalische sein kann): Andromache, Streikparolen. Von dort aus würde eine neue Auffassung der Denotation absehbar (vgl. Anfang von *S/Z*[534]). Keineswegs ein reines, neutrales, von der Aussage abstrahiertes, von ihren stilistischen Ausschmückungen hypothetisch abgelöstes Residuum (der propositionale Gehalt an sich), sondern im Gegenteil: Ordnung und Feld des »ich«, der in »ich« umgeschriebene Text. »Ich«

532 Zu dieser Unterscheidung siehe Roland Barthes, »Schriftsteller und Schreiber«, in: ders., *Literatur oder Geschichte*, übersetzt von Helmut Scheffel, Frankfurt am Main: Suhrkamp 1969, S. 44-53. Der Schreiber benutzt die Sprache als Instrument; dem Schriftsteller wird die Sprache zum Selbstzweck. [Zur Wiedergabe von *écrivain / écrivant* und *écriture / écrivance* im Deutschen vgl. die Anmerkung des Übersetzers Helmut Scheffel, ebd., S. 45 f.]

533 Barthes hat bei der Verwendung dieser Opposition Lacan im Sinn: Der Andere verweist auf die Kultur, die andere auf einen jeweiligen Gesprächspartner.

534 Vgl. »III. Gegen die Konnotation«, »IV. Für die Konnotation, trotz allem«, in: *S/Z*, a. a. O., S. 8-14.

ist nicht der spontane, expressive Urzustand des Textes (so etwas gibt es nicht), sondern sein Amalgam und insofern mit dem Text unablösbar verklebt (verschmolzen): Kraft des Begehrens + Kraft des Verkennens (»ich«: Pronomen der Verkennung ≠ »man«: Pronomen der Lüge, des Sandes in den Augen, der taktischen Schaustellung).[535]

b) Charlus-Diskurs

Dieser Diskurs ist nicht Sache einer bloßen Taktik (eines direkten Kalküls). Dunkle, rätselhafte, vielleicht vom Subjekt selbst gar nicht gewählte Taktik (vgl. unten über »Ausdruck«, »Explosion«). Allerdings, dessen bin ich mir sicher: Taktik = den Erzähler zu erreichen, zu fassen. Im übrigen, gibt es einen einzigen Diskurs ohne Taktik? Jeder Diskurs: unausgesprochene oder unbewußte Vorstellung, den anderen (die anderen) als ein Zielobjekt anzuvisieren, das man sich aneignen, auf das man Einfluß nehmen kann. Demnach gäbe es keinen Diskurs ohne Hoffnung: Sprechen heißt hoffen. Wenn Taktik ausbleibt = Schweigen, Sturz des Sprechens ins Nutzlose (Schizophrenien? Autismen?).

Charlus' Taktik: läßt sich nicht wie die der Andromache analysieren: *a)* möglicherweise unbewußt, *b)* folgt verdrehten = sonderbar krummen, verleugnenden, verkehrten Bahnen. Begehren, das sich als Aggression äußert. Auch keine direkten, einfachen Auslöser, sondern unerwartete Wendungen des Diskurses. Affektausbrüche, die eine Wendung des Diskurses bewirken: »Inflexeme«:

1. Zurückweisung der Verantwortlichkeit: »Das ist Ihre Angelegenheit.« »Das ist sein Problem«: häufige Form von Aggression. Sprechakt der Trennung, der Nichtkommunikation: Man läßt den anderen allein und sagt es ihm = »Isolem«.

2. Man kokettiert mit einer Behauptung und erhofft einen Einwand dagegen (um daraus narzißtischen Gewinn zu ziehen). Sehr häufig: »Ich werde alt« → »Aber nicht doch!« usw. Hier: »[...] da wir uns nun einmal für immer verlassen müssen« → »Aber nein, wir sollten uns wiedersehen.« (Die Behauptung mag durchaus aufrichtig geäußert werden; in

535 Hier endet die Streichung im Manuskript.

diesem Falle wird sie zum Selbstauslöser: von Trauer. Doch sie wird auch und zugleich taktisch geäußert, mit einem unendlich kleinen Körnchen von Hoffnung.)

3. Anklagen: »Ihre verleumderischen Erfindungen«. Beleidigungen: »der ihren Wert [sc. den Wert der Worte] nicht kennt«, »in einem äußerst gönnerhaften Sinne« → verlangen Verneinungen, Erklärungen, nötigen den anderen zu Passivität oder zum Gegenangriff.

4. Man umkreist zärtlich mit sprachlichem Raffinement die Beschreibung der Beziehung: »zurückgehaltener Wunsch, sich zu erklären« [*déclarationisme*]. Man variiert, man verfeinert die Deckwörter. Charlus tut es hier auf aggressive Weise, doch die Lust an der leichten Berührung bleibt: »Sympathie«, »Wohlwollen«, Worte, in denen sich das Begehren verborgen ausspricht (*larvatus prodeo*[536]).

5. Man transponiert den gespannten Diskurs in einen Metadiskurs: »die Unterhaltung [...] wird hinter unsere Beziehungen ein für allemal einen Schlußpunkt setzen«: »Meteme«. Subtile – oder versetzte – Form des zurückgehaltenen Wunsches, sich zu erklären: das Umkreisen des Umkreisens, das Bewußtsein des Umkreisens als Umkreisen. Bewußtsein der primären Lust als sekundäre Lust.

Das ist nur eine intuitive Skizze einer Klassifikation. Sie gestattet mir jedoch anhand der Beobachtung dieses Diskurses einige allgemeine Bemerkungen:

- Es gibt also eine allgemeine Form, einen Typus diskursiver Aggressionen: den anderen in seine Verantwortung, in die Einsamkeit seiner Verantwortung zurückstoßen. Bruch mit der Anlehnungsbeziehung[537], mit der infantilen Unverantwortlichkeit: das Kind zum Verzicht auf die Mutter zwingen. Charlus will den anderen zwingen, die Verantwortung für den Bruch zu übernehmen: 1. »Ihr Fehler ist es«; 2. »das ist Ihre Angelegenheit«; 3. »Ich finde nur, Sie hätten [...]«.

536 Lat. *larvatus prodeo*, »auf meine Maske weisend schreite ich voran«. Vgl. René Descartes, »Cogitationes privatae«, in: ders., *Œuvres*, hg. von Charles Adam und Paul Tannery, Paris 1897, Bd. 10, S. 213. Barthes benutzt diese Formel mehrfach; vgl. *Am Nullpunkt der Literatur*, a. a. O., S. 49; *Fragmente einer Sprache der Liebe*, a. a. O., S. 228; ...

537 Siehe oben, Anm. 270.

- Die Ablehnung der Verantwortung funktioniert als Kommunikationsabbruch. Freilich stellt dieser selbst eine Kommunikation dar, insofern all diese »Inflexeme« des Bruchs Bitten, Appelle um Antwort darstellen. Charlus versetzt den anderen in die Position, antworten zu müssen – selbst wenn er ihm dafür nicht die Zeit läßt. Der ganze Anredediskurs wäre also ein Zwang zu antworten. Diskurs = diejenige Performanz des Sprechens, in der es Antwort gibt. → Methodisch (struktural) wird man den Diskurs ohne Rücksicht auf implizite Antworteinheiten gewiß nicht semiotisch analysieren können. Die Antwort = obligatorische Rubrik des Diskurses.

Man beachte: Theorie des *double bind*, des doppelten Zwangs[538] (ich erhalte gleichzeitig zwei zwingende Befehle, die einander strikt widersprechen) → Situation, in der Psychose entsteht (»The effort to drive the other person crazy«, Searles[539]). In dieser Position ist Charlus: Antworten Sie / antworten Sie nicht. Das ist nun aber die Sprache jeglicher Polizeigewalt = haargenau, Polizist stellt fest: »Sie sind dafür verantwortlich.« → »Ja, aber ...« → »Kein Ja, aber!« An dieser Stelle der Kette hat der Verhörte nur die Wahl zwischen Revolte (Tätlichkeiten gegenüber dem Beamten) oder Passivität, Feigheit. Er muß sich entscheiden, entweder seine Person zu beschädigen (durch das physische Risiko) oder sein Bild. Man beachte, daß der Erzähler – der während der gesamten Dauer der *Suche nach der verlorenen Zeit* sich aus dem Spiel hält, aller Reaktionen enthält – an dieser Stelle zum *acting-out* getrieben wird (dem einzigen während des ganzen Buches): Er zertrampelt einen Zylinder. Er antwortet Charlus, tritt in die Kommunikation ein – was auf Charlus beruhigend wirkt.

538 Siehe oben, S. 164.

539 Harold F. Searles, »Das Bestreben, die andere Person zum Wahnsinn zu treiben«, in: ders., *Psychoanalytische Beiträge zur Schizophrenieforschung*, übersetzt von Edwin Ortmann, München: Kindler 1974. Bereits zitiert in den *Fragmenten einer Sprache der Liebe*, a.a.O., S. 275 [und wieder in *Das Neutrum*, a.a.O., S. 186 f.].

Man[540] ahnt, daß unsere gesamte Analyse sich von dem Gedanken leiten läßt, bei einem Diskurs (dem »Charlus-Diskurs«) handele es sich nicht so sehr um ein Tableau von Einheiten, die irgendwelchen (semiologischen, klassischen, taxinomischen) Distributionsregeln gehorchen, als vielmehr um ein Feld, eine Kräftespiel beweglicher Intensitäten (Idee des Moirés, der Auslöser, der »Takteme«, »Inflexeme«). Aus analytischer Perspektive lassen sich diese Kräfte jedoch nicht direkt fassen. Sie wirken sich über analytische (deskriptive) Relais aus – von denen übrigens keines als falsch oder vielmehr untauglich zu bezeichnen wäre. Es sind gleichsam über Schaltstellen vermittelte Kräftezustände, die man beschreiben kann. Ich sehe drei davon.

a) »Psychologie«

Man kann diesen Diskurs dazu benutzen, Charlus »psychologisch« zu beschreiben. Was der Analyse des Charlus-Diskurses als einer (kinetischen) Verkettung von »Taktemen« (also: was dem Gedanken der Plätze in ihrem Verhältnis zueinander) offenbar entgeht, sind die Momente, in denen in Charlus etwas zu explodieren scheint – in denen er etwas von seinem Wesen (buchstäblich) ausdrückt, das »an sich«, unabhängig von aller Taktik, in ihm bereitliegt (S. 1985): »Glauben Sie, der giftige Speichel von fünfhundert kleinen Kerlen wie Sie, selbst wenn sie sich aufeinander hocken, könne auch nur meine erhabenen Zehen berühren?« Eine »Beleidigung« scheint eine Regung von Hochmut (eine Leidenschaft) in Bewegung zu setzen, die gleichsam aus Charlus' ursprünglichstem Sein explosiv »ausbricht«. Sein Charakter, seine Seele = seine Wahrheit, seine Aufrichtigkeit = auf wundersame und ungewöhnliche Weise aller Taktik enthoben. Stolz: letzter Ankerpunkt.

Jedoch: Diese »Exploseme« liegen nur dann jenseits aller Taktik, wenn man einer »natürlichen« Psychologie folgt, die einräumt, daß in bestimmten authentischen Momenten der andere in Parenthese gesetzt, »eingeklammert« wird. Es gibt

540 Die folgenden Passagen sind im Manuskript gestrichen.

jedoch Psychologien, die jedes »An-sich« der Psyche bestreiten und folglich sämtliche Bestandteile des Diskurses als Elaboration des Sprechers behandeln – als eine Arbeit, die auf den anderen gerichtet ist (Spiel von Bildern, also Taktik). Diese Arbeit kann intentional oder unbewußt ablaufen.

Intentional? Das heißt nicht unbedingt bewußt im üblichen Sinne. Denken wir an Sartre, *Skizze einer Theorie der Emotionen:* »Ohnmacht«, »Wut«[541] (das paßt sehr gut zu Charlus): Fluchtverhalten, Flucht vor dem Unerträglichen. In der Tat intentionalisiert man seine Ohnmacht, seine Wut. Sie dienen zu etwas, sie nehmen einen Platz in der gelenkten Ökonomie des Subjekts ein: Es sind nützliche Verhaltensweisen. Jede Wut ist taktisch.

Unbewußt? Eine Deutung der »Exploseme« von Charlus ist möglich. → Eine andere Ebene der Kräfte wird sichtbar. Éric Marty

b) »Psychoanalyse«

(Im eingeschränkten Sinne einer interpretativen Psychoanalyse: Vulgata.)

Natürlich geht es nicht darum, Charlus zu psychoanalysieren (für Papierwesen ist die Psychoanalyse unzuständig: Es gibt keine Psychoanalyse der Literatur). Es kann sich nur darum handeln, eine zweite Schaltstelle zu postulieren, um an die Kräfte des Diskurses heranzukommen:

- die »Exploseme«, die takt- und taktiklosen Diskursausbrüche, sind kein »An-sich«, keine nicht weiter zurückführbaren Ausdrücke mehr, sondern *interpretanda*, Symptome. Zum Beispiel die Übersendung des Buchs mit dem Vergißmeinnicht: für Charlus eine völlig klare Botschaft (»Vergessen Sie mich nicht!«), gleichwohl für den Erzähler völlig dunkel → »Gab es eine deutlichere Art, Ihnen zu verstehen zu geben …« Eine Art Deutungsüberschuß, der seinerseits gedeutet, das heißt in eine Typologie versetzt werden kann. Der vorangehende Ankerpunkt (»Stolz«) wird verschoben, zurückversetzt und in ein weiteres Ta-

541 Jean-Paul Sartre, *Skizze einer Theorie der Emotionen*, in: ders., *Die Transzendenz des Ego*, übersetzt von Traugott König, Reinbek bei Hamburg: Rowohlt 1982, S. 255-321, hier vor allem S. 279 f. (über die Wut), S. 296 f. (über die Ohnmacht).

bleau eingebettet: in das klinische Tableau, ein komplexes Spiel von Symptomen. Proust selbst nennt die Bestandteile des Charlus-Syndroms (S. 1986): Hochmut, Homosexualität und »eine Beimischung von Wahnsinn« → klassischer Typus: der Paranoiker.

- Natürlich reduziere ich die Psychoanalyse nicht auf ein Deutungssystem, auf eine Hermeneutik, welche die Ankerpunkte der psychologischen Interpretation weiter zurückschiebt (Stolz → Paranoia). Doch es trifft zu, daß der analytische Diskurs – so wie er »desanalytisch« (entwertet) in Alltagsgespräche eingeht – interpretierend verwendet wird. Die Vulgata macht sich (in diesem Diskurs) anheischig, Vorhänge, Verhüllungen, Schleier zu heben. Das Problem (mein Problem) = auf dem unendlichen Theater der Sprache erscheint, wenn sich ein Vorhang hebt, ein Hintergrund, das heißt letztlich: ein weiterer Vorhang. So betrachte ich in der Tat gegenwärtig die Psychoanalyse: Sie ist selbst ein Schirm, der etwas verbirgt (oder halb verbirgt, halb durchscheinen läßt), und dieses Etwas befindet sich möglicherweise davor. Gedanke eines Schirms, der das verbirgt, was vor ihm liegt: Opposition zwischen *onar* (der gewöhnliche Schlaf) und *hypar*: der hellsichtige Traum, die prophetische, niemals für wahr gehaltene Vision (Pythia).[542] Vgl. *Fragmente einer Sprache der Liebe*, S. 244 f.
- Das ist nicht alles. Ich betrachte die Psychoanalyse als eine Sichtblende; aber auf ihrem Schirm können sich Dinge abzeichnen und zeichnen sich Dinge ab – ausgesprochen schöne –, auf die ich heute, in meiner Epoche, höchst angewiesen bin: eine Fiktion, aus der ich Nutzen ziehe, ein großer bemalter Schleier: der Schleier der *maya*[543], voller Namen, Formen, Typen.

542 [Auf diese Opposition wird Barthes in der Vorlesung des folgenden Jahres zurückkommen; vgl. *Das Neutrum*, a. a. O., S. 83.]

543 Die *maya* bezeichnet das Ganze der Erscheinungen. Für den Buddhismus erweist der Schleier der *maya* die Welt als Illusion; für den Brahmanismus hingegen bringt er das Wesen der Welt zur Erscheinung.

Der »große hellsichtige Traum« (*hypar*): Abschaffung der Opposition verborgen / offen.[544] Diskurskräfte nicht unbedingt typologisch erfaßt (Staffelung von Räumen je nach ihrer Tiefe und Bewegung), sondern nach einer Intensität:

1. Der Begriff eines Überschusses oder einer Armut (Knappheit) – nach dem Muster des Zen – wird relevant (diskursive Zustandsweisen, Merkmale). Zum Beispiel schätzt der Erzähler Charlus gerade wegen seiner Maßlosigkeit. An der Mutter hingegen liebt er ihre Diskretion (*discretio*: eine gewisse Kraft der Distanz, der Diskontinuität).

2. Relevanz des Begriffs Moiré, des subtilen Schillerns unterschiedlicher Intensitäten. Unter den Künsten gibt es eine, der die Aufgabe zugewiesen ist, dieses Moiré von Intensität zu pflegen: die Musik. *a)* Die Musik ist symbolisierend, doch nicht symbolisierbar. Sie läßt sich also nicht interpretieren, indem man einen hermeneutischen Raum aufspannt (es gibt keine Semiologie der Musik). *b)* Musik bei Proust: grundlegend. Nicht auf der Diskursebene »kleines-Thema-von-Vinteuil« (Philosophie der Erinnerung), sondern auf der Ebene der Musikalität der Sprache, der Sprache als Musik. Leidenschaftliche, beharrliche Aufmerksamkeit Prousts für Stimmen: die der Mutter beim Vorlesen von *François le Champi*.[545] Beschreibung der Stimmen in ihrer Beweglichkeit: Feinheit und Schärfe der Stimmhöhen und -tiefen. Gerade Charlus: Charlus' Kraftzentrum, der Ort seiner Identität, ist seine Stimme. → Gegenstand einer Semiotik der Kräfte, einer aktiven[546] Philologie des Diskurses, wäre die Deklamation, die *pronunciatio*. Ein Beispiel (unter anderen) S. 1983: »Er lächelte verachtungsvoll, ließ seine Stimme bis zu den höchsten Registern anschwellen und sagte dann ganz sanftmütig in der schrillsten und unverschämtesten Tonlage: [...].« Alles scheint hier durch ein melodisches Differential der Intensitäten überhöht – oder vernichtet.

Éric Marty

544 Hier endet die Streichung im Manuskript.

545 Proust, *Auf der Suche nach der verlorenen Zeit*, a. a. O., S. 60 f. (*In Swanns Welt*, »Combray«).

546 Vgl. S. 59 f., 178.

Um mich zu verabschieden und um mich zu verabreden

Wenngleich ich eigentlich wenig über den »Charlus-Diskurs« gesprochen habe, war es für mich notwendig – und bedeutsam –, mich, sei's auch nur geringfügig, auf einen Text zu stützen (kein Sprechen ohne einen zugrundeliegenden Text: Mönche, Tao). Denn ein Text – dieser Text, dieser Diskurs, insofern er ins Fiktionale eingeschrieben ist – besitzt die drei Dimensionen eines methodischen Textes (die meinige, die in die Vergangenheit und die in die Zukunft weisende).

Flächengeometrie

1. Die strukturale Analyse des klassischen Typs: Beschreibung, Anatomie des Diskurses als Ding; der einem kartographischen Verfahren gemäß beschriebene Diskurs. Der Diskurs (von Charlus) (ich habe es nicht getan, aber ich hätte es tun können): ausgebreitet wie eine Landkarte auf einem Tisch, so daß die Regionen, die Grenzen und die Eigenschaften lesbar werden. → Tabellarische oder planimetrische Analyse.[547]

2. Sobald – in der Analyse – die Äußerung beachtet wird, ist die Analyse nicht mehr planimetrisch, tabellarisch. Äußerung: Berücksichtigung der Plätze der Subjekte im Diskurs, gleichviel, ob es sich um fiktionale Subjekte handelt (wie Charlus und der angesprochene Erzähler) oder (und zugleich) um die Subjekte der Lektüre. Dieser neuen, topologischen oder perspektivischen Analyse geht es darum, die in dem Diskurs behandelten Standpunkte in eine (komplexe) Perspektive zu rücken. Diese Orientierung, die von den Referenten in diesem Jahr ausgiebig genutzt wurde, zielt auf eine Semiologie der Diskursplätze (der Plätze im Diskurs).

3. Dieser angekündigten, geforderten und in Grundzügen schon entworfenen Semiologie könnte man eine weitere, supplementäre Wendung geben (sie versucht diese Wendung zu nehmen, auch wenn sie vielleicht am Ende scheitert): die Vision von Kräften, Intensitäten, Überdehnungen und Schrumpfungen, vom Erglühen und Erbleichen derer, die sprechen,

547 Barthes fügt diesen Notizen zwei schwer leserliche Skizzen bei. Angeregt von Yve-Alain Bois' Dissertation (siehe oben, S. 152 und S. 189), sollen sie die »östliche Perspektive« und die »westliche Perspektive« veranschaulichen.

hören, schreiben. Ein solcher Ansatz folgte nicht mehr unmittelbar der Linguistik als Vorbild, sondern eher der Musik. → Komplexe Abfolge der Ebenen (1), der Schnitte (2) und der Erhöhungen (3). Eine Art Axonometrie des Textes, chinesische Perspektive (da die ersten geregelten Anwendungen der Axonometrie aus China zu uns gekommen sind), aber auch moderne Architektur und Malerei: einen beweglichen und erhöhten Standpunkt wählen; Blick mit Spazierwegen und Promenaden; Distanzen und Rollen der verbotenen Bereiche nach Ermessen bestimmen: Reihenfolge der Lektüre ohne Gewalt usw. Natürlich: ein vertrauliches Dossier.

Zweifellos liegt der epistemologische Einschnitt (wenn man den Maßstab des letzten semiologischen Jahrzehnts anlegt) zwischen (1) und (2 + 3). Was nun zu leisten wäre, liegt in der Dialektik zwischen 2 und 3. Das wäre die Verabredung für die künftige Arbeit (nicht im Rahmen eines Seminars, sondern einer Vielzahl von Forschungen, zu denen das diesjährige Seminar kollektiv einige Beiträge geliefert hat). Wir können diese Arbeit unter das Zeichen der Pragmatik stellen, der Linguistik der Sprecherpositionen, von der Récanati unter Rekurs auf Begriffe und Überlegungen englischer Autoren gesprochen hat. Vielleicht jedoch auch (das käme meiner Neigung entgegen) unter das Zeichen der von Nietzsche geforderten neuen oder aktiven Philologie: einer Philologie des *Wer* und nicht des *Was*.[548]

548 Siehe S. 59f., 178, 261.

Resümee von Roland Barthes für das Jahrbuch des Collège de France

Literatursemiologie
Prof. Roland Barthes

Vorlesung: Wie zusammen leben. Simulationen einiger alltäglicher Räume im Roman

In der Vorlesung zum Antritt dieses Lehrstuhls war die Behauptung aufgestellt worden, es sei möglich, die Forschung mit dem Imaginären des Forschers zu verbinden. In diesem Jahr bestand der Wunsch, ein eigentümliches Imaginäres zu untersuchen: das »Zusammenleben« nicht in all seinen Formen (Gesellschaften, Phalanstères, Familien, Paare), sondern vornehmlich das »Zusammenleben« in kleinen Gruppen, in denen das Miteinander die individuelle Freiheit nicht ausschließt. Angeregt von bestimmten religiösen Vorbildern, insbesondere den auf Athos praktizierten Modellen, wurde dieses Imaginäre als Phantasma der Idiorrhythmie bezeichnet. Ein beträchtlicher Teil des Materials, das der Vorlesung zugrunde lag, entstammte daher dem orientalischen Mönchtum; das eigentliche Textkorpus blieb jedoch ein literarisches. Dieses Korpus umfaßte (in zweifellos willkürlicher Zusammenstellung) einige dokumentarische Werke und Romane, in denen das Alltagsleben des Subjekts oder der Gruppe an einen typischen Raum gebunden ist: das einsame Zimmer (A. Gide, *Die Eingeschlossene von Poitiers*); die Höhle (D. Defoe, *Robinson Crusoe*); die Wüste (Palladius, *Historia lausiaca*); das Grandhotel (Th. Mann, *Der Zauberberg*); das bürgerliche Mietshaus (É. Zola, *Ein feines Haus*).

Die verwendete Methode war zugleich selektiv und digressiv. Gemäß den Prinzipien der semiologischen Arbeit wurde versucht, aus der Masse der Arten und Gewohnheiten, Themen und Werte des »Zusammenlebens« pertinente und damit diskontinuierliche Merkmalszüge herauszulösen, die sich jeweils unter ein Bezugswort stellen ließen. Dieses Wort (oder dieser Merkmalstitel) wiederum wurde als Gesamtheit einer »Figur« betrachtet, von der aus jeweils einige Exkurse unternommen werden konnten, die sich aus historischem, ethnologischem oder soziologischem Wissen speisten. Die Untersuchung bestand also darin, »Dossiers anzulegen«, die nach Belieben zu füllen den Hörern überlassen blieb, während die Rolle des Professors grundsätzlich darin bestand, bestimmte thematische Verknüpfungen anzubieten. Diese Themen (Merkmale, Figuren) wurden in der alphabetischen Reihenfolge der Bezugswörter vorgetragen, um auf diese Weise das »Zusammenleben« nicht auf einen vorgefaßten, umfassenden Sinn hinzulenken, aber auch, um der Nötigung zu einer »Deutung« des idiorrhythmischen Phantasmas zu entkommen. So wurden annähernd dreißig Figuren aufgestellt und bearbeitet (Tiere, Autarkie, Oberer, Schließung, Kolonie, Paarbildung, Distanz, Hören, Ereignisse, Nahrung, Regel usw.). Es erwies sich als unmöglich, diese Themen zum Schluß in einer allgemeinen Synthese zusammenzufassen. Statt dessen wurden die Wechselfälle des idiorrhythmischen »Zusammenlebens« dem Bild einer Utopie gegenübergestellt, das auf einer optimalen Zahl von Gruppenmitgliedern (höchstens ein Dutzend) und der notwendigen »kritischen Distanz« beharrt, welche die Beziehungen der Beteiligten regelt. So mußte die Vorlesung auf das Problem einer Ethik des sozialen Lebens stoßen, das in anderer Form in der Vorlesung des kommenden Jahres wiederaufgenommen werden soll.

Seminar: Was heißt: »einen Diskurs führen«? Untersuchung über das besetzte Sprechen

Die menschliche Sprache, so wie sie im »Diskurs« aktualisiert wird, ist das beständige Schauspiel eines Kräftemessens zwischen sozial und affektiv aufeinander bezogenen Partnern. Dieser Funktion der *Einschüchterung* durch die Sprache sollte die Untersuchung gelten. Der Professor eröffnete das Seminar mit einer Explikation des idiomatischen Ausdrucks »einen Diskurs führen« anhand der sprachlichen Gegebenheiten. Dieser Ausdruck beinhaltet bereits die Ausübung von Kräften, Intensitäten, Kontinuitäten, die auf Operationen der Unterwerfung durch das Sprechen hinauslaufen. Anschließend stellten die eingeladenen Referenten das Problem, jeder auf seine Weise, entsprechend den Gegebenheiten ihrer Spezialgebiete dar: Logik der Sprache (François Flahaut: »Diskurs und Insignie« sowie »Das Verhältnis zur Vollständigkeit«: François Récanati: »Gehaltener, haltbarer, unhaltbarer Diskurs«), Literatur (Lucette Mouline: »Der Proustsche Satz«), Psychoanalyse (Jacques-Alain Miller: »Diskurs des einen, Diskurs des anderen«), Diskurssemiologie (Antoine Compagnon: »Der Enthusiasmus«; Louis Marin: »Die Begegnung von Rabe und Fuchs«; Cosette Martel: »Die gesprochene Frau«). Zum Abschluß trug der Professor eine Analyse der Kräfte vor, die in dem Diskurs wirksam sind, den Charlus mit dem Erzähler (Proust, *Auf der Suche nach der verlorenen Zeit*, a. a. O., S. 1979-1995) führt, sowie in jenem, den Andromache an Hermione richtet (Racine, *Andromache*, III, 4).

Bibliographie

Auf seinen Karteikarten zur Vorbereitung der Vorlesung hatte Barthes eine »Liste der gelesenen Bücher« erstellt. Diese Bücher sind hier mit einem Sternchen gekennzeichnet.

Aischylos, *Die Schutzflehenden*, in: ders., *Sämtliche Tragödien*, übersetzt von Johann Gustav Droysen, München: dtv 1977.

*Amand, Dom David, *L'Ascèse monastique de Saint Basile. Essai historique*, Maredsous: Éd. de Maredsous 1948.

Armand, Félix, und René Maublanc, *Fourier*, 3 Bde., ausgewählte Texte, Vorwort, Kommentar und Nachwort, Paris: Éditions Sociales 1937.

Bachelard, Gaston, *Die Bildung des wissenschaftlichen Geistes*, übersetzt von Michael Bischoff, Frankfurt am Main: Suhrkamp 1978.

Baldwin, Charles S., *Ancient Rhetoric and Poetic: Interpreted from Representative Words*, Westport, Conn.: Greenwood Press 1971.

Baltrusaitis, Jurgis, *Das phantastische Mittelalter*, übersetzt von Peter Hahlbrock, Frankfurt am Main/Berlin/Wien: Propyläen 1985.

–, *Reveils et prodigues*, Paris: Flammarion 1988.

Balzac, Honoré de, *Madame de la Chanterie* [= *Die menschliche Komödie. Szenen aus dem Pariser Leben. Die Kehrseite der Zeitgeschichte*. Erster Teil], hg. und übersetzt von Ernst Sander, München: Goldmann 1967.

*Bareau, André, *La Vie et l'organisation des communautés bouddhiques modernes de Ceylan*, Pondichéry: Éd. de l'Institut français d'indologie 1957.

Barthes, Roland, *Œuvres complètes*, hg. und eingeleitet von Éric Marty, Bd. I: *1942-1965*, Bd. II: *1966-1973*, Bd. III: *1974-1980*, Paris: Seuil 1993-1995 [hier zitiert als OC_1].

–, *Œuvres complètes*, neue, durchgesehene und berichtigte Ausgabe, hg. von Éric Marty, Bd. I: *1942-1961*; Bd. II: *1962-1967*; Bd. III: *1968-1971*; Bd. IV: *1972-1976*; Bd. V: *1977-1980*, Paris: Seuil 2002 [hier zitiert als OC_2].

–, *Literatur oder Geschichte*, übersetzt von Helmut Scheffel, Frankfurt am Main: Suhrkamp 1969.

–, *Sade Fourier Loyola*, übersetzt von Maren Sell und Jürgen Hoch, Frankfurt am Main: Suhrkamp 1974.

–, *Die Lust am Text*, übersetzt von Traugott König, Frankfurt am Main: Suhrkamp 1974.

–, *S/Z*, übersetzt von Jürgen Hoch, Frankfurt am Main: Suhrkamp 1976.
–, *Über mich selbst*, übersetzt von Jürgen Hoch, München: Matthes & Seitz 1978.
–, *Elemente der Semiologie*, übersetzt von Eva Moldenhauer, Frankfurt am Main: Syndikat 1979.
–, *Leçon/Lektion*. Antrittsvorlesung am Collège de France, übersetzt von Helmut Scheffel, Frankfurt am Main: Suhrkamp 1980.
–, *Das Reich der Zeichen*, übersetzt von Michael Bischoff, Frankfurt am Main: Suhrkamp 1981.
–, *Am Nullpunkt der Literatur*, übersetzt von Helmut Scheffel, Frankfurt am Main: Suhrkamp 1982.
–, *Fragmente einer Sprache der Liebe*, übersetzt von Hans-Horst Henschen, Frankfurt am Main: Suhrkamp 1984.
–, *Die Sprache der Mode*, übersetzt von Horst Brühmann, Frankfurt am Main: Suhrkamp 1985.
–, *Das semiologische Abenteuer*, übersetzt von Dieter Hornig, Frankfurt am Main: Suhrkamp 1988.
–, *Das Neutrum*. Vorlesung am Collège de France 1977-1978, hg. von Éric Marty, übersetzt von Horst Brühmann, Frankfurt am Main: Suhrkamp 2005.
–, *Das Rauschen der Sprache*. Kritische Essays IV, übersetzt von Dieter Hornig, Frankfurt am Main: Suhrkamp 2006.
Basilius von Caesarea, *Die Mönchsregeln*, übersetzt von Karl Suso Frank, Erzabtei St. Ottilien: Eos-Verlag 1981.
Benedikt von Nursia, »Die Regel des Hl. Benedikt«, *www.klosterettal.de/regel/*.
Benveniste, Émile, *Vocabulaire des institutions indo-européennes*, Bd. 1: *Économie, parenté, société*, Bd. 2: *Pouvoir, droit, religion*, Paris: Minuit 1969.
–, »Die Natur des Pronomens«, in: ders., *Probleme der allgemeinen Sprachwissenschaft*, übersetzt von Wilhelm Bolle, München: List 1974, S. 279-286.
–, »Der Begriff des ›Rhythmus‹ und sein sprachlicher Ausdruck«, a. a. O., S. 363-374.
Bettelheim, Bruno, *Die Geburt des Selbst*, übersetzt von Edwin Ortmann, München: Kindler 1977.
*Bion, Wilfred R., *Erfahrungen in Gruppen und andere Schriften*, übersetzt von H. O. Rieble, Stuttgart: Ernst Klett 1971.
Bled, Victor du, *La Société française du XV*e *au XX*e *siècle*, Didier 1900.
Boucourechliev, André, *Beethoven*, Paris: Seuil 1963.
Brecht, Bertolt, *Der Neinsager*, in: ders., *Gesammelte Werke in zwanzig Bänden*, Bd. 2, Frankfurt am Main: Suhrkamp 1967, S. 623-630.

–, *Die Ausnahme und die Regel*, in: ders., *Gesammelte Werke in zwanzig Bänden*, Bd. 2, a. a. O., S. 791-822.
–, *Leben des Galilei*, in: ders., *Gesammelte Werke in zwanzig Bänden*, a. a. O., Bd. 3, S. 1229-1345.
Brillat-Savarin [Jean Anthelme], *Physiologie des Geschmacks oder Betrachtungen über höhere Gastronomie*. Den Pariser Feinschmekkern gewidmet von einem Professor. Nach Carl Vogts Übersetzung in 6. Auflage neu herausgegeben von Alexander von Gleichen-Rußwurm, Braunschweig: Friedr. Vieweg & Sohn 1913.
Brown, Norman O., *Zukunft im Zeichen des Eros*, übersetzt von Melitta Wiedemann, Pfullingen: Neske 1962.
Casals, Pablo, *Conversations avec Pablo Casals*, Paris: Alban Michel 1955 und 1992.
[Cassianus] Cassien, *Institutions cénobitiques*, hg. und übersetzt von Jean-Claude Guy, Paris: Éd. du Cerf 1965.
–, Johannes Kassian, »Das gemeinsame Leben im Kloster« [*Institutiones*, Bücher I-IV], in: *Frühes Mönchtum im Abendland*, eingeleitet, übersetzt und erklärt von Karl Suso Frank, Bd. 1: *Lebensformen*, Zürich/München: Artemis 1975, S. 114-193.
[Čechov] Tchekhov, Anton, Brief vom 1. November 1889 an A. S. Lazarev-Gruzinski, in: ders., *Œuvres*, Bd. 20: *Correspondances (1877-1904)*, Paris: Les éditeurs français réunis 1967.
Chombart de Lauwe, Paul-Henry, *Des Hommes et des villes*, Paris: Payot 1965.
Cicero, Marcus Tullius, *Orator/Der Redner*, lateinisch und deutsch, hg. und übersetzt von Harald Merklin, Stuttgart: Reclam 2004.
Cocteau, Jean, *Kinder der Nacht*, übersetzt von Friedhelm Kemp, Stuttgart: Klett-Cotta 1985.
Colerus, Jean, »La vie de Spinoza«, in: Baruch de Spinoza, *Œuvres complètes*, hg. und übersetzt von Roland Callois, Madeleine Francès und Robert Misrahi, Paris: Gallimard 1954.
Corneille, Pierre, *Medea*, in: *Medea. Euripides, Seneca, Corneille* [...], hg. von Joachim Schondorff, München/Wien: Langen-Müller 1963.
Curtius, Ernst Robert, *Europäische Literatur und lateinisches Mittelalter*, Bern: Francke [3]1961.
*Décarreaux, Jean, »Du monachisme primitif au monachisme athonite«, in: *Le Millénaire du mont Athos (963, 1963). Études et mélanges*, Bd. 1, Chevetogne: Éd. du Chevetogne 1963.
*Defoe, Daniel, *Vie et aventure de Robinson Crusoé*, Bd. 1, übers. von Pétrus Borel, Vorwort von François Ledoux, Paris: Gallimard 1959.
–, *Robinson Crusoe*, übers. von Hans Reisiger, Zürich: Manesse 2002.
Deleuze, Gilles, *Nietzsche und die Philosophie*, übersetzt von Bernd Schwibs, München: Rogner & Bernhard 1976.

Descartes, René, »Cogitationes privatae«, in: ders., *Œuvres*, hg. von Charles Adam und Paul Tannery, Paris 1897.
*Desroche, Henri, *La société festive. Du fouriérisme écrit aux fouriérismes pratiquées*, Paris: Seuil 1975.
Dictionnaire de spiritualité ascétique et mystique: Doctrine et histoire, 30 Bde., hg. unter der Leitung von Marcel Viller, Paris: Beauchesne 1937-1995.
Diderot, Denis, »Brief über die Taubstummen«, in: ders., *Ästhetische Schriften*, hg. von Friedrich Bassenge, Bd. 1, Frankfurt am Main: Europäische Verlagsanstalt 1968.
Dort, Bernard, *Lecture de Brecht*, suivi de *Pédagogie et Forme épique*, Paris: Seuil 1960.
*Draguet, René, *Les Pères du désert*, Paris: Plon 1949.
*Droit, Roger-Paul, und Antoine Gallien, *La Chasse au bonheur. Les nouvelles communautés en France*, Paris: Calmann-Lévy 1972.
Duby, Georges, *Die Zeit der Kathedralen. Kunst und Gesellschaft 980-1420*, übersetzt von Grete Osterwald, Frankfurt am Main: Suhrkamp 1980.
*Ekambi-Schmidt, Jésabelle, *La Perception de l'habitat*, Paris: Éditions Universitaires 1972.
Étiemble, René, *Parlez-vous franglais?*, Paris: Gallimard 1964, 1973.
Febvre, Lucien, *Das Problem des Unglaubens im 16. Jahrhundert. Die Religion des Rabelais*, übersetzt von Gerda Kurz und Sieglinde Summerer, Stuttgart: Klett-Cotta 2002.
*Festugière, André-Jean, *Les Moines d'Orient*. Bd. 1: *Culture et sainteté*, Bd. 2: *Les Moines de la région de Constantinople*, Paris: Éditions du Cerf 1961.
Flahaut, François, *La Parole intermédiaire*, Paris: Seuil 1978.
Flaubert, Gustave, *Bouvard und Pécuchet*, übersetzt von Erich Marx, Zürich: Diogenes 1979.
–, »Ein schlichtes Herz«, in: ders., *Drei Geschichten*, übersetzt von Ernst Wilhelm Fischer, Zürich: Diogenes 1979.
Fontaine, Nicolas, *Mémoires pour servir à l'histoire de Port-Royal*, I, Cologne: aux dépens de la Compagnie, 1738.
–, *Mémoires ou Histoire des Solitaires de Port-Royal*, hg. von Paule Thouvenin, Paris: Champion 2001.
France, Anatole, *Thaïs*, Hamburg/Bremen: Achilla-Presse 1993.
Freud, Sigmund, »Entwurf einer Psychologie«, in: *Aus den Anfängen der Psychoanalyse. Briefe an Wilhelm Fließ*, Frankfurt am Main: S. Fischer 1975, S. 297-384.
–, *Drei Abhandlungen zur Sexualität*, in: ders., *Gesammelte Werke (GW)*, hg. von Anna Freud u. a., London: Imago 1950ff., Frankfurt am Main: S. Fischer 1958ff., Bd. 5, S. 27-145.

–, »Der Wahn und die Träume in W. Jensens ›Gradiva‹«, in: ders., *GW*, Bd. 7, S. 29-122.
–, »Zur Geschichte der psychoanalytischen Bewegung«, in: ders., *GW*, Bd. 10, S. 43-113.
–, »Mitteilung eines der psychoanalytischen Theorie widersprechenden Falles von Paranoia«, in: *GW*, Bd. 10, S. 234-246.
–, »Aus der Geschichte einer infantilen Neurose (Der Wolfsmann)«, in: *GW*, Bd. 12, S. 27-157.
–, »›Ein Kind wird geschlagen‹. Beitrag zur Kenntnis der Entstehung sexueller Perversionen«, in: *GW*, Bd. 12, S. 197-226.
Genet, Jean, *Tagebuch eines Diebes*, übersetzt von Gerhard Hock und Helmut Voßkämpfer, Hamburg: Merlin 1961.
*Gide, André, *Die Eingeschlossene von Poitiers*, übersetzt von Johanna Borek, in: ders., *Schwurgericht*, Frankfurt am Main: Eichborn 1997, S. 197-304.
Giono, Jean, *Bleibe, meine Freude*, übersetzt von Ruth und Walter Gerull-Kardas, München: Matthes & Seitz 1994.
Girard, René, *Das Heilige und die Gewalt*, übersetzt von Elisabeth Mainberger-Ruh, Zürich: Benziger 1987.
Goethe, Johann Wolfgang, *Die Leiden des jungen Werther*, in: ders., *Werke in sechs Bänden*, Bd. 4, Frankfurt am Main: Insel 1965.
*Golding, William, *Herr der Fliegen*, übersetzt von Hermann Stiehl, Frankfurt am Main: Fischer 1974.
Greimas, Algirdas Julien, *Strukturale Semantik. Methodologische Untersuchungen*, übersetzt von Jens Ihwe, Braunschweig: Vieweg 1971.
Grenier, Jean, *L'Esprit du Tao*, Paris: Flammarion 1973
Guillaumont, Antoine, »Philon et les origines du monachisme«, in: *Philon d'Alexandrie*. Actes du colloque organisé par le CNRS, à Lyon, les 11-15 septembre 1966, Paris: Éd. du CNRS 1967.
–, »Le dépaysement comme forme d'ascèse dans le monachisme ancien«, in: *Annuaire de l'École pratique des hautes études*, Bd. 76, 1968-1969.
–, »Monachisme et éthique judéo-chrétienne«, in: *Recherches de science réligieuse* 60, Nr. 2, April-Juni 1972.
–, »La conception du désert chez les moines d'Égypte«, in: *Revue de l'histoire des religions*, 94. Jahr, Bd. 188, 1975.
Hall, Edward T., *Die Sprache des Raumes*, übersetzt von Hilde Dixon, Düsseldorf: Pädagogischer Verlag Schwann 1976.
Homer, *Ilias / Odyssee*, übersetzt von Johann Heinrich Voß, München: Winkler 1976.
Hugo, Victor, *Pierres*, Textzusammenstellung und Einführung von Henri Guillemin, Genf: Édition du Milieu du monde 1951.
Huysmans, Joris-Karl, *En route*, Paris: Tresse & Stock 1895.

–, *Stromabwärts*, übersetzt von Else Otten, Frankfurt am Main/Berlin: Ullstein 1996.

Jacquemard, Simone, *L'Éruption du Krakatoa ou Des chambres inconnues dans la maison*, Paris: Seuil 1967.

Jakobson, Roman, »Zwei Seiten der Sprache und zwei Typen aphatischer Störungen«, in: ders., *Aufsätze zur Linguistik und Poetik*, hg. von Wolfgang Raible, Frankfurt am Main/Berlin/Wien: Ullstein 1979, S. 117-141.

–, »Verschieber, Verbalkategorien und das russische Verb«, in: ders., *Form und Sinn. Sprachwissenschaftliche Betrachtungen*, übersetzt von Gabriele Stein, München: Fink 1974, S. 35-54.

Jakobus von Voragine, *Legenda aurea. Heiligenlegenden*, ausgewählt und übersetzt von Jacques Laager, Zürich: Manesse [4]1994.

Kafka, Franz, *Tagebücher 1909-1923*. Fassung der Handschrift, Frankfurt am Main: S. Fischer 1997.

Kessel, Joseph, *Les Captifs*, Paris: Gallimard 1926.

Klossowski, Pierre, *Nietzsche und der Circulus vitiousus deus*, übersetzt von Ronald Vouillé, München: Matthes & Seitz 1986.

Krafft-Ebing, Richard von, *Psychopathologia sexualis* [1886]; Nachdruck der 14. Auflage, München: Matthes & Seitz 1993.

Lacan, Jacques, »La chose freudienne«, in: ders., *Écrits*, Paris: Seuil 1966, S. 401-435.

–, »Das Spiegelstadium als Bildner der Ichfunktion«, in: ders., *Schriften*, Bd. I, übersetzt von Peter Stehlin, Olten/Freiburg im Breisgau: Walter 1973, S. 61-70.

–, *Freuds technische Schriften* (Seminar, Buch I, 1953-1954), übersetzt von Werner Hamacher, Olten: Walter 1978.

–, *Die Objektbeziehung* (Seminar, Buch IV, 1956-1957), übersetzt von Hans-Dieter Gondek, Wien: Turia + Kant 2003.

–, *Encore* (Seminar, Buch XX, 1972-1973), übersetzt von Norbert Haas, Vreni Haas und Hans-Joachim Metzger, Weinheim/Berlin: Quadriga 1986.

Lacarrière, Jacques, *Griechischer Sommer. Wanderungen in Hellas*, übersetzt von Monique Retterspitz, Wiesbaden: Limes 1977.

*Ladeuze, Paulin, *Étude sur le cénobitisme pakhômien pendant le IVe siècle et la première moitié du Ve*, Francfort: Minerva 1961.

Laplanche, Jean, und Jean-Baptiste Pontalis, *Das Vokabular der Psychoanalyse*, übersetzt von Emma Moersch, Frankfurt am Main: Suhrkamp 1972.

Lascault, Gilbert, *Le Monstre dans l'art occidental*, Paris: Klincksieck 1973.

Leclercq, Jean, »L'érémitisme en Occident jusqu'à l'an mil«, in: *Le Millénaire du mont Athos (963, 1963). Études et mélanges*, Bd. 1, Chevetogne: Éd. du Chevetogne 1963.

Leroi-Gourhan, André, *Hand und Wort. Die Evolution von Technik, Sprache und Kunst*, übersetzt von Michael Bischoff, Frankfurt am Main: Suhrkamp 1980.

Leroy, Jean, »La conversion de saint Athanase l'athonite et l'idéal cénobithique et l'influence studite«, in: *Le Millénaire du mont Athos (963, 1963). Études et mélanges*, Bd. 1, Chevetogne: Éd. du Chevetogne 1963.

Lévi-Strauss, Claude, *Mythologica I. Das Rohe und das Gekochte*, übersetzt von Eva Moldenhauer, Frankfurt am Main: Suhrkamp 1971.

–, »Einleitung in das Werk von Marcel Mauss«, in: Marcel Mauss, *Soziologie und Anthropologie*, übersetzt von Henning Ritter, München: Hanser 1974.

–, *Die elementaren Strukturen der Verwandtschaft*, übersetzt von Eva Moldenhauer, Frankfurt am Main: Suhrkamp 1981.

Liebman, Marcel, *Le Léninisme sous Lénine*, Paris: Seuil 1973.

Littré, Émile, *Dictionnaire de la langue française*, Paris [1]1863, [2]1872-1877 u.ö.

Mallarmé, Stéphane, *Œuvres complètes*, Bd. 1, Paris: Gallimard 1998.

–, *Divagations*, in: ders., *Gesammelte Werke*, Bd. 2: *Kritische Schriften*, französisch und deutsch, übersetzt von Gerhard Goebel, Gerlingen: Lambert Schneider 1998.

Malot, Hector, *Heimatlos*, übersetzt von Paul Moritz, München: dtv 1980.

Malraux, André, *Les Noyers de l'Altenburg*, in: ders., *Œuvres complètes*, hg. von Marius-François Guyard, Maurice Larès und François Trécourt in Zusammenarbeit mit Noël Burch, Bd. 2, Paris: Gallimard 1996.

Mandelbrot, Benoît, *Les Objets fractals*, Paris: Flammarion 1975.

*Mann, Thomas, *Der Zauberberg*, Frankfurt am Main: S. Fischer 1978.

Maspero, Henri, *Le Taoïsme et les religions chinoises*, Paris: Gallimard 1971.

*Massebieau, Louis, »Le Traité de la *Vie contemplative* de Philon et la question des thérapeutes«, in: *Revue de l'histoire des religions. Annales du musée Guimet*, Ernest Leroux éd., Bd. 16, 1887.

Moles, Abraham-André, und Élisabeth Rohmer, *La Psychologie de l'espace*, Paris: Casterman 1972.

Nietzsche, Friedrich, *Götzendämmerung*, in: ders., *Werke*, hg. von Karl Schlechta, Bd. 2, München: Hanser 1969.

–, *Der Fall Wagner*, in: ders., *Werke*, a.a.O., Bd. 2.

–, »Aus dem Nachlaß der Achtzigerjahre«, in: *Werke*, a.a.O., Bd. 3.

–, An Cosima Wagner, Anfang Januar 1889, in: *Werke*, a.a.O., Bd. 3, S. 1350.

*Olievenstein, Claude, *Il n'y a pas de drogués heureux*, Paris: Laffont 1976.
*[Palladius, *Historia lausiaca*] *Des Palladius von Helenopolis Leben der Heiligen Väter*, übersetzt von Dr. St. Krottenthaler, Kempten/München: Verlag der Jos. Köselschen Buchhandlung 1912 (»Bibliothek der Kirchenväter«).
Pascal, Blaise, *Gedanken*, übersetzt von Wolfgang Rüttenauer, Birsfelden-Basel: Schibli-Doppler o.J.
Perelmann, Charles, und Lucie Olbrechts-Tyteca, *La Nouvelle Rhétorique. Traité de l'argumentation*, 2 Bde., Paris: PUF 1958.
Photo, Nr. 112, Januar 1977.
Platon, *Gorgias*, in: ders., *Sämtliche Werke*, griechisch und deutsch. Nach der Übersetzung Friedrich Schleiermachers, Frankfurt am Main/Leipzig: Insel 1991, Bd. 2.
–, *Symposion*, in: ders., *Sämtliche Werke*, a.a.O., Bd. 4.
–, *Phaidon*, in: ders., *Sämtliche Werke*, a.a.O., Bd. 4.
–, *Sophistes*, in: ders., *Sämtliche Werke*, a.a.O., Bd. 7.
–, *Philebos*, in: ders., *Sämtliche Werke*, a.a.O., Bd. 8.
–, *Nomoi*, in: ders., *Sämtliche Werke*, a.a.O., Bd. 9.
Proust, Marcel, *Auf der Suche nach der verlorenen Zeit*, übersetzt von Eva Rechel-Mertens, Frankfurt am Main: Surkamp 1979.
Rabelais, François, *Gargantua und Pantagruel*, hg. und übersetzt von Horst und Edith Heintze, Frankfurt am Main/Leipzig: Insel 2003.
Racine, Jean, *Phädra. Andromache*. Zwei Tragödien, übersetzt von Simon Werle, Frankfurt am Main: Verlag der Autoren [2]1988.
Récanati, François, *Les Énoncés performatifs. Contribution à la pragmatique*, Paris: Minuit 1981.
Reich, Wilhelm, *Charakteranalyse*, Wien: Internationaler Psychoanalytischer Verlag 1933.
–, *Die sexuelle Revolution. Zur charakterlichen Selbststeuerung des Menschen*, Frankfurt am Main: Europäische Verlagsanstalt 1966.
Rilke, Rainer Maria, und Lou Andreas-Salomé, *Briefwechsel*, hg. von Ernst Pfeiffer, Frankfurt am Main: Insel 1989.
Rousseau, Jean-Jacques, *Der Gesellschaftsvertrag*, übersetzt von H. Denhardt, Stuttgart: Reclam 1971.
Ruffié, Jacques, *De la biologie à la culture*, Paris: Flammarion 1976; Neuausgabe in 2 Bdn. 1983.
*Rykwert, Joseph, *Adams Haus im Paradies. Die Urhütte von der Antike bis Le Corbusier*, übersetzt von Jonas Beyer, Berlin: Gebr. Mann 2005.
Sade, Donatien-Alphonse-François, Marquis de, *Justine oder die Leiden der Tugend*, übersetzt von Raoul Haller, Frankfurt am Main/Leipzig: Insel 1995.

–, *Histoire de Juliette*, in: ders., *Œuvres*, Bd. III, Paris: Gallimard 1998.
Safouan, Moustapha, »Die Struktur in der Psychoanalyse. Beitrag zu einer Theorie des Mangels«, in: François Wahl (Hg.), *Einführung in den Strukturalismus*, übersetzt von Eva Moldenhauer, Frankfurt am Main: Suhrkamp 1973, S. 259-321.
–, *Études sur l'Œdipe. Introduction à une théorie du sujet*, Paris: Seuil 1974.
Sartre, Jean-Paul, *Skizze einer Theorie der Emotionen*, in: ders., *Die Transzendenz des Ego*, übersetzt von Traugott König, Reinbek bei Hamburg: Rowohlt 1982, S. 255-321.
Schapiro, Meyer, »Sur quelques problèmes de sémiotique de l'art visuel. Champ et véhicule dans les signes iconiques«, in: *Critique*, Nr. 315-316, August-September 1973.
*Schmitz, Dom Philibert, *Histoire de l'ordre de saint Benoît*, 7 Bde., Maredsous: Éd. de Maredsous 1948-1956.
Schwaller de Lubicz, René-Aor, *Le Temple dans l'homme*, Kairo: Schindler 1950; Paris: Dervy-Livre 1979.
Searles, Harold F., *Psychoanalytische Beiträge zur Schizophrenieforschung*, übersetzt von Edwin Ortmann, München: Kindler 1974.
Verne, Jules, *Die geheimnisvolle Insel*, übersetzt von Lothar Baier, Frankfurt am Main/Hamburg: Fischer Bücherei 1969.
–, *Zwanzigtausend Meilen unter Meer*, übersetzt von Peter Laneus, Zürich: Diogenes 1976.
Véry, Pierre, *Goupi, Mains-Rouges*, Paris: Gallimard 1937.
Watts, Alan W., *Der Zen-Buddhismus. Tradition und lebendige Gegenwart*, übersetzt von Manfred Andrae, Reinbek: Rowohlt 1961.
Wyss, Johann David, *Der schweizerische Robinson*, Zürich: Orell-Füssli 1976.
*Xenophon, »Gespräch über die Haushaltsführung«, in: ders., *Ökonomische Schriften*, griechisch und deutsch, übersetzt von Gert Audring, Berlin: Akademie 1992.
Zander, Léon, »Le monachisme – réalité et idéal – dans l'œuvre de Dostoïevski«, in: *Le Millénaire du mont Athos (963, 1963). Études et mélanges*, Bd. 1, Chevetogne: Éd. du Chevetogne 1963.
*Zola, Émile, *Ein feines Haus*, übersetzt von Gerhard Krüger, Berlin: Rütten und Loening 1963.
*–, *Die Eroberung von Plassans*, übersetzt von Gerhard Schewe, München: Winkler 1975.

Index nominum

Abraham 38
Adam 100 f., 161-163
Adèle (Zola) 145 f., 193
Agamben, Giorgio 16
Agamemnon (Racine) 253
Aischylos 248
Akepsimos 73
Aljoscha (Dostojewski) 197
Amand, Dom David 67, 96, 107, 134, 156, 175
Andrée (Proust) 230
Andromache (Racine) 28, 251-255, 266
Antaios 228
Antonius, Hl. 49, 57, 67, 73, 75, 90, 119, 126 f., 136, 194
Antonius, Metropolit 197
Ariadne 171
Aristophanes 161
Aristoteles 44, 218
Armand, Félix 40
Athanasius, Hl. 75, 137
Athene 166
Augustinus, Hl. 49, 89, 92 f., 158, 194
Augustus 225
Avedon, Richard 58
Ayrton (Verne) 137

Bachelard, Gaston 24, 39
Baldwin, Charles Sears 232
Baltrusaitis, Jurgis 73
Balzac, Honoré de
–, *Das unbekannte Meisterwerk* 52 f.
–, *Die Kehrseite der Zeitgeschichte* 93
–, *Sarrazine* 243
Barberini, Kardinal 235
Bareau, André 105, 108, 112, 138, 150, 173, 176, 179, 204, 212
Basilius, Hl. 96, 132-134, 194
Bastian de Chartreux, Mélanie 34, 53, 106, 116 f., 119, 146, 150, 168 f., 179, 184, 202, 208
Bastian de Chartreux, M., Mélanies Großvater 116, 201
Bastian de Chartreux, Mme., Mélanies Mutter 53, 116 f., 168, 179, 201
Bastian de Chartreux, Pierre, Mélanies Bruder 53, 168, 201
Beaumarchais, Pierre Augustin Caron de 154
Becker, Jacques 165
Beethoven, Ludwig van 218
Behrens, Hofrat (Th. Mann) 64, 109
Benedikt, Hl. 29, 47, 49, 90, 92, 115, 132, 133, 182, 194, 209, 213
Bénezet, Mathieu 227
Benveniste, Émile
–, *Probleme der allgemeinen Sprachwissenschaft* 24, 44, 165 f.
–, *Vocabulaire des institutions indo-européennes* 108, 112, 192
Berthe (Zola) 113
Bettelheim, Bruno 164
Bion, Wilfred Ruprecht 47, 96 f., 109, 124, 212
Blanchot, Maurice 11, 16
Bled, Victor du 98
Bois, Yve-Alain 152, 189, 262
Bossuet, Jacques Bénigne 51
Boucourechliev, André 98, 218
Bouvard (Flaubert) 61
Brassaï 152
Brecht, Bertolt 196, 197, 235
Brichot, Professor (Proust) 253
Brillat-Savarin, Jean Anthelme 173, 176-178, 182
Brouardel 92
Brown, Norman Oliver 198
Bruno, Hl. 121
Burke, Edmund 107

Callas, Maria 230
Campardon (Zola) 193
Casals, Pablo 81 f.
Cassianus 63, 163
Castorp, Hans (Th. Mann) 32, 64, 82, 94 f., 109, 142
Čechov, Anton 246

Cervantes, Miguel de 55
Cézanne, Paul 45, 191
Chanterie, Mme. de la (Balzac) 93
Chaplin, Charles Spencer 105
Charcot, Jean-Martin 92
Charlotte (Goethe) 190
Charlus, Baron de (Proust) 28, 133, 240-262
Chartreux, M. de *siehe* Bastian de Chartreux, M.
Chasles, Philarète 55
Chombart de Lauwe, Paul-Henry 185
Chomsky, Noam 232
Christus 107, 119, 127
Cicero, Marcus Tullius 232
Clarisse (Zola) 139
Cocteau, Jean 90
Colerus, Jean 68, 180, 187, 205
Compagnon, Antoine 15, 22, 211, 238f., 266
Corneille, Pierre 170
Crusoe, Robinson (Defoe) 30, 32, 54, 64, 68-73, 78, 112, 114, 136, 146-148, 161, 191-193, 236
Curtius, Ernst Robert 73f.

Daniel Stylites 199f.
Dantès, Edmond (Dumas) 118
Décarraux, Jean 67, 75-81, 156f.
Defoe, Daniel 30-32, 54f., 64, 68-73, 78, 112, 114, 136, 146-148, 161, 191-193, 236, 264
Deleuze, Gilles 30, 37, 215
Demokrit 44
Desbordes-Valmore, Marceline 249
Descartes, René 256
Desroche, Henri 40
Diderot, Denis 71, 218, 225
Diokletian 49
Dionysos 171
Donis, Gräfin von (Sade) 238
Dorotheus 115
Dostojewski, Fjodor 41, 131
–, *Der Idiot* 55
–, *Die Brüder Karamasow* 122, 155, 197
–, *Die Dämonen* 115
Draguet, René 49, 63, 73, 115, 134, 136, 172, 174
Droit, Roger-Pol 159, 163, 169, 179, 204, 213
Duby, Georges 209
Dumas, Alexandre 118
Durkheim, Émile 233
Duveyrier (Zola) 139

Ekambi-Schmidt, Jésabelle 111, 185, 188
Elias, Asket 73, 115, 134
Elias, Prophet 119
Elisabeth (Dostojewski) 115
Elisäus (Asket) 119
El Lissitzky 152
Ernst, Max 41
Étiemble, René 58
Eulalie (Proust) 128
Eulogius 125-127, 129f.
Eva 100, 161
Ezechiel 102f.

Faujas, Abbé (Zola) 105
Febvre, Lucien 140
Félicité (Flaubert) 70
Fellini, Federico 118
Festugière, André-Jean 67, 69, 92, 114f., 119, 136, 155, 163, 172, 174, 200
Flahaut, François 22, 99, 233, 238f., 266
Flaubert, Gustave 104
–, *Bouvard und Pécuchet* 61, 235
–, *Ein schlichtes Herz* 70
Fontaine, Nicolas 122
Foucault, Michel 22
Fourier, Charles 39f., 46, 80, 153, 212
France, Anatole 163
Françoise (Proust) 125, 127-131, 188
Fred 191
Freitag (Defoe) 54, 136, 146f.
Frenhofer (Balzac) 52
Freud, Sigmund 41, 59, 63, 80, 92, 130, 134, 141, 190, 198, 201, 234f., 249f.
Furia, Witwe 172

Galilei, Galileo 235
Gallien, Antoine 159, 163, 169, 179, 204, 213

Genet, Jean 111
Gide, André 16, 181
– *Die Eingeschlossene von Poitiers* 30-33, 53, 106, 116, 146, 148, 150, 168 f., 179, 198-202, 208, 216, 218, 264
Giono, Jean 110
Girard, René 146
Gisèle (Proust) 230
Goethe, Johann Wolfgang
–, *Die Leiden des jungen Werther* 52, 133, 190, 235, 249
–, *Die Wahlverwandtschaften* 66
Golding, William 109, 145, 195
Goldmann, Lucien 54
Goncourt, Jules und Edmond de 142
Gorki, Maxim 102
Goupi (Becker) 165
Gourd, Ehepaar (Zola) 139
Gradiva (Jensen) 190
Gregor, Hl. 74
Greimas, Algirdas Julien 145
Grenier, Jean 144, 148 f.
Gruscha 190
Guermantes (Proust) 66, 229, 241
Guillaumont, Antoine
–, »Le dépaysement comme forme d'ascèse dans le monachisme ancien« 204-208
–, »Monachisme et éthique judéo-chrétienne« 159, 161 f.
–, »Philon et les origines du monachisme« 119 f., 162, 203

Hall, Edward Twitchell 184
Ham 142
Harbert (Verne) 153
Hektor (Racine) 251, 253
Hermione (Racine) 28, 251-253, 266
Herrera, Juan de 103
Hieronymus, Hl. 172 f.
Hiob 133
Homer 103, 192
Hugo, Victor 249
Huysmans, Joris-Karl
–, *En route* 76, 91
–, *Stromabwärts* 180

Isaak 38
Jack (Golding) 109, 195
Jacquemard, Simone 66, 78
Jakobson, Roman 114, 165
Jason (Racine) 170
Jensen, Wilhelm 190
Joachim (Th. Mann) 82
Johannes der Täufer, Hl. 119
Johannes von Ephesos 206
Johannes XXIII. 158
Jones, Ernest 63
Joseph 163
Josserand (Zola) 145, 179
Joyce, James 59
Juliette (Sade) 238

Kafka, Franz 140 f.
Karl der Große 102
Kessel, Joseph 90
Kierkegaard, Søren 38
Klossowski, Pierre 60
Konstantin der Große 49, 155
Krafft-Ebing, Richard von 201

Labiche, Eugène 179
La Bruyère, Jean de 99
Lacan, Jacques 57, 59, 64, 69, 92, 130, 160, 207, 209, 233, 249, 254
Lacarrière, Jacques 28, 42, 66, 76, 79
Lacoue-Labarthe, Philippe 227
Ladeuze, Paulin 91, 132 f., 156, 172, 195
Lao-tse 148
Laplanche, Jean 41, 59, 63, 142, 234
La Rochefoucauld, François de 99
Lascault, Catherine (Balzac) 57
Lascault, Gilbert 73
Laurentius, Hl. 102
Lausus 55
Leclercq, Jean 104, 158 f.
Le Corbusier 30
Ledoux, François 54 f., 64
Leibniz, Gottfried Wilhelm 218
Le Maître, Antoine 122
Lenin, Wladimir Iljitsch 152
Léonie, Tante (Proust) 30, 34, 106, 125, 128-131, 187 f.
Leroi-Gourhan, André 101, 110
Leroy, Jean 77, 137, 187
Leukipp 44

Lévi-Strauss, Claude 94, 113 f., 146, 156, 158, 171, 188
Liebman, Marcel 152
Littré, Émile 226, 229 f., 234
Ludwig XIV. 129
Lukács, Georg 54
Lull, Ramón 103
Luynes, Herzog von 123

Magnus, Frau (Th. Mann) 166
Malewitsch, Kasimir 152
Mallarmé, Stéphane 18, 38, 41, 228
Malot, Hector 40
Malraux, André 55
Mandelbrot, Benoît 217
Mann, Thomas 31
– *Der Zauberberg* 26, 30, 32, 55 f., 94, 146, 148, 166, 182, 193, 264
–, *Tod in Venedig* 56, 94
Mao Tse-tung 160
Marin, Louis 22, 238 f., 266
Mariveaux, Pierre Carlet de Chamblain de 154
Markus, Hl. 121
Martel, Cosette 22, 238, 266
Martin, Édouard 179
Marty, Éric 259, 261
Marx, Karl 41, 80
Maspero, Henri 175
Massebieau, Louis 121, 214
Matisse, Henri 187
Maublanc, André 40
Mauss, Marcel 94
Medea (Racine) 170
Mélanie *siehe* Bastian de Chartreux, Mélanie
Michelet, Jules 142
Miller, Jacques-Alain 22, 238 f., 266
Milner, Jean-Claude 233
Moles, Abraham-André 111, 185
Mondrian, Piet 152
Moses 119
Mouline, Lucette 22, 238, 266
Mouret (Zola) 56, 105, 142
Mouret, Octave (Zola) 56
Mouret, Serge (Zola) 56

Nab (Verne) 153
Nancy, Jean-Luc 16
Narcisse, Onkel (Zola) 179
Nemo (Verne) 83
Nietzsche, Friedrich 27, 30, 38, 41, 59 f., 65, 99, 171, 178, 215, 263
–, *Der Fall Wagner* 241 f.
–, *Götzendämmerung* 42, 214
Noah 101, 142

Octave (Zola) 113
Ödipus 148
Olbrechts-Tyteca, Lucie 245
Olievenstein, Claude 195
Or, Abba 207
Ossian 235

Pachomius, Hl. 43, 49, 57, 90, 107 f., 123, 132 f., 148, 156, 158, 172, 174, 195
Palladius (Palladios) 30, 32, 55, 115, 120, 125, 133 f., 143-145, 264
Paphnutius, Hl. 163
Pascal, Blaise 104
Paulus von Theben 73
Pécuchet (Flaubert) 61
Pencroff (Verne) 153 f.
Perelmann, Charles 245
Philipp II. 102
Philon von Alexandria 119, 121
Piano, Renzo 105
Pichon (Zola) 145
Piggy (Golding) 145
Pinchon, Joseph-Porphyre 191
Piranesi, Giambattista 106 f.
Pistos, Abba 208
Piterum, Hl. 144 f.
Platon 40, 212
–, *Gorgias* 246
–, *Nomoi* 214
–, *Phaidon* 224
–, *Philebos* 44
–, *Sophistes* 247
–, *Symposion* 160-162, 182, 191
Poemen 134
Pontalis, Jean-Bertrand 41, 59, 63, 142, 234
Proust, Marcel 30, 34, 51, 99, 106, 125, 127-129, 131, 133, 151, 187 f., 229, 241, 243, 260 f., 266
Pyrrhus (Racine) 251-253

Rabelais, François 213
Racine, Jean
– *Andromache* 28, 241, 251-253, 266
–, *Athalie* 229f.
Raffael 41
Ralph (Golding) 109
Récanati, François 22, 238, 266
Reich, Wilhelm
–, *Charakteranalyse* 134
–, *Die sexuelle Revolution* 46, 91, 135
Rilke, Rainer Maria 104, 107
Robinson siehe *Crusoe, Robinson*
Rogers, Richard 105
Rohmer, Élisabeth 185
Rousseau, Jean-Jacques 108
Ruffié, Jacques 71
Rykwert, Joseph 100, 103, 106, 188

Sade, Donatien-Alphonse-François, Marquis de 47, 77, 96, 98, 131, 202
–, *Die hundertzwanzig Tage von Sodom* 95, 196
–, *Juliette* 238
–, *Justine* 95
Safouan, Moustapha 249f.
Saint-Cyran, Jean Duvergier de Hauronne, Abbé de 122f.
Saint-Simon, Herzog von 129
Salomon 102
Sand, George 261
Sartre, Jean-Paul 11, 25, 28, 51, 259
Saussure, Ferdinand de 203, 232f.
Schapiro, Meyer 189
Schenute von Atripe 195
Schmitz, Dom Philibert
–, *Histoire de l'ordre de Saint Benoît* 92, 107, 115
Schwaller de Lubicz, René-Aor 100f.
Searles, Harold F. 257
Selkirk, Alexander 54, 64
Seurat, Georges 216
Simeon Stylites 73
Smith, Cyrus (Verne) 153
Sokrates 44
Sophokles 229
Sosima, Starez (Dostojewski) 122, 155, 197
Spillet, Gideon (Verne) 153
Spinoza, Baruch de 68, 180f. 187, 205
Staël, Nicolas de 45
Stendhal 184
Swann, Charles (Proust) 229
Swann, Odette (Proust) 151

Tarde, Gabriel de 233
Thaleles 73
Theodosius 49f.
Theodosius II. 55
Toledo, Juan Bautista de 102f.

Valentinov 152
Valéry, Paul 11f., 151
Valli 141
Velázquez, Diego 243
Verne, Jules
–, *Die geheimnisvolle Insel* 101, 137, 153
–, *Die Kinder des Kapitän Grant* 137
–, *Zwanzigtausend Meilen unter Meer* 83
Verdurin, Mme. (Proust) 151, 253f.
Vergil, Publius Vergilius Maro 74
Verrocchio, Andrea del 190
Véry, Pierre 165
Villalpanda, Juan Bautista 103
Vinteuil (Proust) 261

Wagner, Richard 241-243
Watts, Alan W. 109
Werther (Goethe) 52, 133, 249
»Wolfsmann« 190
Wyss, Johann David 73

Xenophon 26, 30, 103-106, 135, 150
Xury (Defoe) 136

Zander, Léon 116, 122
Zeus 161
Zola, Émile
–, *Die Eroberung von Plassans* 105, 142
– *Ein feines Haus* 26, 30, 32, 56, 68, 99, 112f., 138, 179f., 193, 264

Suhrkamp Verlag GmbH
Torstraße 44, 10119 Berlin
info@suhrkamp.de
www.suhrkamp.de